国家职业技能培训与鉴定教材
全国高等职业院校、技师学院、技工及高级技工学校规划教材

汽车维修工
国家职业技能鉴定指南
初级、中级、高级 / 国家职业资格五级、四级、三级

彭义军　主　编
蒋瑞斌　韦家壮　崔静波　副主编
　　　　　　　　白长城　主　审

电子工业出版社
Publishing House of Electronics Industry
北京·BEIJING

内 容 简 介

本书以《国家职业标准——汽车修理工》为依据，对参加汽车修理工（国家职业资格五级、四级、三级）鉴定考试的考生梳理知识、强化训练、提高应试能力有直接的帮助和指导作用。体现了汽车修理工的职业特色，突出针对性、典型性、实用性，涵盖了相应级别考核的主要理论知识和操作技能。为便于考生把握相应等级的考核要求，指南给出了学习要点、工作要求及鉴定要素；为便于考生熟悉考核内容、题型，指南以试题的形式阐述了相应等级应掌握的考核点并配有参考答案或评分标准。

本书是参加汽车修理工（国家职业资格五级、四级、三级）鉴定考试的必备参考指导用书，可作为高等职业院校、技师学院、技工及高级技工学校、中等职业学校相关课程的教材，也可作为企业技师培训教材和汽车维修从业人员的自学用书。

未经许可，不得以任何方式复制或抄袭本书之部分或全部内容。
版权所有，侵权必究。

图书在版编目（CIP）数据

汽车维修工国家职业技能鉴定指南：初级、中级、高级／国家职业资格五级、四级、三级／彭义军主编.
—北京：电子工业出版社，2012.10
国家职业技能培训与鉴定教材　全国高等职业院校、技师学院、技工及高级技工学校规划教材

ISBN 978-7-121-17884-9

Ⅰ．①汽⋯ Ⅱ．①彭⋯ Ⅲ．①汽车－车辆修理－职业技能－鉴定－指南 Ⅳ．①U472.4-62

中国版本图书馆 CIP 数据核字（2012）第 188086 号

策划编辑：关雅莉　杨　波
责任编辑：郝黎明　　　文字编辑：裴　杰
印　　刷：北京虎彩文化传播有限公司
装　　订：北京虎彩文化传播有限公司
出版发行：电子工业出版社
　　　　　北京市海淀区万寿路 173 信箱　邮编　100036
开　　本：787×1 092　1/16　印张：14.5　字数：371.2 千字
版　　次：2012 年 10 月第 1 版
印　　次：2023 年 8 月第 15 次印刷
定　　价：28.00 元

凡所购买电子工业出版社图书有缺损问题，请向购买书店调换。若书店售缺，请与本社发行部联系，联系及邮购电话：（010）88254888，88258888。
质量投诉请发邮件至 zlts@phei.com.cn，盗版侵权举报请发邮件至 dbqq@phei.com.cn。
本书咨询联系方式：（010）88254617，luomn@phei.com.cn。

国家职业技能培训与鉴定教材
全国高等职业院校、技师学院、技工及高级技工学校规划教材
汽车维修工　教材编写委员会

主任　委员：史术高　　湖南省职业技能鉴定中心（湖南省职业技术培训研究室）
副主任委员：（排名不分先后）
　　　　　　彭义军　　湖南生物机电职业技术学院
　　　　　　曹虎山　　湖南生物机电职业技术学院
　　　　　　楚琼湘　　湖南生物机电职业技术学院
　　　　　　吴爱民　　嘉兴职业技术学院
　　　　　　杨培刚　　湖南生物机电职业技术学院
　　　　　　吴宗保　　天津交通职业学院
　　　　　　尹立贤　　湖南信息职业技术学院
　　　　　　顾　瑄　　天津交通职业学院
　　　　　　冯明源　　柳州市交通学校
　　　　　　崔静波　　湖南机电职业技术学院
　　　　　　马云贵　　湖南交通职业技术学院
　　　　　　杜宝成　　文县职业中等专业学校
委　　　员：（排名不分先后）
　　　　　　白长城　　湖南生物机电职业技术学院
　　　　　　吴东阳　　湖南生物机电职业技术学院
　　　　　　蒋瑞斌　　湖南生物机电职业技术学院
　　　　　　杨培刚　　湖南生物机电职业技术学院
　　　　　　熊少华　　湖南生物机电职业技术学院
　　　　　　施　进　　嘉兴职业技术学院
　　　　　　张国栋　　天津交通职业学院
　　　　　　赵　宏　　天津交通职业学院
　　　　　　陈光忠　　湖南信息职业技术学院
　　　　　　陈文才　　湖南信息职业技术学院
　　　　　　韦家壮　　柳州市交通学校
　　　　　　曹向红　　天津交通职业学院
　　　　　　马才伏　　湖南交通职业技术学院
　　　　　　李丽云　　湖南机电职业技术学院
秘　书　处：甘昌意、刘南、杨波、刘学清

出版说明

人才资源是国家发展、民族振兴最重要的战略资源，是国家经济社会发展的第一资源，是促进生产力发展和体现综合国力的第一要素。加强人力资源开发工作和人才队伍建设是加快我国现代化建设进程中事关全局的大事，始终是一个基础性的、全面性的、决定性的战略问题。坚持人才优先发展，加快建设人才强国对于全面实现小康社会目标、建设富强民主文明和谐的社会主义现代化国家具有决定性意义。党和国家历来高度重视人力资源开发工作，改革开放以来，尤其是进入新世纪新阶段，党中央和国务院做出了实施人才强国战略的重大决策，提出了一系列加强人力资源开发的政策措施，培养造就了各个领域的大批人才。但当前我国人才发展的总体水平同世界先进国家相比仍存在较大差距，与我国经济社会发展需要还有许多不适应。为此，《国家中长期人才发展规划纲要（2010—2020年）》提出："坚持服务发展、人才优先、以用为本、创新机制、高端引领、整体开发的指导方针，培养和造就规模宏大、结构优化、布局合理、素质优良的人才队伍，确立国家人才竞争比较优势，进入世界人才强国行列，为在本世纪中叶基本实现社会主义现代化奠定人才基础。"

职业教育培训是人力资源开发的主要途径之一，加强职业教育培训，创新人才培养模式，加快人才队伍建设是人力资源开发的重要内容，是落实人才强国战略的具体体现，是实现国家中长期人才发展规划纲要目标的根本保证。

职业资格鉴定是全面贯彻落实科学发展观，大力实施人才强国战略的重要举措，有利于促进劳动力市场建设和发展，关系到广大劳动者的切身利益，对于企业发展和社会经济进步以及全面提高劳动者素质和职工队伍的创新能力具有重要作用。职业资格鉴定也是当前我国经济社会发展，特别是就业、再就业工作的迫切要求。

国家题库的建立，对于保证职业资格鉴定工作的质量起着重要作用，是加快培养一大批数量充足、结构合理、素质优秀的技术技能型、复合技能型和知识技能型的高技能人才，为各行各业造就出千万能工巧匠的重要具体措施。但目前相当一部分职业资格鉴定题库的内容已经过时，湖南省职业技能鉴定中心（湖南省职业技术培训研究室）组织鉴定站所、院校和企业专家开发了新的题库，并经过人力资源和社会保障部职业技能鉴定中心审核，获准可以按照新的题库开展相应工种的职业资格鉴定工作。

职业教育培训教材是职业教育培训的重要资源，是体现职业教育培训特色的知识载体和教学的基本工具，是培养和造就高技能人才的基本保证。为满足广大劳动者职业培训鉴定需要，给广大参加职业资格鉴定的人员提供帮助，我们组织参加这次国家题库开发的专家，以及长期从事职业资格鉴定工作的人员编写了这套"国家职业资格技能培训与鉴定教材"。本套丛书是与国家职业标准、国家职业资格鉴定题库相配套的。在本套丛书的编写过程中，贯彻了"围绕考点，服务考试"的原则，把编写重点放在以下几个主要方面。

第一，内容上涵盖国家职业标准对该工种的知识和技能方面的要求，确保达到相应等级技能人才的培养目标。

第二，突出考前辅导的特色，以职业资格鉴定试题作为本套丛书的编写重点，内容上紧紧围绕鉴定考核的内容，充分体现系统性和实用性。

第三，坚持"新内容"为编写的侧重点，无论是内容还是形式上都力求有所创新，使本套丛书更贴近职业资格鉴定，更好地服务于职业资格鉴定。

这是推动培训与鉴定紧密结合的大胆尝试，是促进广大劳动者深入学习、提高职业能力和综合素质、促进人才队伍建设的一项重要基础性工作，很有意义，是一件大好事。

组织开发高质量的职业培训鉴定教材，加强职业培训鉴定教材建设，为技能人才培养提供技术和智力支持，对于提高技能人才培养质量，推动职业教育培训科学发展非常重要。我们要适应新形势新任务的要求，针对职业培训鉴定工作的实际需要，统一规划，总结经验，加以完善，努力把职业培训鉴定教材建设工作做得更好，为提高劳动者素质、促进就业和经济社会发展做出积极贡献。

电子工业出版社　职业教育分社

2012 年 8 月

前　言

本套教材的编写符合职业学校学生的认知和技能学习规律，形式新颖，职教特色明显；在保证知识体系完备，脉络清晰，论述精准深刻的同时，尤其注重培养读者的实际动手能力和企业岗位技能的应用能力，并结合大量的典型任务和项目来使读者更进一步灵活掌握及应用相关的技能。

为满足汽车修理工职业技能培训和职业技能鉴定需要，更好地服务于汽车修理工国家职业资格证书制度的推行工作，湖南省人力资源和社会保障厅职业技能鉴定中心、湖南省职业技术培训研究室组织行业专家、职业教育专家和职业技能培训与职业技能鉴定专家，成立了汽车修理工职业技能鉴定研究与题库开发课题组，对汽车修理工国家职业标准、职业技能培训教程、职业技能鉴定试题库和职业技能鉴定指南等进行了深入的研究，撰写了《汽车维修工　国家职业技能培训与鉴定教程　基础知识、初级 / 国家职业资格五级)》、《汽车维修工国家职业技能培训与鉴定教程　中级、高级 / 国家职业资格四级、三级》、《汽车维修工　国家职业技能鉴定指南　初级、中级、高级 / 国家职业资格五级、四级、三级》3 种图书，并通过了湖南省人力资源和社会保障厅的审定。

● **本书内容**

本书以《国家职业标准——汽车修理工》为依据，对参加汽车修理工（国家职业资格五级、四级、三级）鉴定考试的考生梳理知识、强化训练、提高应试能力有直接的帮助和指导作用。体现了汽车修理工的职业特色，突出针对性、典型性、实用性，涵盖了相应级别考核的主要理论知识和操作技能。为便于考生把握相应等级的考核要求，指南给出了学习要点、工作要求及鉴定要素；为便于考生熟悉考核内容、题型，指南以试题的形式阐述了相应等级应掌握的考核点并配有参考答案或评分标准。

本书是参加汽车修理工（国家职业资格五级、四级、三级）鉴定考试的必备参考指导用书，可作为高等职业院校、技师学院、技工及高级技工学校、中等职业学校相关课程的教材，也可作为企业技师培训教材和汽车维修从业人员的自学用书。

在培训、教学实践中，老师可根据不同培养目标所对应的技能要求，适当选择和增补相关的培训、教学内容。

● **配套教学资源**

本书提供了配套的立体化教学资源，包括汽车修理工国家职业标准、教学指南、电子教案等必需的文件，读者可以通过华信教育资源网（www.hxedu.com.cn）下载使用或与电子工业出版社联系（E-mail：yangbo@phei.com.cn）。

● **本书主编**

本书由湖南生物机电职业技术学院彭义军主编，湖南生物机电职业技术学院蒋瑞斌、柳州市交通学校韦家壮、湖南机电职业技术学院崔静波副主编，湖南生物机电职业技术学院白长城主审，湖南生物机电职业技术学院吴东阳、杨培刚、熊少华、天津交通职业学院曹向红、湖南机电职业技术学院李丽云等参与编写。由于时间仓促，作者水平有限，书中错漏之处在所难免，恳请广大读者批评指正。

● **特别鸣谢**

特别鸣谢湖南省人力资源和社会保障厅技能鉴定中心、湖南省职业技术培训研究室对本书编写工作的大力支持，并同时鸣谢湖南生物机电职业技术学院曹虎山、楚琼湘、嘉兴职业技术学院吴爱民、湖南信息职业技术学院尹立贤、天津交通职业学院顾瑄、柳州市交通学校冯明源、湖南机电职业技术学院崔静波、湖南交通职业技术学院马云贵等对本书进行了认真的审校及建议。

主　编

2012 年 8 月

目 录

第一章 汽车维修工职业技能鉴定 ·· 1

第一节 汽车维修工职业技能鉴定简介 ·· 1

第二节 汽车维修工职业技能鉴定的试卷构成 ··· 1

第三节 汽车维修工职业技能鉴定题型及特点 ··· 2

第二章 初级汽车维修工鉴定指南 ·· 4

第一节 学习要点 ··· 4

第二节 理论知识试题 ·· 12

第三节 操作技能试题 ·· 26

第四节 模拟试卷 ·· 36

第五节 参考答案 ·· 66

第三章 中级汽车维修工鉴定指南 ·· 68

第一节 学习要点 ·· 68

第二节 理论知识试题 ··· 82

第三节 操作技能试题 ··· 99

第四节 模拟试卷 ·· 116

第五节 参考答案 ·· 141

第四章　高级汽车维修工鉴定指南 ··· 144

　　第一节　学习要点 ·· 144

　　第二节　理论知识试题 ··· 152

　　第三节　操作技能试题 ··· 167

　　第四节　模拟试卷 ·· 190

　　第五节　参考答案 ·· 218

第一章　汽车维修工职业技能鉴定

第一节　汽车维修工职业技能鉴定简介

汽车维修工职业技能鉴定是以汽车维修工国家职业标准为依据，在政府劳动保障行政部门领导下，由职业技能鉴定中心组织实施，依托职业技能鉴定所（站），开展对汽车维修从业人员技能水平的评价和认定。这是一种专门从事衡量从业人员职业能力水平的标准参照型考试。

汽车维修工职业技能鉴定考试分为理论知识考试和操作技能考核两部分。理论知识考试采用书面闭卷笔答、统一评分的形式进行。主要考查从业人员对汽车构造、汽车维修工艺及相关方面的理论知识的理解和掌握程度。考试时间为 90min，考试满分为 100 分，60 分为及格。操作技能考核采用现场实际操作方式进行。主要考查从业人员在汽车维护、修理及故障诊断排除等方面的实际操作技能，对从业人员在实际操作过程中操作的正确性、规范性、安全性及准确性、快捷性等方面进行综合考核。操作技能考核时间初级（五级）为 75min，中级（四级）为 60~80min、高级（三级）为 130min，考核满分为 100 分，60 分为及格。

第二节　汽车维修工职业技能鉴定的试卷构成

一、理论知识考试的试卷构成

理论知识考试试卷由试题卷和答题卡组成，答题卡上的考试类别、准考证号码、判断题、单项选择题、多项选择题要求用 2B 铅笔将对应答案涂黑。考试完成后，由计算机统一阅卷并评分。姓名、职业要求用钢笔或圆珠笔填写。

试题卷由试卷名称、注意事项、记分栏、试题正文构成。

汽车维修工理论知识的考试题型见表 1-1。

表1-1 理论知识考试试卷的题型、题量与配分方案

	判断题		单项选择题		多项选择题		合计	
	比重	题量	比重	题量	比重	题量	比重	题量
初级	20	20	80	80	0	0	100	100
中级	20	20	80	80	0	0	100	100
高级	20	20	60	60	20	10	100	100

二、操作技能考核的试卷构成

操作技能考核试卷由试题名称、考核内容、考核时限、考核评分及评分记录表构成。

评分记录表包含考核内容（准备工作、操作程序、使用工具、安全及其他）、考核要点、配分、评分标准、得分、评分人签名、核分人签名等项目。

汽车维修工操作技能考核内容结构见表1-2。

表1-2 汽车维修工（初、中、高级）操作技能考核内容结构表

级别	鉴定要求 \ 鉴定范围	汽车维护			汽车修理			汽车故障诊断排除			合计
		汽车发动机维护	汽车底盘维护	汽车电气设备维护	汽车发动机修理	汽车底盘修理	汽车电气设备检修	发动机故障诊断排除	汽车底盘故障诊断排除	电气设备故障诊断排除	
初级	选考方式	必考	必考	必考				任选一项			四项
	鉴定比重（%）	25	25	10				40	40	40	100
	考试时间（min）	20	20	20				15	15	15	75
	考核形式	实操	实操	实操				实操	实操	实操	
中级	选考方式	任选一项			任选一项			任选一项			三项
	鉴定比重（%）	30	30	30	35	35	35	35	35	35	100
	考试时间（min）	20	20	20	20	30	20	20	30	20	60～80
	考核形式	实操	实操	实操	实操	实操	实操	实操	实操	实操	
高级	选考方式				必考	必考	必考	任选一项			四项
	鉴定比重（%）				20	25	15	40	40	40	100
	考试时间（min）				30	40	30	30	30	30	130
	考核形式				实操	实操	实操	实操	实操	实操	

第三节 汽车维修工职业技能鉴定题型及特点

一、理论知识考试题型及特点

理论知识考试试题由判断题、单项选择题、多项选择题三类试题组成。各类题型的考试

侧重点有所不同。

① 判断题：试题给出对一个问题的叙述，要求从业人员判断该叙述正确与否，并将答案填入答题卡中。判断题主要考查从业人员对基本概念的理解程度。

② 单项选择题：一道试题有四个备选答案，其中只有一个是正确答案。要求从四个答案中选择最合适的答案，将答案编号填入答题卡中。单项选择题主要考查从业人员对几个相似的、容易混淆的基本知识点的准确掌握程度。

③ 多项选择题：一道试题有五个备选答案，其中有两个或两个以上正确答案。要求从备选答案中选择正确的答案，将答案编号填入答题卡中，多答、少答、答错都不得分。多项选择题主要考查从业人员对基本知识点的全面理解程度。

二、操作技能考核试题及特点

操作技能考核是职业技能鉴定的重要组成部分，是职业技能鉴定区别于其他资格考试的突出特征。操作技能考核试题包括维护、修理和故障诊断排除三种试题。要求从业人员在规定的时间内完成考核内容。操作技能主要考核从业人员对汽车维护、修理和故障诊断排除的实际解决能力。操作技能考核试题的核心是考核内容，包括准备工作、操作程序、使用工具、安全及其他五个方面的内容，其中以操作程序为主，所占分数为整个试题的80%以上。

第二章 初级汽车维修工鉴定指南

第一节 学习要点

一、对初级汽车维修工的工作要求

《汽车维修工国家职业标准》规定了对初级汽车维修工的工作要求。本标准对初级、中级、高级的技能要求依次递进，高级别涵盖低级别的要求。

职业功能	工作内容	技能要求	相关知识
一、发动机维护	（一）一级维护	1. 能够检查、清洁发动机外表，查看是否有燃油、润滑油、冷却液的泄漏，视情况紧固或更换密封垫 2. 能够检查发动机润滑油液面，按规定更换润滑油，视情况更换机油滤芯 3. 能够检查清洁空气滤清器 4. 能够添加或更换冷却液	1. 汽车维护的原则和目的 2. 汽车维护的分级和周期 3. 发动机一级维护作业内容与技术要求 4. 一级维护竣工检验技术要求与质量保证期 5. 更换润滑油的注意事项 6. 更换冷却液的注意事项
	（二）二级维护	1. 能够清洁、更换燃油滤清器 2. 能够检查燃油系统工作状况 3. 能够检查冷却系统密封情况 4. 能够检视皮带外观，调整皮带松紧度 5. 能够检查、紧固或更换进、排气歧管、消声器 6. 能够按规定次序和扭紧力矩校紧汽缸盖螺栓 7. 能够检测喷油器的喷油压力和喷油状况	1. 发动机二级维护作业内容与技术要求 2. 发动机二级维护工艺过程 3. 发动机紧固作业注意事项
	（三）发动机小修作业	1. 能够更换水泵 2. 能够更换风扇皮带 3. 能够检查与更换节温器 4. 能够检查调整发动机怠速 5. 能够更换气门油封 6. 能够更换曲轴前、后油封 7. 能够检查曲轴轴向间隙 8. 能够更换汽缸垫 9. 能够调整气门间隙	1. 气门间隙的检查与调整方法 2. 更换汽缸垫注意事项 3. 发动机总成拆装要领与注意事项

第二章 初级汽车维修工鉴定指南

续表

职业功能	工作内容	技能要求	相关知识
二、诊断排除发动机故障	（一）汽车故障诊断方法		1. 汽车故障诊断方法 2. 发动机油路故障诊断方法 3. 发动机电控系统故障诊断方法
	（二）诊断排除汽油发动机油电路故障	1. 能够诊断排除电喷发动机无法启动的油路故障 2. 能够诊断排除发动机点火过早或点火过迟电路故障 3. 能够诊断排除发动机点火错乱电路故障 4. 能够诊断排除点火初级电路短路或断路故障 5. 能够诊断排除点火次级电路断路故障 6. 能够诊断排除发动机单缸不工作的电路故障	1. 油路引起的汽油发动机怠速不良故障 2. 发动机点火过早或过迟 3. 点火系统初级电路短路或断路故障 4. 点火系统次级电路断路故障 5. 电路引起的发动机单缸不工作故障
三、汽车底盘维护	（一）一级维护	1. 能够检查或更换变速器润滑油 2. 能够检查或更换制动液 3. 能够检查传动轴及万向节 4. 能够检查调整离合器踏板自由行程 5. 能够检查调整制动踏板 6. 能够检查调整轮毂轴承预紧度 7. 能够检查轮胎气压并进行轮胎补气	1. 汽车底盘一级维护作业内容与操作要点 2. 汽车底盘一级维护作业技术要求 3. 汽车底盘紧固注意事项 4. 制动液更换方法 5. 离合器踏板自由行程的含义 6. 制动踏板自由行程的含义 7. 制动踏板的检查调整内容 8. 轮胎一级维护作业项目
	（二）二级维护	1. 能够进行离合器的维护 2. 能够进行手动变速器的维护 3. 能够进行差速器的维护 4. 能够拆装、检修球笼式等角速万向节 5. 能够进行前轮制动器的维护 6. 能够进行转向器与转向传动机构的维护 7. 能够检查调整前轮前束与转向角 8. 能够进行后轮制动器的维护 9. 能够检查调整制动间隙	1. 汽车底盘二级维护前的检测项目 2. 底盘二级维护作业项目 3. 底盘二级维护作业技术要求 4. 机械转向器调整内容 5. 车轮制动器维护注意事项 6. 轮胎二级维护作业项目 7. 轮胎换位技术要求
	（三）底盘小修作业	1. 能够更换离合器摩擦片 2. 能够安装变速器同步器 3. 能够更换普通十字刚性万向节轴承 4. 能够更换钢板弹簧 5. 能够更换转向节主销 6. 能够铰削转向节主销衬套 7. 能够更换车轮制动器摩擦片	1. 离合器拆装要领及从动盘常见耗损与处理措施 2. 手动变速器拆装要领 3. 制动器拆装要领 4. 万向传动装置零部件的主要损伤形式 5. 转向器拆装要领 6. 更换钢板弹簧的注意事项与操作要点 7. 装配万向传动装置的注意事项与操作要点

续表

职业功能	工作内容	技能要求	相关知识
四、诊断排除汽车底盘故障	（一）诊断排除离合器故障	1. 能够诊断排除离合器打滑故障 2. 能够诊断排除离合器分离不彻底故障 3. 能够诊断排除离合器发抖故障	1. 离合器打滑故障现象及原因 2. 离合器分离不彻底故障现象及原因 3. 离合器发抖故障现象及原因
	（二）诊断排除手动变速器故障	1. 能够诊断排除手动变速器乱挡故障 2. 能够诊断排除手动变速器自动脱挡故障 3. 能够诊断排除手动变速器换挡困难故障	1. 手动变速器乱挡的故障现象及原因 2. 手动变速器跳挡的故障现象及原因 3. 手动变速器换挡困难的故障现象及原因 4. 手动变速器漏油的故障现象及原因
	（三）诊断排除车轮与制动系统故障	1. 能够诊断排除轮毂过热的故障 2. 能够诊断排除液压制动系制动拖滞故障 3. 能够诊断排除气压制动系制动拖滞故障	1. 气压制动系统轮毂过热的故障现象及原因 2. 轮毂异响的故障现象及原因 3. 液压制动系统制动拖滞的故障现象及原因 4. 气压制动系统制动拖滞的故障现象及原因
五、汽车电气设备维护	（一）一级维护	1. 能够检查、清洁蓄电池，补充电解液 2. 能够检查、清洁或更换火花塞 3. 能够检查全车电气线路连接状况 4. 能够检查喇叭、灯光、仪表和雨刮器 5. 能够检查、清洁发电机、启动机	1. 电气设备一级维护作业内容与技术要求 2. 蓄电池维护 3. 火花塞维护 4. 线束、灯光、喇叭和信号装置维护
	（二）二级维护	1. 能够进行蓄电池二级维护作业 2. 能够清洁、润滑发电机、发电机调节器、启动机 3. 能够检查、调整点火正时 4. 能够检查、清洁分电器和高压线 5. 能够进行制冷系统外部清洗	1. 电器设备二级维护作业内容及注意事项 2. 电器设备二级维护作业技术要求 3. 发电机维护 4. 启动机维护 5. 空调制冷系统构造及工作原理
六、诊断排除电气设备故障	（一）诊断排除启动系统故障	1. 能够诊断排除启动机电磁开关故障 2. 能够诊断排除启动系统电路短路或断路故障 3. 能够诊断排除启动机离合器故障	1. 启动电磁开关故障现象、原因与处理方法 2. 启动系统电路、短路或断路故障现象、原因与处理方法 3. 启动机离合器故障现象、原因与处理方法
	（二）诊断排除充电系统故障	1. 能够诊断排除蓄电池自放电故障 2. 能够诊断排除发电机充电电流过大或过小故障 3. 能够诊断排除发电机不充电故障	1. 蓄电池自放电故障现象、原因与处理方法 2. 发电机充电电流过大或过小故障现象、原因与处理方法 3. 发电机不充电故障现象、原因与处理方法

续表

职业功能	工作内容	技能要求	相关知识
六、诊断排除电气设备故障	（三）诊断排除照明、喇叭、仪表装置故障	1. 能够诊断排除前照灯不亮或光线暗淡的故障 2. 能够诊断排除喇叭不响的故障 3. 能够诊断排除转向灯不亮的故障 4. 能够诊断排除制动灯不亮的故障	1. 前照灯暗淡、不工作故障现象、原因与处理方法 2. 喇叭不响的故障现象、原因与处理方法 3. 转向灯不亮故障现象、原因与处理方法 4. 制动报警灯不亮故障现象、原因与处理方法

二、鉴定要素细目表

（1）初级汽车维修工理论知识鉴定要素细目表

鉴定范围						鉴定点		
一级		二级		三级		代码	名称	重要程度
名称代码重要程度比例	鉴定比重(%)	名称代码重要程度比例	鉴定比重(%)	名称代码重要程度比例	鉴定比重(%)			
基本要求 A (40:14:0)	40	基础知识 B (39:12:0)	35	职业道德 A (1:2:0)	5	001	职业道德的基本概念与作用	Y
						002	职业道德的基本特征与基本规范	Y
						003	汽车维修职业守则	X
				工量具及设备 A (2:1:0)	2	001	汽车修理常用量具	X
						002	汽车修理常用工具	X
						003	汽车修理常用设备	Y
				钳工 B (2:0:0)	2	001	钳工工具及选用	X
						002	钳工基本操作	X
				汽车常用材料 C (4:1:0)	3	001	汽车常用金属材料牌号性能与应用	X
						002	汽车常用非金属材料牌号性能与应用	Y
						003	燃料及润滑材料牌号、性能及应用	X
						004	汽车常用工作液及应用	X
						005	轴承与螺纹	X
				机械识图 D (3:0:0)	2	001	视图基础知识	X
						002	表面粗糙度的概念及标注	X
						003	公差配合基础知识	X
				液压传动 E (1:2:0)	2	001	液压传动工作原理与基本组成	Y
						002	液压传动基本回路	Y
						003	液压传动在汽车上的应用	X

续表

鉴定范围						鉴定点		
一级		二级		三级		代码	名称	重要程度
名称代码重要程度比例	鉴定比重(%)	名称代码重要程度比例	鉴定比重(%)	名称代码重要程度比例	鉴定比重(%)			
基本要求 A (40:14:0)	40	基础知识 B (39:12:0)	35	电工电子 F (2:2:0)	2	001	电路基础知识	X
						002	电磁感应	Y
						003	正弦交流电基础知识	Y
						004	常见电子元件与电子电路	X
				汽车概述 G (1:1:0)	2	001	汽车的分类与型号	Y
						002	汽车的组成与技术参数	X
				汽车发动机 H (6:2:0)	6	001	发动机的总体构造	Y
						002	四冲程发动机工作过程	X
						003	曲柄连杆机构的功用与组成	X
						004	配气机构的功用与组成	X
						005	汽油机燃料系统的功用与组成	X
						006	柴油机燃料系统的功用与组成	X
						007	冷却系统的功用与组成	Y
						008	润滑系统的功用与组成	X
				汽车底盘 I (5:2:0)	6	001	离合器的功用与组成	X
						002	变速器的功用与组成	Y
						003	万向传动装置与驱动桥的功用与组成	X
						004	行驶系统的功用与组成	X
						005	转向系统的功用与组成	X
						006	制动系统的功用与组成	X
						007	汽车车身结构与作用	Y
				汽车电气设备 J (4:1:0)	2	001	铅蓄电池的功用、组成及工作特性	X
						002	交流发电机及调压器的功用与组成	X
						003	启动机的功用与组成	X
						004	点火系统的功用与组成	X
						005	常用汽车电气辅助装置的功用	Y
				汽车电子控制装置 K (3:0:0)	2	001	汽车常用传感器基础知识	X
						002	车用电控单元基础知识	X
						003	汽车常用执行元件基础知识	X
				安全生产与环境保护 L (2:0:0)	2	001	汽车维修作业安全操作规程	X
						002	汽车排放污染及其防治	X

第二章 初级汽车维修工鉴定指南

续表

鉴定范围							鉴定点		
一级		二级		三级		代码	名称	重要程度
名称代码重要程度比例	鉴定比重(%)	名称代码重要程度比例	鉴定比重(%)	名称代码重要程度比例	鉴定比重(%)			
基本要求 A (40:14:0)	40	基础知识 B (39:12:0)	35	质量管理与法律法规 M (4:0:0)	2	001	质量管理基础知识	X
						002	汽车维修质量的评价与控制	X
						003	劳动法与劳动合同法常识	X
						004	产品质量法与消费者权益保护法常识	X
相关知识 B (74:3:0)	60	发动机维护 A (13:0:0)	15	一级维护 A (7:0:0)	5	001	汽车维护的原则和目的	X
						002	汽车维护的分级	X
						003	汽车维护的周期	X
						004	发动机一级维护作业内容与技术要求	X
						005	发动机一级维护竣工检验技术要求与质量保证期	X
						006	更换发动机润滑油注意事项	X
						007	更换发动机冷却液注意事项	X
				二级维护 B (3:0:0)	5	001	发动机二级维护作业内容与技术要求	X
						002	发动机二级维护工艺过程	X
						003	发动机紧固作业注意事项	X
				发动机小修作业 C (3:0:0)	5	001	气门间隙的检查调整方法	X
						002	更换汽缸垫的注意事项	X
						003	发动机总成拆装要领与注意事项	X
		发动机故障现象及原因分析 B (8:0:0)	10	汽车故障诊断方法 A (3:0:0)	5	001	汽车故障诊断方法	X
						002	发动机油路故障诊断方法	X
						003	发动机电控系统故障诊断方法	X
				汽油发动机油电路故障现象及原因 B (5:0:0)	5	001	油路引起的汽油发动机怠速不良故障	X
						002	电路引起的发动机点火过早或过迟故障	X
						003	电路引起的点火系统初级电路短路或断路故障	X
						004	电路引起的点火系统次级电路断路故障	X
						005	电路引起的发动机单缸不工作故障	X
		汽车底盘维护 C (22:0:0)	15	一级维护 A (8:0:0)	5	001	汽车底盘一级维护作业内容与操作要点	X
						002	汽车底盘一级维护作业技术要求	X
						003	汽车底盘紧固注意事项	X
						004	制动液更换方法	X

续表

鉴定范围						鉴定点		
一级		二级		三级		代码	名称	重要程度
名称代码重要程度比例	鉴定比重(%)	名称代码重要程度比例	鉴定比重(%)	名称代码重要程度比例	鉴定比重(%)			
相关知识 B (74:3:0)	60	汽车底盘维护 C (22:0:0)	15	一级维护 A (8:0:0)	5	005	离合器踏板自由行程的含义	X
^	^	^	^	^	^	006	制动踏板自由行程的含义	X
^	^	^	^	^	^	007	制动踏板的检查调整内容	X
^	^	^	^	^	^	008	轮胎一级维护作业项目	X
^	^	^	^	二级维护 B (7:0:0)	5	001	汽车底盘二级维护前的检测项目	X
^	^	^	^	^	^	002	底盘二级维护作业项目	X
^	^	^	^	^	^	003	底盘二级维护作业技术要求	X
^	^	^	^	^	^	004	机械转向器调整内容	X
^	^	^	^	^	^	005	车轮制动器维护注意事项	X
^	^	^	^	^	^	006	轮胎二级维护作业项目	X
^	^	^	^	^	^	007	轮胎换位技术要求	X
^	^	^	^	底盘小修作业 C (7:0:0)	5	001	离合器的拆装要领、离合器从动盘的常见耗损与处理措施	X
^	^	^	^	^	^	002	手动变速器拆装要领	X
^	^	^	^	^	^	003	制动器拆装要领	X
^	^	^	^	^	^	004	万向传动装置零部件的主要损伤形式	X
^	^	^	^	^	^	005	转向器拆装要领	X
^	^	^	^	^	^	006	更换钢板弹簧的注意事项与操作要点	X
^	^	^	^	^	^	007	装配万向传动装置的注意事项与操作要点	X
^	^	诊断排除汽车底盘故障 D (14:0:0)	10	诊断排除离合器故障 A (5:0:0)	4	001	离合器打滑故障现象	X
^	^	^	^	^	^	002	离合器打滑故障原因	X
^	^	^	^	^	^	003	离合器分离不彻底故障现象	X
^	^	^	^	^	^	004	离合器分离不彻底故障原因	X
^	^	^	^	^	^	005	离合器发抖的故障现象及原因	X
^	^	^	^	诊断排除手动变速器故障 B (5:0:0)	3	001	手动变速器乱挡的故障现象及原因	X
^	^	^	^	^	^	002	手动变速器跳挡的故障现象	X
^	^	^	^	^	^	003	手动变速器跳挡的故障原因	X
^	^	^	^	^	^	004	手动变速器换挡困难的故障现象及原因	X
^	^	^	^	^	^	005	手动变速器漏油的故障现象及原因	X
^	^	^	^	诊断排除车轮与制动系统故障 C (4:0:0)	3	001	气压制动系统轮毂过热现象、原因	X
^	^	^	^	^	^	002	轮毂异响现象、原因	X
^	^	^	^	^	^	003	液压制动系统制动拖滞的故障现象及原因	X
^	^	^	^	^	^	004	气压制动系统制动拖滞的故障现象及原因	X

第二章　初级汽车维修工鉴定指南

续表

鉴定范围							鉴定点		
一级		二级		三级					重要程度
名称 代码 重要程度比例	鉴定比重(%)	名称 代码 重要程度比例	鉴定比重(%)	名称 代码 重要程度比例	鉴定比重(%)	代码	名　称	
相关知识 B (74:3:0)	60	电气设备维护 E (8:1:0)	5	一级维护 A (4:0:0)	2	001	电气设备一级维护内容与技术要求		X
^	^	^	^	^	^	002	蓄电池维护		X
^	^	^	^	^	^	003	火花塞维护		X
^	^	^	^	^	^	004	线束、灯光、喇叭和信号装置维护		X
^	^	^	^	二级维护 B (4:1:0)	3	001	电气设备二级维护内容及注意事项		X
^	^	^	^	^	^	002	电气设备二级维护作业技术要求		Y
^	^	^	^	^	^	003	发电机维护		X
^	^	^	^	^	^	004	启动机维护		X
^	^	^	^	^	^	005	空调制冷系统构造及工作原理		X
^	^	诊断排除电气设备故障 F (9:2:0)	5	诊断排除启动系统故障 A (3:0:0)	1	001	诊断排除启动机电磁开关故障		X
^	^	^	^	^	^	002	诊断排除启动系统电路断路故障		X
^	^	^	^	^	^	003	诊断排除启动机离合器故障		X
^	^	^	^	诊断排除充电系统故障 B (3:1:0)	2	001	诊断排除蓄电池自放电故障		Y
^	^	^	^	^	^	002	诊断排除发电机充电电流过小故障		X
^	^	^	^	^	^	003	诊断排除发电机充电电流过大故障		X
^	^	^	^	^	^	004	诊断排除发电机不充电故障		X
^	^	^	^	诊断排除照明、喇叭和仪表装置故障 C (3:1:0)	2	001	诊断排除前照灯不亮或光线暗淡故障		X
^	^	^	^	^	^	002	诊断排除喇叭不响故障		X
^	^	^	^	^	^	003	诊断排除转向灯不亮故障		Y
^	^	^	^	^	^	004	诊断排除制动报警灯故障		X

（2）初级汽车维修工操作技能鉴定要素细目表

鉴定范围一级			鉴定范围二级				鉴定点		
代码 重要程度比例	名称	鉴定比重(%)	代码 重要程度比例	名称	鉴定比重(%)	选考方式	代码	名称	重要程度	试题量
A (3:0:0)	汽车维护	60	A (1:0:0)	汽车发动机维护	25	必考	01	发动机的维护	X	11
^	^	^	B (1:0:0)	汽车底盘维护	25	必考	01	汽车底盘的维护	X	6
^	^	^	C (1:0:0)	汽车电气设备维护	10	必考	01	汽车电气设备维护	X	5

续表

鉴定范围一级			鉴定范围二级				鉴定点		
代码 重要程度 比例	名称	鉴定比重(%)	代码 重要程度 比例	名称	鉴定比重(%)	选考方式	代码	名称	重要程度	试题量
B (6:0:0)	汽车故障诊断排除	40	A (2:0:0)	发动机故障诊断排除	40	任选一项	01	发动机油路故障不能启动的诊断排除	X	1
^	^	^	^	^	^	^	02	发动机点火电路故障不能启动的诊断排除	X	6
^	^	^	B (2:0:0)	汽车底盘故障诊断排除	^	^	01	离合器故障诊断排除	X	3
^	^	^	^	^	^	^	02	制动系统故障诊断和排除	X	3
^	^	^	C (2:0:0)	电气设备故障诊断排除	^	^	01	启动机不转动的故障诊断和排除	X	5
^	^	^	^	^	^	^	02	充电系统不充电的故障诊断和排除	X	3

第二节 理论知识试题

一、判断题

1．尊师爱徒是集体主义原则在汽车维修职业道德中的具体体现。（　）
2．爱岗敬业作为职业道德的内在要求，指的是员工要热爱自己喜欢的工作岗位。（　）
3．职业道德活动中做到表情冷漠、严肃待客是符合职业道德规范要求的。（　）
4．使用活动扳手时，必须使开口尺寸调整至合适。尽量使固定口受拉力，活动口受推力，且用力要均匀。（　）
5．千分尺的测量精度要比游标卡尺高。（　）
6．砂轮机用来磨削各种刀具，磨去工件或材料表面的毛刺、锐边等。（　）
7．台虎钳的丝杆、螺母等不得加注润滑脂。（　）
8．錾削时，应及时擦净锤柄上的汗水、油污，避免锤子从手中滑脱。（　）
9．锉削时，要及时清理锉纹中的铁屑，可用嘴吹，也可用手清除。（　）
10．使用划规时，划规两脚开合松紧度要适当，以免划线时发生自动张缩。（　）
11．锯割金属材料安装锯条时，锯齿的齿尖要朝后。（　）
12．成套供应的丝锥两支或三支一套，攻丝时，只要取其中的一支攻丝即可得到正确的螺纹。（　）
13．硬度是指金属材料抵抗局部变形、压痕或划痕的能力。（　）

14．汽油的辛烷值越高，其抗爆性能越好。　　　　　　　　　　　　　　（　　）
15．机油黏度小、内摩擦阻力小，可节约燃料，因此机油的黏度越小越好。（　　）
16．普通螺纹分为普通粗牙螺纹和普通细牙螺纹两种。　　　　　　　　（　　）
17．滚动轴承内径代号数字为04～99时，代号数字乘5，即为轴承内径（单位mm）。
　　　　　　　　　　　　　　　　　　　　　　　　　　　　　　　　　（　　）
18．图样是指准确地表达物体的形状、大小和具备制造、检验时所需要的全部资料的图。
　　　　　　　　　　　　　　　　　　　　　　　　　　　　　　　　　（　　）
19．加工后的零件表面，仍留有微小间距和峰谷，这种不平的程度称为表面粗糙度。
　　　　　　　　　　　　　　　　　　　　　　　　　　　　　　　　　（　　）
20．零件表面粗糙度对零件的耐磨性、抗疲劳强度、配合性质和抗腐蚀性都有较大影响。
　　　　　　　　　　　　　　　　　　　　　　　　　　　　　　　　　（　　）
21．孔和轴配合时，孔的最小极限尺寸总是不小于轴的最大极限尺寸的配合称为过盈配合。　　　　　　　　　　　　　　　　　　　　　　　　　　　　　　（　　）
22．互换性分为完全互换和不完全互换两类。　　　　　　　　　　　　（　　）
23．液压传动不易实现过载保护。　　　　　　　　　　　　　　　　　（　　）
24．根据调速特性的不同，容积调速可分为有级调速回路和无级调速回路两种。
　　　　　　　　　　　　　　　　　　　　　　　　　　　　　　　　　（　　）
25．液压传动的工作介质是油液。　　　　　　　　　　　　　　　　　（　　）
26．液压式动力转向装置按液流形式可分为常流式和常压式两种。　　　（　　）
27．方向阀分为单向阀和换向阀两种。　　　　　　　　　　　　　　　（　　）
28．通过导体的电流方向与自由电子移动方向相同。　　　　　　　　　（　　）
29．电阻串联后，电阻值越高，其两端分得的电压就越高。　　　　　　（　　）
30．正弦交流电的三要素是指最大值、角频率和初相位。　　　　　　　（　　）
31．稳压管是一种具有稳压作用的特殊三极管。　　　　　　　　　　　（　　）
32．最小离地间隙是指汽车满载状态下，底盘下部（车轮除外）最低点与地面间的距离。
　　　　　　　　　　　　　　　　　　　　　　　　　　　　　　　　　（　　）
33．最大总质量与整车装备质量之和称为最大装载质量。　　　　　　　（　　）
34．冷却系统的功用是使运转中的发动机保持在最低的温度范围内工作。（　　）
35．压力润滑是利用工作时某些运动零件飞溅起来的油所形成的油滴或油雾来进行润滑的。　　　　　　　　　　　　　　　　　　　　　　　　　　　　　　　（　　）
36．由一定比例的汽油与空气均匀混合的混合物称为可燃混合气。　　　（　　）
37．汽车车身结构具有特定形状，它对行驶安全、乘客舒适性、运输效率等有很大影响。
　　　　　　　　　　　　　　　　　　　　　　　　　　　　　　　　　（　　）
38．作为旋转元件的制动蹄，随同汽车车轮旋转。　　　　　　　　　　（　　）
39．汽车转向器的功用是增大转向盘传到转向轮上的转向力矩，并改变力的传递方向。
　　　　　　　　　　　　　　　　　　　　　　　　　　　　　　　　　（　　）
40．汽车转向时，两半轴转速不同。　　　　　　　　　　　　　　　　（　　）

41．汽车悬架中，弹性元件用来传递力矩。（   ）
42．在汽车发动机运转的大部分时间里，启动机向蓄电池充电。（   ）
43．发电机风扇用于在发电机工作时，强制进行抽风冷却。（   ）
44．汽车的蓄电池与发电机串联。（   ）
45．电子控制单元是一种电子综合控制装置，包括硬件和软件两部分。（   ）
46．车用温度传感器用来检测发动机冷却液的温度、进气温度和排气温度。（   ）
47．氧传感器用来检测进气中氧的含量。（   ）
48．改进内燃机结构和燃油供给系统，可以减少汽车排放污染。（   ）
49．灭火器应设置在隐蔽的地方，以免损坏。（   ）
50．全面质量管理就是全员参加质量管理。（   ）
51．总成的清洁度是指按规定方法从被检总成的被检部位清洗下来的杂质总量。（   ）
52．对违反《产品质量法》的行为，只要没有给用户和消费者造成损失，就可以不予惩罚。（   ）
53．订立劳动合同，应当遵循合法、公平、平等自愿、协商一致、诚实信用的原则。（   ）
54．我国目前执行的汽车维护制度划分为日常维护、一级维护、二级维护和三级维护。（   ）
55．汽车一级维护周期一般为10000～15000km，二级维护周期一般为2000～3000km。（   ）
56．一级维护完成后要求发动机水泵皮带没有磨损。（   ）
57．放出润滑油时，要防止热的润滑油烫伤人或洒到车间地面污染环境。（   ）
58．更换发动机冷却液时只需彻底放掉散热器中的冷却液即可。（   ）
59．火花塞二级维护作业内容是清洁、检查或更换火花塞，调整电极间隙。（   ）
60．二级维护作业完成后，由维修企业填写《汽车维护竣工出厂合格证》后方可出厂。（   ）
61．逐缸调整法是根据发动机的点火顺序，逐缸地在压缩行程终了、活塞到达上止点时，调整该缸的进、排气门。（   ）
62．一般情况下，将旧的汽缸垫光滑的一面或翻边较宽的一面朝向汽缸体放置。（   ）
63．拆卸发动机时，要先关闭油箱开关，然后拆下油管接头。（   ）
64．汽车故障仪器仪表诊断法诊断速度快，准确性高，能定量分析。（   ）
65．发动机怠速不良时一般不会出现熄火现象，如果出现熄火现象，则是由于驾驶员操作失误造成的发动机熄火。（   ）
66．中央高压线或高压分线损坏的处理方法是用绝缘胶布胶紧。（   ）
67．发动机单缸不工作、分缸高压线脱落或漏电的处理方法是检修或更换分缸高压线。（   ）
68．车轮一级维护作业内容包括检查补足轮胎气压、轮胎换位、轮胎动平衡。（   ）
69．汽车底盘一级维护竣工检验技术规定：转向器、变速器、驱动桥的润滑油面，应在

检视口下沿 0~15mm 处。（　　）

70．成组螺栓和螺母的紧固按先中间、后两边顺序进行。（　　）

71．添加制动液时，应根据季节选用制动液牌号。（　　）

72．底盘差速器二级维护技术要求规定，齿轮损伤不超过齿高的 1/3 和齿长的 1/4。（　　）

73．离合器从动盘正、反面装错会导致离合器分离不彻底。（　　）

74．变速器第一轴后轴承回油螺纹积污过多或磨损变浅是变速器漏油原因之一。（　　）

75．轮毂轴承外座圈与轮毂配合过紧是轮毂轴承异响的原因之一。（　　）

76．制动蹄片与制动鼓的间隙过小或无间隙会引起制动鼓过热。（　　）

77．在蓄电池维护过程中，禁止将扳手等工具放在蓄电池壳体上。（　　）

78．干式荷电蓄电池在规定的 2 年保质期内，如需使用，只要灌入规定密度的电解液，搁置 15min，调整电解液液面高度后不需充电即可使用。（　　）

79．安装火花塞时，先用手抓住火花塞的尾部，对准火花塞孔，慢慢用手拧上几圈，然后用火花塞套筒拧紧。（　　）

80．蓄电池的搭铁极性必须与发电机搭铁极性一致，蓄电池正极必须搭铁。（　　）

81．轿车发电机输出电压一般为 14V，比蓄电池电压高 2V 左右。（　　）

82．高压线表面绝缘层应无破损、老化现象，高压线无折叠，其阻值应在 15~25Ω 之间。（　　）

83．交流发电机定子总成中有一个呈星形连接的三相定子绕组，在变化的磁场中能产生三相交流电。（　　）

84．交流发电机电压调节器不允许安装在发电机内部，以防发电机发热烧坏电压调节器。（　　）

85．启动机一般使用直流串激式电动机，其内部励磁绕组和电枢绕组并联，其目的是保证启动机启动时能提供最大的扭矩。（　　）

86．带有减速传动装置的启动机，在发动机启动后启动机的齿轮能顺利地自动脱离啮合。（　　）

87．拆下启动机时，应注意不要让从启动机上拆下的蓄电池正极线搭铁。必要时先拆下蓄电池连接导线。（　　）

88．用跨接线跨接蓄电池正极和启动机上电磁开关接线柱，启动机不转动，则故障可能是启动继电器损坏。（　　）

89．诊断与排除启动电路短路或断路故障时，首先要检查蓄电池连接导线是否紧固。（　　）

90．用跨接线短接启动继电器上电源和启动接线柱，若启动机启动，则说明启动继电器工作不良。（　　）

91．从车上拆下启动机，用手正反向拨动单向离合器驱动齿轮，若均能不转动，则说明离合器打滑。（　　）

92．蓄电池极板活性物质脱落，壳体底部沉淀物过多，会造成正负极板短路而引起蓄电池自放电。（　　）

93．当前照灯不亮时，用跨接线跨接灯光继电器中电源端子与前照灯接线端子，打开灯光开关，观察灯光情况。若故障排除，则灯光继电器损坏。　　　　　（　　）

94．关闭点火开关和车上用电设备，用跨接线将喇叭继电器电源端子与喇叭接线端子跨接，若喇叭发响，则故障在喇叭继电器。　　　　　　　　　　　　　（　　）

二、单项选择题

1．职业道德是指从事一定职业的人，在工作和劳动过程中应遵循的、与职业活动紧密联系的（　　）的总和。
    A．道德原则和规范   B．操作程序   C．劳动技能   D．思维习惯

2．（　　）是社会道德要求在职业生活中的具体体现。
    A．企业经营业绩   B．企业发展战略
    C．员工的技术水平   D．职业道德

3．下列选项中属于职业道德基本特征的是（　　）。
    A．强制性   B．内容上的稳定性和连续性
    C．随意性   D．自发性

4．规章制度与职业道德规范不同的是规章制度是企业制定的，而职业道德规范是通过（　　）形成的。
    A．舆论   B．强制   C．会议   D．培训

5．千分尺是一种精密量具，其测量精度可达（　　）mm。
    A．0.1   B．0.01   C．0.001   D．0.005

6．内径百分表在汽车修理中主要用来测量发动机汽缸的（　　）。
    A．平面度、内径和圆度   B．同轴度和内径
    C．跳动量和圆度   D．内径、圆度和圆柱度

7．凡是有扭紧力矩要求的螺栓或螺母，均需用（　　）扳手拧紧。
    A．开口   B．扭力   C．活动   D．梅花

8．汽缸压力表根据（　　）不同，分为汽油机汽缸压力表和柴油机汽缸压力表两种。
    A．长度   B．形状   C．材料   D．量程

9．选用扳手时，应尽量少用（　　）。
    A．梅花扳手   B．扭力扳手   C．套筒扳手   D．活动扳手

10．举升机一般分为汽车（　　）和汽车整车举升机两种。
    A．部件举升机   B．总成举升机   C．局部举升机   D．千斤顶

11．在以下划线工具中，（　　）是基准工具。
    A．划针   B．样冲   C．角尺   D．"V"型铁

12．錾子一般用优质碳素工具钢制成，刃口部分经（　　）处理。
    A．淬火+回火   B．淬火+退火   C．淬火+调质   D．表面淬火

13．锯弓是用来装夹锯条的，它有固定式和（　　）两种。
    A．移动式   B．可拆式   C．可调式   D．整体式

14．锉刀可分为普通锉、特种锉和（　　）三类。
   A．平锉　　　　　　B．方锉　　　　　　C．三角锉　　　　　D．整形锉
15．丝锥一般用合金工具钢或高速钢制成，并经（　　）。
   A．淬火处理　　　　B．退火处理　　　　C．正火处理　　　　D．回火处理
16．锯割时，一般应在工件的（　　）面上起锯。
   A．最宽　　　　　　B．最窄　　　　　　C．任意　　　　　　D．水平
17．攻不通螺孔时，由于丝锥不能切到底，所以钻孔深度要（　　）螺纹长度。
   A．小于　　　　　　B．大于　　　　　　C．等于　　　　　　D．任意
18．塑性是指金属材料在外力作用下，发生（　　）变形而不断裂的能力。
   A．暂时性　　　　　B．永久性　　　　　C．弹性　　　　　　D．稳定性
19．疲劳是指金属零件长期在（　　）作用下工作，突然发生断裂的现象。
   A．静载荷　　　　　B．动载荷　　　　　C．交变载荷　　　　D．冲击载荷
20．金属材料能够拉拔成线或能够碾轧成板的性能称为（　　）。
   A．切削性　　　　　B．延展性　　　　　C．耐磨性　　　　　D．渗透性
21．与钢相比，铸铁工艺性能的突出特点是（　　）。
   A．可焊性好　　　　B．淬透性好　　　　C．可铸性好　　　　D．可锻性好
22．钢化玻璃是用普通平板玻璃或磨光玻璃经（　　）制成的。
   A．加热与淬火　　　B．冷却　　　　　　C．加钢铁　　　　　D．回火
23．机油牌号中，在数字后面带"W"字母的表示（　　）。
   A．低温系列　　　　B．普通系列　　　　C．四季通用　　　　D．多级油
24．目前，常用的防冻液多属（　　），其中多加有防腐剂和染色剂，可以长期使用，所以称为长效防冻液。
   A．酒精—水型　　　B．甘油—水型　　　C．乙二醇—水型　　D．矿油型
25．径向滑动轴承主要承受（　　）载荷。
   A．滑动　　　　　　B．推力　　　　　　C．径向　　　　　　D．轴向
26．凝点用来表示柴油的（　　）性能。
   A．着火　　　　　　B．蒸发　　　　　　C．低温流动　　　　D．黏度
27．图样是技术性文件，它能表达（　　）的意图。
   A．生产者　　　　　B．设计者　　　　　C．使用者　　　　　D．参观者
28．国家标准规定，在图框内的（　　）应留出标题栏。
   A．左下角　　　　　B．右下角　　　　　C．中间位置　　　　D．任意位置
29．零件的主视图反映了零件的（　　）。
   A．长度和宽度　　　B．宽度和高度　　　C．长度和高度　　　D．长度、宽度和高度
30．一般零件图应包括标题栏、一组视图、完整的尺寸和（　　）四项内容。
   A．检验要求　　　　B．使用要求　　　　C．技术要求　　　　D．热处理要求
31．表面粗糙度符号尖端必须（　　）。
   A．从材料内指向表面　　　　　　　　　B．从左指向右
   C．从材料外指向表面　　　　　　　　　D．从右指向左

32．测量包括测量对象、计量单位、测量方法和（　　）四个要素。
　　A．测量结果　　　　B．测量器具　　　C．测量误差　　　D．测量精度
33．无论位置公差基准代号的方向如何，其字母必须（　　）填写。
　　A．水平　　　　　　B．垂直　　　　　C．水平或垂直　　D．任意
34．配合是指（　　）相同的、相互结合的孔和轴公差带之间的关系。
　　A．基本尺寸　　　　B．实际尺寸　　　C．极限尺寸　　　D．作用尺寸
35．液压传动利用（　　）来传递运动。
　　A．气体压力　　　　B．液体压力　　　C．气体分子　　　D．气体压强
36．液压传动系统一般由动力元件、（　　）、控制元件和辅助元件组成。
　　A．流量控制阀　　　B．方向控制阀　　C．压力控制阀　　D．执行元件
37．液压传动系统中，（　　）是动力元件。
　　A．液压泵　　　　　B．液压缸　　　　C．液压控制阀　　D．液压辅件
38．汽车采用的液力变矩器属于（　　）液压传动。
　　A．动力式　　　　　B．容积式　　　　C．压力式　　　　D．体积式
39．自卸车的举升系统属于（　　）液压传动。
　　A．动力式　　　　　B．容积式　　　　C．压力式　　　　D．体积式
40．两只电阻串联时阻值为10Ω，并联时阻值为1.6Ω，则两只电阻阻值分别为（　　）。
　　A．2Ω和8Ω　　　　B．3Ω和7Ω　　　C．4Ω和6Ω　　　D．5Ω和5Ω
41．1kWh电可供一只"220V、25W"的灯泡正常发光时间是（　　）h。
　　A．20　　　　　　　B．25　　　　　　C．40　　　　　　D．45
42．一用电器测得其阻值是55Ω，使用时的电流为4A，则其供电线路的电压为（　　）V。
　　A．100　　　　　　 B．110　　　　　　C．200　　　　　 D．220
43．通电导体在磁场中受到磁场力的方向可用（　　）来确定。
　　A．右手定则　　　　　　　　　　　　B．右手螺旋定则
　　C．左手定则　　　　　　　　　　　　D．欧姆定律
44．三相绕组的三个空间位置间隔（　　）。
　　A．30°　　　　　　 B．60°　　　　　 C．90°　　　　　 D．120°
45．三极管的（　　）是用来表示三极管的电流放大能力的参数。
　　A．电流放大系数　　　　　　　　　　B．穿透电流
　　C．最大允许电流　　　　　　　　　　D．反向击穿电压
46．半导体二极管按（　　）划分，可分为锗二极管和硅二极管两种。
　　A．结构　　　　　　B．用途　　　　　C．基片材料　　　D．尺寸
47．解放CA1092型汽车中的1表示（　　）。
　　A．企业名称　　　　B．车辆类别代号　C．载荷　　　　　D．自重
48．国产汽车型号中，轿车的主参数代号为（　　）。
　　A．汽车长度　　　　B．汽车总质量　　C．发动机排量　　D．载客人数
49．汽车通常由发动机、底盘、车身和（　　）四部分组成。
　　A．离合器　　　　　B．变速器　　　　C．车轮　　　　　D．电气设备

50．底盘由传动系、行驶系、转向系和（　　）四部分组成。
　　A．燃油系　　　　　B．制动系　　　　C．电气系　　　　D．冷却系
51．汽车满载时的最大爬坡能力称为（　　）。
　　A．最大爬坡度　　　B．最小爬坡度　　C．爬坡度　　　　D．功率
52．车体前部突出点向前轮引的切线与地面的夹角，称为（　　）。
　　A．离去角　　　　　B．接近角　　　　C．外倾角　　　　D．后倾角
53．活塞在汽缸内作往复直线运动时，活塞顶距离曲轴回转中心（　　）的极限位置，称为上止点。
　　A．最远　　　　　　B．最近　　　　　C．中央　　　　　D．水平
54．发动机各汽缸（　　）的总和称为发动机排量。
　　A．工作容积　　　　B．总容积　　　　C．燃烧室容积　　D．活塞行程
55．曲柄连杆机构的功用是把（　　）作用在活塞顶上的力转变为曲轴的转矩，并通过曲轴对外输出机械能。
　　A．气体　　　　　　B．汽油　　　　　C．空气　　　　　D．燃烧气体
56．电控燃油喷射系统由空气供给系统、燃料供给系统和（　　）三个子系统组成。
　　A．冷却系统　　　　B．控制系统　　　C．润滑系统　　　D．油泵系统
57．发动机润滑系统的功用是（　　）。
　　A．润滑　　　　　　　　　　　　　　B．冷却
　　C．润滑、冷却　　　　　　　　　　　D．润滑、冷却、清洁、密封
58．汽车传动系统的功用是将发动机发出的动力传给（　　）。
　　A．万向传动装置　　B．离合器　　　　C．变速器　　　　D．驱动车轮
59．自动变速器主要由液力变矩器、（　　）、液压泵、控制系统等几部分组成。
　　A．齿轮变速器　　　B．同步器　　　　C．压盘　　　　　D．分离叉
60．从离合器踏板到分离叉之间的各杆件统称为（　　）。
　　A．操纵机构　　　　B．分离机构　　　C．压紧装置　　　D．从动部分
61．汽车主减速器的功用是（　　），在发动机纵置时还具有改变转矩方向的作用。
　　A．降速增矩　　　　B．降速降矩　　　C．增速增矩　　　D．增速降矩
62．汽车悬架是（　　）与车桥之间的弹性传力装置。
　　A．车架　　　　　　B．车轮　　　　　C．减震器　　　　D．车厢
63．转向系统的作用是实现汽车（　　）的改变和保持汽车稳定的行驶路线。
　　A．速度　　　　　　B．动力　　　　　C．行驶方向　　　D．加速度
64．固定在汽车车轮上的旋转元件是（　　）。
　　A．制动盘　　　　　B．制动块总成　　C．活塞　　　　　D．钳形支架
65．汽车发电机过载时，（　　）协助发电机向用电设备供电。
　　A．启动机　　　　　B．点火线圈　　　C．分电器　　　　D．蓄电池
66．汽车交流发电机的（　　）是用来将定子绕组产生的三相交流电变为直流电的。
　　A．转子总成　　　　B．电刷　　　　　C．整流器　　　　D．风扇
67．发动机启动后，启动机驱动齿轮与飞轮齿圈（　　）。

A．接合 B．脱离 C．半接合 D．半脱离
68．（　　）用来清除汽车风窗玻璃上的雨水、雪或尘土，以确保驾驶员能有良好的视线。
　　A．电动刮水器 B．电动机 C．启动机 D．电动窗
69．装有（　　）的汽车，驾驶员可通过遥控器或钥匙来控制所有车门及行李厢锁。
　　A．中央门锁 B．电动窗 C．电动机 D．电动刮水器
70．翼板式空气流量传感器安装在发动机（　　）。
　　A．空气滤清器之前 B．空气滤清器和节气门之间
　　C．节气门之后 D．节气门之后、空气滤清器之前
71．负温度系数热敏电阻随温度升高阻值（　　）。
　　A．上升 B．下降 C．不变 D．略为上升
72．执行器把从ECU传来的电信号转换为（　　）。
　　A．机械运动 B．化学运动 C．分子运动 D．电子运动
73．步进电动机的转子用（　　）制成。
　　A．通电线圈 B．合金钢 C．合金铁 D．永久磁铁
74．利用EGR系统，可减小汽车（　　）的排放。
　　A．CO B．HC C．NO_X D．炭烟
75．在配制电解液时，将（　　）中。
　　A．水慢慢倒入硫酸 B．硫酸慢慢倒入水
　　C．硫酸慢慢倒入盐酸 D．盐酸慢慢倒入硫酸
76．空气滤清器的滤网堵塞，会加大汽车的（　　）排放量。
　　A．CO B．HC C．NO_X D．CO和HC
77．当发动机汽缸压力低时，会导致（　　）的含量增加。
　　A．CO B．HC C．NO_X D．CO和HC
78．产品质量是指产品（　　）。
　　A．性能 B．寿命 C．可靠性 D．好坏的优劣程度
79．全面质量管理的四个环节是（　　）。
　　A．PDCA B．DPCA C．CDPA D．ACDP
80．汽车大修后，其发动机的功率不得小于原车功率的（　　）。
　　A．90% B．80% C．70% D．60%
81．（　　）决定了相关总成、部件和汽车的工作平衡程度。
　　A．振动 B．噪声
　　C．总成清洁度 D．动、静平衡程度
82．我国劳动法规定，禁止用人单位招聘未满（　　）周岁的未成年人。
　　A．16 B．17 C．18 D．19
83．产品质量法是调整在生产、流通和消费过程中因产品质量所发生的（　　）的法律规范的总和。
　　A．人际关系 B．经济关系
　　C．企业与个人关系 D．企业与企业关系

84．消费者权益是指消费者在有偿获得商品或（　　）时所应得到的正当权利。
　　A．货物　　　　　　B．生产资料　　　C．接受服务　　　D．生活资料
85．对侵犯消费者合法权益的行为，可采取民事的、行政的和（　　）的手段来保护消费者的合法权益。
　　A．强制　　　　　　B．道德　　　　　C．法律　　　　　D．刑事
86．汽车维护必须贯彻（　　）的原则。
　　A．预防为主、强制维护　　　　　　　B．预防为主
　　C．强制维护　　　　　　　　　　　　D．预防为主、技术与经济相结合
87．汽车维护是（　　）地对汽车的各部分进行检查、清洁、润滑、紧固、调整或更换某些零件所进行的一些日常工作。
　　A．随机　　　　　　B．视情　　　　　C．定期　　　　　D．不定期
88．二级维护是除一级维护作业外，以（　　）为作业中心内容。
　　A．检查或调整　　　B．润滑或调整　　C．紧固或调整　　D．润滑或紧固
89．对于不便用行驶里程统计、考核的汽车，可用（　　）来确定一、二级维护周期。
　　A．行驶时间天数　　　　　　　　　　B．行驶时间月数
　　C．行驶时间年数　　　　　　　　　　D．行驶时间间隔
90．关于发动机一级维护作业，下列叙述中错误的一项是（　　）。
　　A．发动机一级维护作业时须检查冷却液液面高度
　　B．发动机一级维护作业时须检查皮带松紧度
　　C．发动机一级维护作业时须更换空气滤清器滤芯
　　D．发动机一级维护作业时须紧固进、排气歧管螺栓
91．关于发动机一级维护竣工检验技术要求，下列说法中错误的一项是（　　）。
　　A．空气压缩机、发电机、空调压缩机和水泵皮带松紧度合适
　　B．空气滤清器滤芯清洁有效
　　C．喷油器工作正常
　　D．点火系统工作正常
92．下列各项中不属于更换发动机润滑油注意事项的是（　　）。
　　A．坚持经济适用的原则
　　B．汽油机和柴油机的润滑油一般不能通用
　　C．选用的润滑油黏度应适当
　　D．防止油底壳烫伤人
93．关于发动机冷却液的更换，下列各项中正确的一项是（　　）。
　　A．冷却液一定要加满，直至与加液口齐平
　　B．由于冷却液无腐蚀性，泄漏到汽车零部件上的冷却液不一定要用抹布抹干
　　C．拧松散热器放水阀即可放净冷却液
　　D．应该在冷车时放净冷却液
94．关于发动机二级维护工艺过程，下列各项中正确的一项是（　　）。
　　A．汽车进厂维护—汽车技术档案和驾驶员反映—维护作业—诊断并确定附加作业项

目—检测

  B．汽车进维修厂—诊断并确定附加作业项目—检测—汽车技术档案和驾驶员反映—维护作业

  C．汽车进维修厂—汽车技术档案和驾驶员反映—检测—维护作业—诊断并确定附加作业项目

  D．汽车进维修厂—汽车技术档案和驾驶员反映—检测—诊断并确定附加作业项目—维护作业

95．关于发动机紧固作业，下列叙述中错误的一项是（　　）。

  A．要正确选用紧固作业工具，尽量少用活动扳手，多用专用工具

  B．用扳手紧固螺母时，扳手与螺母一定要套稳再用力，否则会打滑，损坏螺母

  C．拧紧螺母、螺栓时，要按规定力矩一次校紧

  D．拧紧螺母时，要稳步加力，切忌用力过猛，否则可能损伤身体

96．采用双排不进法调整四缸发动机（做功顺序为1243）气门间隙时，下列说法正确的一项是（　　）。

  A．当第四缸处于压缩行程上止点时，可调整的气门为一缸两个，二缸排气门，三缸进气门，四缸无

  B．当第一缸处于压缩行程上止点时，可调整的气门为一缸两个，二缸进气门，三缸排气门，四缸两个

  C．当第四缸处于压缩行程上止点时，可调整的气门为一缸两个，二缸进气门，三缸排气门，四缸无

  D．当第一缸处于压缩行程上止点时，可调整的气门为一缸两个，二缸进气门，三缸排气门，四缸无

97．关于汽缸垫的更换，下列说法不正确的一项是（　　）。

  A．拆卸汽缸盖时，要按对称顺序分次拧松缸盖螺栓

  B．安装汽缸垫时可以随便放置，没有正反方向之分

  C．安装汽缸盖时，要按规定扭矩对称分次拧紧缸盖螺栓

  D．汽缸盖平面和汽缸体平面上的附着物一定要清除干净，清除时不要刮伤表面

98．下列各项中不属于汽车故障诊断方法的是（　　）。

  A．智能诊断法　　　　　　　　B．故障树分析法

  C．仪器仪表诊断法　　　　　　D．人工经验诊断法

99．关于汽油发动机油路故障诊断方法，下列叙述中不正确的一项是（　　）。

  A．目前汽油发动机油路故障诊断主要采用人工经验诊断法来进行诊断

  B．利用电子转速表可以测量发动机在一定转速、单缸断火时发动机的转速降，通过转速降即可判明各缸的工作情况

  C．废气分析仪通过分析废气的成分可以确定混合气是过浓还是过稀

  D．汽油发动机油路故障诊断可以利用电子转速表和废气分析仪两种设备来进行诊断

100．目前汽油发动机电控系统电路故障诊断主要采用（　　）来进行诊断。

  A．振动法　　　　　　　　　　B．加热法

C．智能诊断法　　　　　　　　D．仪器仪表诊断法
101．下列各项中与汽油发动机怠速不良油路故障原因无关的一项是（　　）。
　　A．怠速调整不当　　　　　　B．喷油器雾化不良、漏油或堵塞
　　C．气门关闭不严　　　　　　D．油路压力太低
102．关于发动机点火过迟故障现象，下列描述不正确的一项是（　　）。
　　A．排气管放炮，加速时放炮更严重　B．进气门易烧坏
　　C．发动机温度容易升高　　　　D．发动机不易启动
103．下列各项中与发动机点火系统初级电路短路或断路故障原因无关的一项是（　　）。
　　A．点火线圈烧坏　　　　　　B．信号发生器工作不正常
　　C．曲轴位置传感器有故障　　D．点火器工作不正常
104．不符合汽车底盘一级维护竣工检验技术要求的选项是（　　）。
　　A．离合器踏板自由行程符合技术规定
　　B．变速器、驱动桥的润滑油面在检视口下沿 15～20mm
　　C．制动踏板自由行程符合技术规定
　　D．车轮轮毂轴承无松旷
105．成组螺栓螺母拧紧时需分数次拧紧到规定力矩，一般为（　　）次。
　　A．1～2　　　B．2～3　　　C．3～4　　　D．4～5
106．离合器从动盘和压盘磨损变薄后，离合器自由间隙和离合器踏板自由行程的变化分别是（　　）。
　　A．变大、变小　　B．变小、变大　　C．变小、变小　　D．变大、变大
107．气压制动系统制动踏板自由行程是制动时消除（　　）及制动操纵杆系间隙所需要的踏板行程。
　　A．制动器间隙　　　　　　　　B．制动控制阀进气间隙
　　C．制动控制阀排气间隙　　　　D．制动踏板与连杆之间间隙
108．装配车轮制动器前，应对各个零部件清洗、检查，并在凸轮、凸轮轴颈及支撑销等运动件摩擦表面上均匀涂上一层（　　）。
　　A．锂基润滑脂　　B．钙基润滑脂　　C．钠基润滑脂　　D．钙钠基润滑脂
109．汽车负载上坡时，发动机转速高，但汽车行驶无力，且能闻到离合器摩擦片过热而产生的焦臭味，这说明（　　）。
　　A．离合器发抖　　　　　　　　B．离合器分离不彻底
　　C．离合器打滑　　　　　　　　D．离合器分离轴承损坏
110．不是离合器分离不彻底的现象是（　　）。
　　A．汽车起步时，将离合器踩到底仍感到挂挡困难
　　B．汽车起步时，只能强行挂入挡位，但未抬离合器踏板，车就前移造成熄火
　　C．变速时挂挡困难
　　D．汽车行驶中加速时，车速不能随发动机转速提高而增加
111．不是液压制动系统制动拖滞故障原因的选项是（　　）。
　　A．制动踏板无自由行程

B．制动踏板自由行程过大
C．主缸活塞复位弹簧折断或弹力太小
D．轮缸皮碗发胀、发黏或活塞犯卡

112．以下选项中不会导致轮毂异响的是（　　）。
　　A．轮毂轴承松旷　　　　　　B．轮毂轴承外座圈与轮毂配合松动
　　C．半轴套管与后桥配合松动　　D．制动器间隙过大

113．变速器跳挡故障容易出现的汽车运行条件是（　　）。
　　A．负载平稳运行时　　　　　B．负载突变时
　　C．平坦路面上行驶时　　　　D．低速行驶时

114．下列各项中不属于汽车电气设备一级维护作业内容的是（　　）。
　　A．清洁、更换火花塞　　　　B．蓄电池维护
　　C．全车线路检查紧固　　　　D．空调制冷剂充注

115．点火系统火花塞的性能应良好，电极呈（　　）色，无积炭。
　　A．银白　　　B．灰白　　　C．亮白　　　D．纯白

116．普通火花塞的电极间隙一般应为（　　）mm。
　　A．0.7～0.9　　B．0.5～0.7　　C．0.6～0.8　　D．1.0～1.1

117．蓄电池的液面高度一般应高出极板（　　）mm。
　　A．25～30　　B．10～15　　C．0～10　　D．15～20

118．免维护蓄电池通过蓄电池壳体表面观察孔来察看蓄电池的技术状况。当观察孔呈现（　　）时，说明蓄电池技术状况良好。
　　A．透明　　　B．黑色　　　C．绿色　　　D．黄色

119．蓄电池液面高度应处于蓄电池壳体上下限划线之间，当电解液不足时应加入（　　）。
　　A．纯净水或井水　B．硫酸　　C．自来水　　D．补充液或蒸馏水

120．火花塞的发火部位吸热并向发动机冷却系统散热的性能称为火花塞的热特性，主要取决于火花塞（　　）。
　　A．绝缘体裙部长度　　　　　B．电极间隙
　　C．长度中心　　　　　　　　D．电极类型

121．检查火花塞时，若发现其安装螺纹损伤超过（　　）牙，则应更换火花塞。
　　A．4　　　B．5　　　C．2　　　D．3

122．电气元件在检查清洁时，应先将点火开关（　　）。
　　A．打开　　　　　　　　　　B．关闭
　　C．打开、关闭均可　　　　　D．拆下

123．拆卸蓄电池连接导线时，应先拆（　　）极，再拆（　　）极。安装时，应先装（　　）极，再装（　　）极。
　　A．正、负、正、负　　　　　B．负、正、正、负
　　C．正、负、负、正　　　　　D．负、正、负、正

124．检查发电机是否发电，不能采用（　　）方法。
　　A．搭铁试火法　　　　　　　B．试灯法

C．就车电流表或充电指示灯　　　D．万用表测电压

125．启动发动机，由怠速突然加至最高速，发动机有轻微而间断的"嗒嗒"爆震声，且加速良好，则说明发动机（　　）。

A．点火过早　　B．点火过迟　　C．发动机爆震　　D．点火正时准确

126．发动机运转时，通过曲轴皮带轮驱动空调压缩机运转，将（　　）的制冷剂蒸气从蒸发器中吸入，并加压成（　　）的蒸气输入冷凝器。

A．高温低压、低温高压　　　　B．低温低压、高温高压
C．高温高压、低温低压　　　　D．液态、气态

127．导致启动机电磁开关不工作的原因不包括（　　）。

A．蓄电池电量不足　　　　　　B．蓄电池连接导线接触不良或松动
C．电磁开关损坏　　　　　　　D．启动机单向离合器损坏

128．用跨接线跨接蓄电池正极和启动机上电磁开关接线柱，启动机不转动，则故障可能是（　　）。

A．启动继电器损坏　　　　　　B．点火开关损坏
C．启动电路断路　　　　　　　D．启动机电磁开关损坏

129．将点火开关打到启动挡，检查继电器插座上与点火开关相连插孔的电压，若为12V，则说明（　　）。

A．启动继电器损坏　　　　　　B．启动继电器正常
C．点火开关至启动继电器电路正常　D．启动机损坏

130．蓄电池自放电故障的产生原因不包括（　　）。

A．极板短路　　　　　　　　　B．电解液杂质过多
C．连接电路有漏电之处　　　　D．蓄电池极桩松动

131．在蓄电池充电性能良好的情况下，发电机在各转速下，充电指示灯不熄灭，电流表指示充电电流很小，则说明（　　）。

A．充电电流过大　　　　　　　B．发电机不发电
C．充电电流过小　　　　　　　D．电压调节器断路

132．发电机发动机转速保持在1500～2000r/min时，将内搭铁式发电机调节器"+"和"F"接线柱短接，或将外搭铁式发电机调节器"F"和"E"接线柱短接，若充电电流仍然过小，则故障在（　　）。

A．发电机　　　　　　　　　　B．电压调节器
C．充电系统连接电路　　　　　D．蓄电池

133．当前照灯不亮时，用跨接线跨接灯光继电器中电源端子与前照灯接线端子，打开灯光开关，观察灯光情况。若故障排除，则（　　）损坏。

A．前照灯开关　　B．灯光断电器　　C．前照灯灯泡　　D．前照灯熔断器

134．发动机启动正常，但喇叭不响。关闭点火开关和车上用电设备，用跨接线将喇叭继电器电源端子与喇叭接线端子跨接，若喇叭不响，则故障在（　　）。

A．电喇叭或喇叭电路　　　　　B．喇叭继电器
C．喇叭按钮　　　　　　　　　D．蓄电池电压不足

第三节 操作技能试题

试题1：更换发动机机油和机油滤清器

准备通知单

一、试题名称

更换发动机机油和机油滤清器

二、准备要求

（1）设备准备

序号	名称	规格	数量	备注
1	捷达小轿车		1辆	相关车型均可
2	举升机		1台	

（2）工具准备

序号	名称	规格	数量	备注
1	机油滤清器扳手		1个	
2	常用工具		1套	
3	接油盘		1个	
4	棉纱		若干	
5	工作服		1套	
6	发动机机油		1壶	符合要求的
7	新机油滤清器		1个	符合要求的

三、考场准备

1．考核场地整洁规范，无干扰。

2．安全防护齐全，且符合标准。

3．根据考核情况确定工位。

试题正文

一、试题名称

更换发动机机油和机油滤清器

二、考核内容

1．准备工作。

2．操作过程。

3．使用工具。

4．安全及其他。

三、考核时限

1．准备工作5min。

2. 正式操作 20min。
3. 计时从正式操作开始，至操作完毕。
4. 超时 1min 从总分中扣 5 分，超时 3min 停止操作。

四、考核评分
1. 监考员负责考场事务。
2. 此题满分为 25 分。
3. 考评员应具有本工种的实际操作经验，评分公正准确。
4. 考评员可根据考生所在装置的实际情况，对评分标准作适当调整。
5. 各项配分依难易程度、精度高低和重要程度制定。
6. 评分方法：按单项扣分、得分。

五、评分记录表

试题名称		更换发动机机油和机油滤清器				
序号	考核内容	考核要点	配分	评分标准	得分	备注
1	准备工作	穿戴劳保用品	1	未穿戴整齐扣 1 分		
		工具、用具准备	1	工具选择不正确扣 1 分		
2	操作程序	用举升机举起汽车并放净废机油和拆卸旧机油滤清器	11	未在热车状态扣 1 分，未正确使用举升机举起汽车扣 1 分，未正确放净废机油扣 4 分，未正确拆卸旧机油滤清器扣 5 分		
3		安装新机油滤清器	5	未正确安装新机油滤清器扣 5 分		
4		添加新机油	5	未正确添加新机油扣 5 分		
5	使用工具	正确使用工具	1	工具使用不正确扣 1 分		
		正确维护工具	1	工具乱摆乱放扣 1 分		
6	安全及其他	按国家法规或企业规定		违规一次总分扣 5 分，严重违规停止操作		
		在规定时间内完成操作		超时 1min 总分扣 5 分，超时 3min 停止操作		
		得 分				

评分人：　　　　　年　月　日　　　　　　核分人：　　　　　年　月　日

试题 2：检查调整轮毂轴承预紧度

准备通知单

一、试题名称
检查调整轮毂轴承预紧度
二、准备要求
（1）设备准备

序 号	名 称	规 格	数 量	备 注
1	轿车或载货汽车	辆	1	具体车型不定
2	举升器	台	1	

（2）工具准备

序 号	名 称	规 格	数 量	备 注
1	常用拆装工具	套	1	
2	轮毂专用螺母套筒	把	1	
3	扭力扳手	把	1	
4	千斤顶、三角木			
5	手锤、铜棒等			

三、考场准备

1．考核场地整洁规范，无干扰。

2．安全防护齐全，且符合标准。

3．根据考核情况确定工位。

试 题 正 文

一、试题名称

检查调整轮毂轴承预紧度

二、考核内容

1．准备工作。

2．操作过程。

3．使用工具。

4．安全及其他。

三、考核时限

1．准备工作 5min。

2．正式操作 20min。

3．计时从正式操作开始，至操作完毕。

4．超时 1min 从总分中扣 5 分，超时 3min 停止操作。

四、考核评分

1．监考员负责考场事务。

2．此题满分为 25 分。

3．考评员应具有本工种的实际操作经验，评分公正准确。

4．各项配分依难易程度、精度高低和重要程度制定。

5．评分方法：按单项扣分、得分，单项配分扣完该单项得 0 分。

五、评分记录表

试题名称		检查调整轮毂轴承预紧度				
序号	考核内容	考核要点	配分	评分标准	得分	备注
1	准备工作	穿戴工作服	2	未穿戴整齐扣1分		
		工具、用具准备		工具选择不正确扣1分		
2	调整前准备	举升车辆或支起车轮	5	支车轮前未在其他车轮塞上三角木扣2分		
				举升车辆时支点未找对扣3分		
3	调整	调整前轮或后轮轮毂轴承预紧度	12	方法、程序错误扣5分，调整不符合技术要求扣6分		
4	放下车轮	放下车轮，工具归位	3	未作此项计0分		
5	安全文明生产	符合国家安全、环保规程，操作现场整洁，文明作业	3	每违规一项扣1分，扣完为止		
6	其他	在规定时间内完成操作		超时1min总分扣5分，超时3min停止操作		
		无人身、设备事故		因违规操作发生重大人身和设备事故，此题按0分计		
得 分						

评分人：　　　　　　　年　月　日　　　　　　核分人：　　　　　　　年　月　日

试题3：蓄电池维护

准备通知单

一、试题名称
蓄电池维护

二、准备要求

（1）设备准备

序号	名称	规格	数量	备注
1	轿车	国内常见车型	1辆	技术状况良好
2	蓄电池	国内常见品牌	1个	免维护或少维护蓄电池

（2）工具准备

序号	名称	规格	数量	备注
1	常用工具		1套	
2	毛刷		1把	
3	毛巾		1条	
4	蒸馏水		1桶	

续表

序 号	名 称	规 格	数 量	备 注
5	高率放电仪	12V	1个	
6	吸式密度计		1个	
7	凡士林		1支	
8	热水		若干	
9	工作服		1套	

三、考场准备

1．考核场地整洁规范，无干扰。
2．安全防护齐全，且符合标准。
3．根据考核情况确定工位。

试 题 正 文

一、试题名称

蓄电池维护

二、考核内容

1．准备工作。
2．操作过程。
3．使用工具。
4．安全及其他。

三、考核时限

1．准备工作 5min。
2．正式操作 20min。
3．计时从正式操作开始，至操作完毕。
4．超时 1min 从总分中扣 5 分，超时 3min 停止操作。

四、考核评分

1．监考员负责考场事务。
2．此题满分为 10 分。
3．考评员应具有本工种的实际操作经验，评分公正准确。
4．考评员可根据考生所在装置的实际情况，对评分标准作适当调整。
5．各项配分依难易程度、精度高低和重要程度制定。
6．评分方法：按单项扣分、得分。

五、评分记录表

试题名称		蓄电池维护				
序号	考核内容	考核要点	配分	评分标准	得分	备注
1	准备工作	穿戴劳保用品	0.5	未穿戴整齐扣 0.5 分		
		工具、用具准备	0.5	工具选择不正确扣 0.5 分		

续表

试题名称			蓄电池维护				
序号	考核内容		考核要点	配分	评分标准	得分	备注
2	外表清洁		清洗蓄电池外表脏污	1	清洗不正确扣1分		
			检查蓄电池桩头是否松动或锈蚀	1	没有检查扣1分		
3	操作程序	检查技术状况	检查调整液面高度	1	没有检查扣1分,检查方法或结果不对扣1分,调整不对扣1分		
			检查电解液密度	1	没有检查扣1分,检查方法和结果不对扣1分		
			检查蓄电池放电程度	1	没有检查扣1分,检查方法和结果不对扣1分		
4		漏电检查	正确连接万用表或试灯	1	连接不正确扣1分		
			确定蓄电池是否漏电	1	检查结果错误扣1分		
5	使用工具		正确使用工具	1	工具使用不正确扣1分		
			正确维护工具	1	工具乱摆乱放扣1分		
6	安全及其他		按国家法规或企业规定		违规一次总分扣5分,重违规停止操作		
			在规定时间内完成操作		超时1min总分扣5分,超分3min停止操作		
			得 分				

评分人：　　　　　年　月　日　　　　　　　　核分人：　　　　　年　月　日

试题4：诊断排除点火系统次级电路断路故障

准备通知单

一、试题名称

诊断排除点火系统次级电路断路故障

二、准备要求

（1）设备准备

序号	名称	规格	数量	备注
1	捷达小轿车		1辆	已设置好故障的燃油喷射发动机,相关车型均可

（2）工具准备

序号	名称	规格	数量	备注
1	常用工具		1套	
2	数字万用表		1个	
3	工作服		1套	

三、考场准备

1. 考核场地整洁规范，无干扰。
2. 安全防护齐全，且符合标准。
3. 根据考核情况确定工位。

试 题 正 文

一、试题名称

诊断排除点火系统次级电路断路故障

二、考核内容

1. 准备工作。
2. 操作过程。
3. 使用工具。
4. 安全及其他。

三、考核时限

1. 准备工作 5min。
2. 正式操作 15min。
3. 计时从正式操作开始，至操作完毕。
4. 超时 1min 从总分中扣 5 分，超时 3min 停止操作。

四、考核评分

1. 监考员负责考场事务。
2. 此题满分为 40 分。
3. 考评员应具有本工种的实际操作经验，评分公正准确。
4. 考评员可根据考生所在装置的实际情况，对评分标准作适当调整。
5. 各项配分依难易程度、精度高低和重要程度制定。
6. 评分方法：按单项扣分、得分。

五、评分记录表

试题名称			诊断排除点火系统次级电路断路故障			
序号	考核内容	考核要点	配分	评分标准	得分	备注
1	准备工作	穿戴劳保用品	1	未穿戴整齐扣 1 分		
		工具、用具准备	1	工具选择不正确扣 1 分		
2	万用表的使用	正确使用数字万用表测量	5	未正确使用扣 5 分		
3	操作程序	根据发动机故障现象，查找发动机产生故障的原因	15	检查方法错误扣 5 分		
				检查程序错误扣 5 分		
				检查结果错误扣 5 分		
4		确定故障部位（口述）	3	确定错误扣 3 分		
5		故障排除	10	不能排除扣 10 分		
				不能完全排除酌情扣分		

续表

试题名称			诊断排除点火系统次级电路断路故障			
序 号	考核内容	考核要点	配分	评分标准	得 分	备 注
6	操作程序	验证排除效果	3	没验证扣3分		
				验证方法不当酌情扣分		
7	使用工具	正确使用工具	1	工具使用不正确扣1分		
		正确维护工具	1	工具乱摆乱放扣1分		
8	安全及其他	按国家法规或企业规定		违规一次总分扣5分,严重违规停止操作		
		在规定时间内完成操作		超时1min总分扣5分,超时3min停止操作		
得　　分						

评分人：　　　　　　年　月　日　　　　　　核分人：　　　　　　年　月　日

试题5：离合器打滑的故障诊断排除

准备通知单

一、试题名称

离合器打滑的故障诊断排除

二、准备要求

（1）设备准备

序 号	名　称	规　格	数　量	备　注
1	捷达轿车	辆	1	视情况考虑使用其他车型（设置相应故障）

（2）工具准备

序 号	名　称	规　格	数　量	备　注
1	常用拆装工具	套	1	
2	塞尺（厚薄规）	把	1	
3	钢尺	把	1	

三、考场准备

1．考核场地整洁规范，无干扰。

2．安全防护齐全，且符合标准。

3．根据考核情况确定工位。

试 题 正 文

一、试题名称

离合器打滑的故障诊断排除

二、考核内容

1. 准备工作。
2. 操作过程。
3. 使用工具。
4. 安全及其他。

三、考核时限

1. 准备工作 5min。
2. 正式操作 15min。
3. 计时从正式操作开始,至操作完毕。
4. 超时 1min 从总分中扣 5 分,超时 3min 停止操作。

四、考核评分

1. 监考员负责考场事务。
2. 此题满分为 40 分。
3. 考评员应具有本工种的实际操作经验,评分公正准确。
4. 各项配分依难易程度、精度高低和重要程度制定。
5. 评分方法:按单项扣分、得分,单项配分扣完该单项得 0 分。

五、评分记录表

试题名称		离合器打滑的故障诊断排除				
序号	考核内容	考核要点	配分	评分标准	得分	备注
1	准备工作	穿戴工作服	2	未穿戴整齐扣 1 分		
		工具、用具准备		工具选择不正确扣 1 分		
2	故障现象	口述故障现象	3	对现象口述错误计 0 分,不完整酌情扣分		
3	故障原因	口述离合器打滑故障原因	3	对原因口述错误计 0 分,不完整酌情扣分		
4	故障诊断排除	验证故障(拉驻车制动,挂挡不能起步,发动机不熄火,或不启动挂挡,能用手柄摇转曲轴)	30	没有验证扣 3 分,方法错误扣 2 分		
		诊断故障,确定故障所在		诊断思路、程序错误扣 5 分		
		排除故障		排除方法错误、未能排除故障扣 4 分		
		验证排除效果		没有验证扣 4 分		
5	安全文明生产	符合国家安全、环保规程,操作现场整洁,文明作业	2	每违规一项扣 1 分,扣完为止		
6	其他	在规定时间内完成操作		超时 1min 总分扣 5 分,超时 3min 此题计 0 分		
		无人身、设备事故		因违规操作发生重大人身和设备事故,此题按 0 分计		
		得 分				

评分人:　　　　年　月　日　　　　　　　　核分人:　　　　年　月　日

试题6：诊断排除启动机不能转动故障

准 备 通 知 单

一、试题名称

诊断排除启动机不能转动故障

二、准备要求

（1）设备准备

序号	名称	规格	数量	备注
1	轿车	国内常见车型	1辆	

（2）工具准备

序号	名称	规格	数量	备注
1	常用拆装工具		1套	
2	万用表		1个	
3	工作服		1套	

三、考场准备

1．考核场地整洁规范，无干扰。

2．安全防护齐全，且符合标准。

3．根据考核情况确定工位。

试 题 正 文

一、试题名称

诊断排除启动机不能转动故障

二、考核内容

1．准备工作。

2．操作过程。

3．使用工具。

4．安全及其他。

三、考核时限

1．准备工作5min。

2．正式操作15min。

3．计时从正式操作开始，至操作完毕。

4．超时1min从总分中扣5分，超时3min停止操作。

四、考核评分

1．监考员负责考场事务。

2．此题满分为40分。

3．考评员应具有本工种的实际操作经验，评分公正准确。

4．考评员可根据考生所在装置的实际情况，对评分标准作适当调整。

5．各项配分依难易程度、精度高低和重要程度制定。

6．评分方法：按单项扣分、得分。

五、评分记录表

试题名称			诊断排除启动机不能转动故障			
序号	考核内容	考核要点	配分	评分标准	得分	备注
1	准备工作	穿戴劳保用品	1	未穿戴整齐扣1分		
		工具、用具准备	1	工具选择不正确扣1分		
2	操作程序	观察启动机不能启动的故障现象	6	描述故障现象不准确或判断故障错误码扣3～6分		
3		检查启动机技术状况，判断启动机不能启动的可能原因并排除	27	检查方法错误扣5分		
				检查程序错误扣5分		
				检查结果错误扣5分		
				简述故障原因不全面扣2～5分		
				不能正确排除故障扣7分		
4	使用工具	正确使用工具	4	工具使用不正确扣1分		
		正确维护工具	1	工具乱摆乱放扣1分		
5	安全及其他	按国家法规或企业规定		违规一次总分扣5分，严重违规停止操作		
		在规定时间内完成操作		超时1min总分扣5分，超时3min停止操作		
得　分						

评分人：　　　　年　月　日　　　　　　　　核分人：　　　　年　月　日

第四节　模拟试卷

一、理论知识模拟试卷

模拟试卷（一）

（一）判断题

1．在职业活动中一贯地诚实守信会损害企业的利益。　　　　　　　　　（　）

2．尊师爱徒是集体主义原则在汽车维修职业道德中的具体体现。　　　　（　）

3．使用活动扳手时，必须使开口尺寸调整至合适。尽量使固定口受拉力，活动口受推力，且用力要均匀。　　　　　　　　　　　　　　　　　　　　　　　　（　）

4．使用划规时，划规两脚开合松紧度要适当，以免划线时发生自动张缩。　　（　）

5．机油黏度小、内摩擦阻力小，可节约燃料，因此机油的黏度越小越好。（ ）
6．图样是指准确地表达物体的形状、大小和具备制造、检验时所需要的全部资料的图。
（ ）
7．电阻串联后，电阻值越高，其两端分得的电压就越高。（ ）
8．汽车车身结构具有特定形状，它对行驶安全、乘客舒适性、运输效率等有很大影响。
（ ）
9．全面质量管理就是全员参加质量管理。（ ）
10．对违反《产品质量法》的行为，只要没有给用户和消费者造成损失，就可以不予惩罚。（ ）
11．作为旋转元件的制动蹄，随同汽车车轮旋转。（ ）
12．最小离地间隙是指汽车满载状态下，底盘下部（车轮除外）最低点与地面间的距离。
（ ）
13．我国目前执行的汽车维护制度划分为日常维护、一级维护、二级维护和三级维护。
（ ）
14．拧紧螺母时，要稳步加力，切忌用力过猛，否则可能损伤身体。（ ）
15．发动机点火过早会造成排气管放炮现象。（ ）
16．大修的离合器应在装车前与曲轴飞轮组一起进行动平衡。（ ）
17．钢板弹簧夹子管套与钢板弹簧顶面距离为 5～8mm，以利于各簧板在变形时能够自由伸缩。（ ）
18．制动蹄片与制动鼓的间隙过小或无间隙会引起制动鼓过热。（ ）
19．轿车发电机输出电压一般为 14V，比蓄电池电压高 2V 左右。（ ）
20．当发电机充电电流过大时，拆下发电机"磁场"接线柱上导线，启动发动机，若充电电流仍过大，则为电压调节器损坏。（ ）

（二）单项选择题

1．（   ）是社会道德要求在职业生活中的具体体现。
　　A．企业经营业绩　　　　　　　B．企业发展战略
　　C．员工的技术水平　　　　　　D．职业道德
2．下列选项中属于职业道德基本特征的是（   ）。
　　A．强制性　　　　　　　　　　B．内容上的稳定性和连续性
　　C．随意性　　　　　　　　　　D．自发性
3．文明生产，就是按照（   ）进行生产活动。
　　A．生产的客观规律　　　　　　B．企业经济效益要求
　　C．企业社会效益要求　　　　　D．人们的劳动习惯
4．千分尺是一种精密量具，其测量精度可达（   ）mm。
　　A．0.1　　　　B．0.01　　　　C．0.001　　　　D．0.005
5．汽缸压力表根据（   ）不同，分为汽油机汽缸压力表和柴油机汽缸压力表两种。
　　A．长度　　　　B．形状　　　　C．材料　　　　D．量程

6．锉刀可分为普通锉、特种锉和（　　）三类。
　　A．平锉　　　　B．方锉　　　　C．三角锉　　　D．整形锉
7．丝锥一般用合金工具钢或高速钢制成，并经（　　）。
　　A．淬火处理　　B．退火处理　　C．正火处理　　D．回火处理
8．与钢相比，铸铁工艺性能的突出特点是（　　）。
　　A．可焊性好　　B．淬透性好　　C．可铸性好　　D．可锻性好
9．一般零件图应包括标题栏、一组视图、完整的尺寸和（　　）四项内容。
　　A．检验要求　　B．使用要求　　C．技术要求　　D．热处理要求
10．无论位置公差基准代号的方向如何，其字母必须（　　）填写。
　　A．水平　　　　B．垂直　　　　C．水平或垂直　D．任意
11．自卸车的举升系统属于（　　）液压传动。
　　A．动力式　　　B．容积式　　　C．压力式　　　D．体积式
12．三极管的（　　）是用来表示三极管的电流放大能力的参数。
　　A．电流放大系数　B．穿透电流　　C．最大允许电流　D．反向击穿电压
13．汽车通常由发动机、底盘、车身和（　　）四部分组成。
　　A．离合器　　　B．变速器　　　C．车轮　　　　D．电气设备
14．活塞在汽缸内作往复直线运动时，活塞顶距离曲轴回转中心（　　）的极限位置，称为上止点。
　　A．最远　　　　B．最近　　　　C．中央　　　　D．水平
15．发动机各汽缸（　　）的总和称为发动机排量。
　　A．工作容积　　B．总容积　　　C．燃烧室容积　D．活塞行程
16．汽车传动系统的功用是将发动机发出的动力传给（　　）。
　　A．万向传动装置　B．离合器　　C．变速器　　　D．驱动车轮
17．汽车主减速器的功用是（　　），在发动机纵置时还具有改变转矩方向的作用。
　　A．降速增矩　　B．降速降矩　　C．增速增矩　　D．增速降矩
18．汽车交流发电机的（　　）是用来将定子绕组产生的三相交流电变为直流电的。
　　A．转子总成　　B．电刷　　　　C．整流器　　　D．风扇
19．（　　）用来清除汽车风窗玻璃上的雨水、雪或尘土，以确保驾驶员能有良好的视线。
　　A．电动刮水器　B．电动机　　　C．启动机　　　D．电动窗
20．翼板式空气流量传感器安装在发动机（　　）。
　　A．空气滤清器之前　　　　　　B．空气滤清器和节气门之间
　　C．节气门之后　　　　　　　　D．节气门之后、空气滤清器之前
21．执行器把从 ECU 传来的电信号转换为（　　）。
　　A．机械运动　　B．化学运动　　C．分子运动　　D．电子运动
22．空气滤清器的滤网堵塞，会加大汽车的（　　）排放量。
　　A．CO　　　　　B．HC　　　　　C．NO_X　　　　D．CO 和 HC
23．当发动机汽缸压力低时，会导致（　　）的含量增加。
　　A．CO　　　　　B．HC　　　　　C．NO_X　　　　D．CO 和 HC

24．产品质量是指产品（　　）。
   A．性能　　　　B．寿命　　　　C．可靠性　　　D．好坏的优劣程度
25．产品质量法是调整在生产、流通和消费过程中因产品质量所发生的（　　）的法律规范的总和。
   A．人际关系　　　　　　　　B．经济关系
   C．企业与个人关系　　　　　D．企业与企业关系
26．优质碳素结构钢的牌号由两位数字表示，表示钢平均含碳量的（　　）。
   A．十分之几　　B．百分之几　　C．千分之几　　D．万分之几
27．按壳体的受力情况不同，车身分为（　　）、半承载式和承载式三种。
   A．骨架式　　　B．非承载式　　C．半骨架式　　D．无骨架式
28．汽车三相交流发电机的（　　）是用来产生磁场的。
   A．转子总成　　B．定子总成　　C．整流器　　　D．电压调节器
29．由维修企业负责执行的车辆维护作业属于（　　）维护作业。
   A．日常　　　　B．一级　　　　C．二级　　　　D．一、二级
30．下列各项中不属于发动机一级维护竣工检验技术要求的是（　　）。
   A．发动机前后悬挂无裂纹　　　　B．发动机无漏油现象
   C．空气滤清器滤芯清洁有效　　　D．进、排气门密封性能良好
31．下列各项中不属于发动机紧固作业注意事项的是（　　）。
   A．紧固作业多用专用工具
   B．气门间隙调整好后，一定要锁紧调整螺母
   C．紧固进、排气歧管和消声器时，要防止烫伤
   D．拧紧螺母时，要稳步加力
32．安装汽缸盖时，要按（　　）拧紧缸盖螺栓。
   A．规定扭矩对称分次　　　　B．从右至左的顺序
   C．从左至右的顺序　　　　　D．对称顺序一次
33．紧固发动机进、排气歧管和消声器时，要防止（　　）。
   A．烫伤　　　　B．损坏分电器　　C．开裂　　　　D．损坏氧传感器
34．下列各项中不属于发动机冷却系统二级维护作业内容的是（　　）。
   A．检查液面高度　　　　　　B．检查箱盖压力阀
   C．检查密封情况　　　　　　D．更换水泵皮带
35．下列各项中不属于更换发动机冷却液注意事项的是（　　）。
   A．要选用黏度适当的冷却液　　　B．不要将泄漏的冷却液残留在车辆部件上
   C．防止热的冷却液喷出伤人　　　D．防止冷却液泄露
36．一级维护完成后，发动机空气滤清器应达到规定的技术要求。下列各项中不符合技术要求的是（　　）。
   A．空气滤芯洁净　　　　　　B．空气滤清器密封良好
   C．空气滤芯完好　　　　　　D．空气滤清器总成允许有稍许松动
37．一、二级维护周期的确定应以汽车（　　）为基本依据。

A．行驶里程　　　　　　　　　　B．行驶时间间隔
　　C．发动机运转时间　　　　　　　D．行驶年限

38．一级维护是除日常维护作业外，以（　　）为作业中心内容。
　　A．润滑、紧固、调整　　　　　　B．清洁、润滑
　　C．润滑、紧固　　　　　　　　　D．清洁、润滑、紧固

39．车辆技术管理应坚持（　　）相结合的原则。
　　A．技术与管理　　　　　　　　　B．技术与经济
　　C．经营与管理　　　　　　　　　D．预防为主和技术与经济

40．发动机一级维护质量保证期一般为（　　）km。
　　A．500　　　　B．1000　　　　C．2000　　　　D．3000

41．下列各项中不属于更换发动机润滑油注意事项的是（　　）。
　　A．坚持经济适用的原则　　　　　B．汽油机和柴油机的润滑油一般不能通用
　　C．选用的润滑油黏度应适当　　　D．防止油底壳烫伤人

42．下列各项中不属于汽车故障诊断方法的是（　　）。
　　A．智能诊断法　　　　　　　　　B．故障树分析法
　　C．仪器仪表诊断法　　　　　　　D．人工经验诊断法

43．电子转速表是发动机在一定转速时，单缸断火，测试转速降参数，可以判断（　　）。
　　A．各缸的点火情况　　　　　　　B．各缸的密封性
　　C．各缸的工作情况　　　　　　　D．各缸的混合气浓度

44．关于发动机点火过早故障现象，下列描述不正确的一项是（　　）。
　　A．怠速运转不平稳，易熄火
　　B．加速时发动机有严重的爆震声
　　C．发动机不易启动，甚至有反转现象
　　D．排气管放炮，加速时放炮更严重

45．下列各项中与发动机点火系初级电路短路或断路故障原因无关的一项是（　　）。
　　A．点火线圈烧坏　　　　　　　　B．信号发生器工作不正常
　　C．曲轴位置传感器有故障　　　　D．点火器工作不正常

46．关于电路引起的发动机单缸不工作故障现象，下列描述不正确的一项是（　　）。
　　A．排气管冒黑烟或白烟，并发出有节奏的"突突"声或放炮声
　　B．发动机运转不平稳，尤其在怠速工况下机体明显抖动
　　C．发动机启动困难
　　D．分缸高压线脱落或漏电

47．下列各项中与发动机点火系次级电路断路故障原因无关的一项是（　　）。
　　A．分火头击穿　　　　　　　　　B．点火线圈次级绕组损坏
　　C．点火控制模块损坏　　　　　　D．中央高压线或高压分线损坏

48．关于发动机点火过迟故障现象，下列描述不正确的一项是（　　）。
　　A．排气管放炮，加速时放炮更严重　B．进气门易烧坏
　　C．发动机温度容易升高　　　　　D．发动机不易启动

49. 汽油发动机油路故障诊断采用电器全通法检查时，不需要接通的电气设备是（　　）。
    A．前照灯　　　　B．启动电动机　　C．加热器　　　　D．鼓风机
50. 电子转速表是发动机在一定转速时，单缸断火，测试转速降参数，可以判断（　　）。
    A．各缸的点火情况　　　　　　B．各缸的密封性
    C．各缸的工作情况　　　　　　D．各缸的混合气浓度
51. 不属于汽车底盘一级维护作业内容的是（　　）。
    A．检查、调整离合器自由行程　　B．检查添加底盘各部润滑油和润滑脂
    C．检查轮辋及压条挡圈裂损情况　　D．检查同步器的磨损情况
52. 不符合汽车底盘一级维护竣工检验技术要求的选项是（　　）。
    A．离合器踏板自由行程符合技术规定
    B．变速器、驱动桥的润滑油面在检视口下沿 15～20mm
    C．制动踏板自由行程符合技术规定
    D．车轮轮毂轴承无松旷
53. 关于检查、添加制动液应注意事项，以下说法不正确的是（　　）。
    A．如果制动液溅到车身油漆表面或机件上，应及时用清水清洗干净
    B．如果制动液溅到车身油漆表面或机件上，应及时用苏打水清洗干净
    C．如果制动液溅到车身油漆表面或机件上，应及时用煤清洗干净
    D．如果制动液溅到车身油漆表面或机件上，应及时用酸性清洗液清洗干净
54. 对液压操纵式的离合器来说，离合器踏板的自由行程为消除离合器分离间隙和离合器（　　）所需要的离合器踏板行程。
    A．分泵推杆与离合器分离叉之间的间隙　　B．总泵推杆与活塞之间的间隙
    C．离合器踏板与推杆之间的间隙　　　　　D．离合器踏板与踏板轴的间隙
55. 气压制动系统制动踏板自由行程是制动时消除（　　）及制动操纵杆系统间隙所需要的踏板行程。
    A．制动器间隙　　　　　　　　B．制动控制阀进气间隙
    C．制动控制阀排气间隙　　　　D．制动踏板与连杆之间间隙
56. 制动踏板三项检查调整内容分别为（　　）。
    A．制动踏板的剩余高度、自由高度和制动时制动踏板阻力
    B．制动踏板的自由高度、自由行程和制动时制动踏板阻力
    C．制动踏板的自由高度、自由行程和剩余高度
    D．制动踏板的剩余高度、自由行程和制动时制动踏板阻力
57. 不属于底盘二级维护前检测项目的是（　　）。
    A．车轮定位检测
    B．路试离合器、变速器、传动轴、主减速器、差速器异响
    C．离合器分离间隙
    D．转向系统的转向盘自由转动量
58. 不属于汽车离合器二级维护规定检查的项目是（　　）。
    A．检查离合器片

B．检查分离轴承及分离轴承复位弹簧的弹力

C．离合器与飞轮的动平衡

D．检查分离杠杆，调整其与分离轴承之间的间隙

59．底盘差速器二级维护技术要求规定：齿轮损伤不超过齿高的 1/3 和齿长的（　　）。
A．1/2　　　　B．1/3　　　　C．1/4　　　　D．1/5

60．机械转向器的调整内容主要有两项，即转向器传动副啮合间隙的调整和（　　）。
A．转向器传动副啮合印痕的调整　　B．转向器输出轴轴承预紧度的调整
C．转向器传动副啮合初始位置的调整　　D．转向器输入轴轴承预紧度的调整

61．修理工甲说底盘二级维护时，轮胎须做动平衡；修理工乙说底盘二级维护时，视情况对轮胎做动平衡；二人的说法中（　　）正确。
A．乙　　　　B．甲　　　　C．甲和乙都　　D．甲和乙都不

62．拆下的制动钳体，在将制动钳活塞压回制动钳壳体内之前（　　）。
A．向制动液储液罐中添满制动液
B．从制动液储液罐中抽出一部分制动液
C．将制动液储液罐中制动液全部抽出
D．向制动液储液罐中添满加一部分制动液

63．安装十字轴时，十字轴上的润滑脂嘴要朝向传动轴以便注油；两偏置油嘴应间隔（　　）。
A．45°　　　　B．90°　　　　C．120°　　　　D．180°

64．不可能是离合器打滑的故障现象是（　　）。
A．汽车起步时，完全放松离合器踏板，汽车不能起步或起步困难
B．汽车行驶中加速时，车速不能随发动机转速提高而增加
C．散发出因摩擦片过热而产生的焦臭味
D．起步时挂挡困难，严重打齿

65．不会导致离合器打滑的选项是（　　）。
A．从动盘花键毂与离合器输出轴轴向发卡
B．离合器摩擦片磨损变薄
C．分离杠杆调整不当
D．分离轴承发卡不能回位

66．不会导致离合器分离不彻底的选项是（　　）。
A．离合器从动盘翘曲　　　　B．离合器从动盘磨损变薄
C．离合器压盘翘曲　　　　D．离合器更换的新摩擦片过厚

67．不会导致离合器接合不稳的选项是（　　）。
A．新换的离合器摩擦片过厚
B．离合器与飞轮壳固定螺钉松动
C．离合器与飞轮壳固定螺钉松动或发动机支点固定螺钉松动
D．飞轮端面圆跳动超标

68．（　　）会导致手动变速器跳挡。
A．变速杆球头磨损过于松旷

B．新换齿轮的牙齿端面倒角太小

C．离合器打滑

D．齿轮、齿圈、齿套的啮入端齿长方向形成锥形

69．不会导致手动变速器漏油的选项是（　　）。

A．变速器壳破裂　　　　　　　B．变速器过热

C．第一轴后轴承回油螺纹积污过多　D．第一轴后轴承回油螺纹磨损变浅

70．以下选项中不会导致轮毂异响的是（　　）。

A．轮毂轴承松旷　　　　　　　B．轮毂轴承外座圈与轮毂配合松动

C．半轴套管与后桥配合松动　　D．制动器间隙过大

71．不是液压制动系统制动拖滞故障原因的选项是（　　）。

A．轮毂轴承松旷　　　　　　　B．制动蹄复位弹簧脱落、折断或弹力下降

C．制动蹄与支撑销锈污　　　　D．通往轮缸的油管漏油

72．不是气压制动系统制动拖滞故障原因的选项是（　　）。

A．制动踏板复位弹簧疲劳拉断、脱落或拉力太小

B．轮毂轴承外座圈与轮毂配合过紧

C．制动凸轮轴在其套内缺油、锈蚀或卡滞

D．制动蹄与支撑销锈蚀

73．下列各项中不属于汽车电气设备一级维护作业内容的是（　　）。

A．清洁、更换火花塞　　　　　B．蓄电池维护

C．全车线路检查紧固　　　　　D．空调制冷剂充注

74．蓄电池液面高度应处于蓄电池壳体上下限划线之间，当电解液不足时应加入（　　）。

A．纯净水或井水　B．硫酸　　C．自来水　　D．补充液或蒸馏水

75．下列各项中属于汽车电气设备二级维护作业项目的是（　　）。

A．空调制冷系统外部清洗　　　B．空气压缩机的检修

C．空调控制电路检修　　　　　D．空调制冷剂充注

76．关于启动机的组成，下列叙述中正确的一项是（　　）。

A．启动机主要由直流电动机、传动机构和电磁控制开关组成

B．启动机主要由转子总成、传动机构和电磁控制开关组成

C．启动机主要由转子总成、定子总成和电磁控制开关组成

D．启动机主要由直流电动机、传动机构和电压调节器组成

77．用万用表检查启动机电磁开关接线柱与壳体之间的电阻，若电阻为"∞"则说明（　　）。

A．吸拉线圈断路　　　　　　　B．保位线圈断路

C．吸拉线圈短路　　　　　　　D．保位线圈短路

78．蓄电池自放电故障的产生原因不包括（　　）。

A．极板短路　　　　　　　　　B．电解液杂质过多

C．连接电路有漏电之处　　　　D．蓄电池极桩松动

79．打开点火开关，用旋具检测发电机是否有磁性。若有磁性，则说明发电机（　　）

正常。

    A．励磁回路　　B．整流器　　C．定子绕组　　D．二极管

80．在一些汽车上，通常利用（　　）作为危险报警信号。

    A．示宽灯　　B．制动灯　　C．转向灯　　D．倒车灯

模拟试卷（二）

（一）判断题

1．职业道德是指从事一定职业的人们，在长期职业活动中形成的操作技能。（　　）
2．爱岗敬业作为职业道德的内在要求，指的是员工要热爱自己喜欢的工作岗位。（　　）
3．台虎钳的丝杆、螺母等处不得加注润滑脂。（　　）
4．加工后的零件表面，仍留有微小间距和峰谷，这种不平的程度称为表面粗糙度。（　　）
5．根据调速特性的不同，容积调速可分为有级调速回路和无级调速回路两种。（　　）
6．正弦交流电的三要素是指最大值、角频率和初相位。（　　）
7．最大总质量与整车装备质量之和称为最大装载质量。（　　）
8．在汽车发动机运转的大部分时间里，启动机向蓄电池充电。（　　）
9．车用温度传感器用来检测发动机冷却液的温度、进气温度和排气温度。（　　）
10．氧传感器用来检测进气中氧的含量。（　　）
11．灭火器应设置在隐蔽的地方，以免损坏。（　　）
12．订立劳动合同，应当遵循合法、公平、平等自愿、协商一致、诚实守信的原则。（　　）
13．发动机一级维护要求曲轴箱通风装置、机油滤清器、燃油滤清器密封良好，安装牢固。（　　）
14．二级维护作业完成后，由维修企业填写《汽车维护竣工出厂合格证》后方可出厂。（　　）
15．当有些故障是在雨天或高湿度的环境下产生时，可以用水直接喷淋在汽车的电子元器件上，检查是否发生故障，这就是水淋法。（　　）
16．制动蹄回位弹簧丧失弹性或超过标准长度的10%时应予更换。（　　）
17．底盘传动系统传动轴轴管的损伤形式主要有弯曲、凹瘪及裂纹。（　　）
18．变速器跳挡多发生在汽车中高速、负载突变的行驶条件下。（　　）
19．检查全车线路的绝缘层，如有破损，可用胶布包裹好，破损较多的，应予以更换。（　　）
20．当发电机充电电流过大时，拆下发电机"磁场"接线柱上导线，启动发动机，若发电机不发电，则为发电机中整流器损坏。（　　）

（二）单项选择题

1．下列选项中属于职业道德作用的是（　　）。

    A．决定经济效益　　　　　　B．促进决策科学化

C. 促进行业发展，维护行业信誉　　　D. 增强员工独立工作意识
2. （　　）是职业道德基本特征之一。
   A. 职业技术的规范性　　　　　　　B. 范围上的广泛性
   C. 范围上的无限性　　　　　　　　D. 范围上的有限性
3. （　　）不是汽车维修职业守则。
   A. 团结协作　　B. 钻研技术　　C. 开拓创新　　D. 追求效益
4. 内径百分表在汽车修理中主要用来测量发动机汽缸的（　　）。
   A. 平面度、内径和圆度　　　　　　B. 同轴度和内径
   C. 跳动量和圆度　　　　　　　　　D. 内径、圆度和圆柱度
5. 錾子一般用优质碳素工具钢制成，刃口部分经（　　）处理。
   A. 淬火+回火　　B. 淬火+退火　　C. 淬火+调质　　D. 表面淬火
6. 疲劳是指金属零件长期在（　　）作用下工作，突然发生断裂的现象。
   A. 静载荷　　B. 动载荷　　C. 交变载荷　　D. 冲击载荷
7. 机油牌号中，在数字后面带"W"字母的表示（　　）。
   A. 低温系列　　B. 普通系列　　C. 四季通用　　D. 多级油
8. 测量包括测量对象、计量单位、测量方法和（　　）四个要素。
   A. 测量结果　　B. 测量器具　　C. 测量误差　　D. 测量精度
9. 液压传动系统一般由动力元件、（　　）、控制元件和辅助元件组成。
   A. 流量控制阀　　B. 方向控制阀　　C. 压力控制阀　　D. 执行元件
10. 两只电阻串联时阻值为10Ω，并联时阻值为1.6Ω，则两只电阻阻值分别为（　　）。
    A. 2Ω和8Ω　　B. 3Ω和7Ω　　C. 4Ω和6Ω　　D. 5Ω和5Ω
11. 半导体二极管按（　　）划分，可分为锗二极管和硅二极管两种。
    A. 结构　　B. 用途　　C. 基片材料　　D. 尺寸
12. 解放CA1092型汽车中的1表示（　　）。
    A. 企业名称　　　　　　　　　　　B. 车辆类别代号
    C. 载荷　　　　　　　　　　　　　D. 自重
13. 底盘由传动系、行驶系、转向系和（　　）四部分组成。
    A. 燃油系　　B. 制动系　　C. 电气系　　D. 冷却系
14. 电控燃油喷射系统由空气供给系统、燃料供给系统和（　　）三个子系统组成。
    A. 冷却系统　　B. 控制系统　　C. 润滑系统　　D. 油泵系统
15. 转向系的作用是实现汽车（　　）的改变和保持汽车稳定的行驶路线。
    A. 速度　　B. 动力　　C. 行驶方向　　D. 加速度
16. 负温度系数热敏电阻随温度升高阻值（　　）。
    A. 上升　　B. 下降　　C. 不变　　D. 略为上升
17. 利用EGR系统，可减小汽车（　　）的排放。
    A. CO　　B. HC　　C. NO_x　　D. 炭烟
18. 全面质量管理的四个环节是（　　）。
    A. PDCA　　B. DPCA　　C. CDPA　　D. ACDP

19. 汽车大修后，其发动机的功率不得小于原车功率的（　　）。
    A．90%　　　　　B．80%　　　　　C．70%　　　　　D．60%
20. 我国劳动法规定，禁止用人单位招聘未满（　　）周岁的未成年人。
    A．16　　　　　B．17　　　　　C．18　　　　　D．19
21. 消费者权益是指消费者在有偿获得商品或（　　）时所应得到的正当权利。
    A．货物　　　　B．生产资料　　C．接受服务　　D．生活资料
22. 汽车的液压制动连接胶管，可承受（　　）kPa的工作压力。
    A．109.2～122.5　B．1092～1225　C．10920～12250　D．109200～122500
23. （　　）将油液的压力转换为机械能带动负载运动。
    A．液压泵　　　B．液压缸　　　C．压力阀　　　D．方向阀
24. 车体前部突出点向前轮引的切线与地面的夹角，称为（　　）
    A．离去角　　　B．接近角　　　C．外倾角　　　D．后倾角
25. 从离合器踏板到分离叉之间的各杆件统称为（　　）。
    A．操纵机构　　B．分离机构　　C．压紧装置　　D．从动部分
26. 以下废物中，属于特种垃圾的是（　　）。
    A．电线　　　　B．废钢铁　　　C．离合器片　　D．废机油
27. 发动机分电器（　　）的作用是当发动机的转速发生变化时会自动调整点火提前角。
    A．电磁式点火提前装置　　　　B．真空式点火提前装置
    C．离心式点火提前装置　　　　D．液压式点火提前装置
28. 汽车总成的振动和噪声可用（　　）来测量。
    A．底盘测功仪　B．轴重仪　　　C．声级计　　　D．灯光仪
29. 汽车维修制度是指为实施汽车维修工作所采取的（　　）组织措施的规定。
    A．管理　　　　B．技术　　　　C．作业　　　　D．经营
30. 二级维护是除一级维护作业外，以（　　）为作业中心内容。
    A．检查或调整　B．润滑或调整　C．紧固或调整　D．润滑或紧固
31. 一、二级维护周期的确定应以汽车（　　）为基本依据。
    A．行驶里程　　　　　　　　　B．行驶时间间隔
    C．发动机运转时间　　　　　　D．行驶年限
32. 下列各项中不属于发动机一级维护项目的是（　　）。
    A．清洁空气滤清器　　　　　　B．调整配气相位
    C．检查空气压缩机皮带磨损　　D．检查曲轴箱油面高度
33. 发动机一级维护质量保证期一般为（　　）km。
    A．500　　　　　B．1000　　　　C．2000　　　　D．3000
34. 选用发动机润滑油黏度过低时不可能导致的现象是（　　）。
    A．润滑油压力过低　　　　　　B．发动机运转阻力增大
    C．油膜强度不够　　　　　　　D．活塞环密封不严
35. 关于发动机冷却液的更换，下列各项中正确的一项是（　　）。
    A．冷却液一定要加满，直至与加液口齐平

B．由于冷却液无腐蚀性，泄漏到汽车零部件上的冷却液不一定要用抹布抹干

C．拧松散热器放水阀即可放净冷却液

D．应该在冷车时放净冷却液

36．关于发动机空气滤清器二级维护，下列叙述中不正确的一项是（　　）。

　A．空气滤清器清洁有效　　　　B．空气滤清器滤芯允许有少许缺失

　C．空气滤清器安装可靠　　　　D．进气转换阀工作灵敏、准确

37．下列各项中不属于发动机二级维护工艺过程的是（　　）。

　A．填写维护竣工出厂合格证　　B．检测

　C．大修作业　　　　　　　　　D．维护作业

38．校紧螺母、螺栓时，有拧紧力矩要求的，要（　　）校紧。

　A．尽最大的力　　B．用梅花扳手　　C．用力　　　　D．按规定力矩

39．采用双排不进法调整四缸发动机（做功顺序为1243）气门间隙，下列说法正确的一项是（　　）。

　A．当第四缸处于压缩行程上止点时，可调整的气门为一缸两个，二缸排气门，三缸进气门，四缸无。

　B．当第一缸处于压缩行程上止点时，可调整的气门为一缸两个，二缸进气门，三缸排气门，四缸两个。

　C．当第四缸处于压缩行程上止点时，可调整的气门为一缸两个，二缸进气门，三缸排气门，四缸无。

　D．当第一缸处于压缩行程上止点时，可调整的气门为一缸两个，二缸进气门，三缸排气门，四缸无。

40．下列各项中不属于更换汽缸垫注意事项的是（　　）。

　A．安装汽缸垫时，要注意正反方向，不能搞错

　B．拆卸汽缸盖时，要按对称顺序分次拧松缸盖螺栓

　C．关闭油箱开关，拆下油管接头

　D．汽缸盖平面上的附着物一定要清除干净

41．从汽车上拆下发动机时，一般在（　　）状态下进行。

　A．冷车　　　　B．热车　　　　C．露天　　　　D．小修

42．关于汽车故障仪器仪表诊断法，下列叙述中不正确的一项是（　　）。

　A．与人工经验诊断法相比，仪器仪表诊断法提高了诊断人员对汽车技术状况了解的准确程度

　B．仪器仪表诊断出汽车的各种参数后，故障的分析判断仍完全由人工来完成

　C．仪器仪表故障诊断法的诊断速度主要取决于诊断人员的技术水平，而诊断的准确性则主要取决于仪器仪表的性能

　D．仪器仪表一般只能对汽车各项参数逐项进行检测，效率较低

43．关于汽油发动机油路故障诊断方法，下列叙述中不正确的一项是（　　）。

　A．目前汽油发动机油路故障诊断主要采用人工经验诊断法来进行诊断

　B．利用电子转速表可以测量发动机在一定转速、单缸断火时发动机的转速降，通过

转速降即可判明各缸的工作情况

    C．废气分析仪通过分析废气的成分可以确定混合气是过浓还是过稀

    D．汽油发动机油路故障诊断可以利用电子转速表和废气分析仪两种设备来进行诊断

44．下列各项中不属于发动机电控系统故障征兆模拟试验方法的是（　　）。

    A．智能诊断法　　B．电器全通法　　C．水淋法　　D．加热法

45．关于汽油发动机怠速不良油路故障现象，下列描述不正确的一项是（　　）。

    A．无怠速，完全松开油门踏板后发动机熄火

    B．停车起步时，由于驾驶员不小心，造成发动机熄火

    C．怠速不稳，发动机转速忽高忽低

    D．怠速过低，发动机抖动明显

46．关于发动机点火过迟故障现象，下列描述不正确的一项是（　　）。

    A．排气管放炮，加速时放炮更严重　　B．进气门易烧坏

    C．发动机温度容易升高　　　　　　　D．发动机不易启动

47．关于发动机点火系统初级电路短路或断路故障现象，下列描述不正确的一项是（　　）。

    A．行车中发动机有突然加速的感觉　　B．行车中发动机会突然熄火

    C．行车中可闻到烧焦的臭味　　　　　D．发动机无法启动

48．中央高压线或高压分线损坏的处理方法是（　　）。

    A．应予接通，再用绝缘胶布胶紧　　B．应用绝缘胶布胶紧

    C．应予插紧　　　　　　　　　　　D．应予更换

49．由分电器盖破裂漏电引起发动机单缸不工作的处理方法是（　　）。

    A．用胶黏剂胶接分电器盖破裂处　　B．更换分电器盖

    C．用绝缘胶布胶紧分电器盖　　　　D．用塑料焊枪焊接分电器盖破裂处

50．下列各项中与发动机点火过迟电路故障原因无关的一项是（　　）。

    A．发动机转速传感器有故障　　B．分电器调整不当

    C．火花塞有故障　　　　　　　D．分电器离心调节装置有故障

51．不属于汽车底盘一级维护作业内容的是（　　）。

    A．检查轮毂轴承松紧度　　B．检查补足轮胎气压

    C．拆检前轮毂轴承　　　　D．检查轮辋及压条挡圈的裂损情况

52．成组螺栓螺母拧紧时需分数次拧紧到规定力矩，分数次进行主要是为了（　　）。

    A．避免一次拧紧力矩过大使螺栓断裂

    B．避免一次拧紧力矩过大使螺母滑丝

    C．避免引起机件平面翘曲变形

    D．避免引起螺栓变形

53．关于检查、添加制动液应注意事项，以下不正确的说法是（　　）。

    A．如果制动液溅到车身油漆表面或机件上，应及时用清水清洗干净

    B．如果制动液溅到车身油漆表面或机件上，应及时用苏打水清洗干净

    C．如果制动液溅到车身油漆表面或机件上，应及时用煤清洗干净

    D．如果制动液溅到车身油漆表面或机件上，应及时用酸性清洗液清洗干净

54．制动踏板三项检查调整内容分别为（　　）。
　　A．制动踏板的剩余高度、自由高度和制动时制动踏板阻力
　　B．制动踏板的自由高度、自由行程和制动时制动踏板阻力
　　C．制动踏板的自由高度、自由行程和剩余高度
　　D．制动踏板的剩余高度、自由行程和制动时制动踏板阻力
55．不属于底盘二级维护前检测项目的是（　　）。
　　A．路试离合器、变速器、传动轴、主减速器、差速器异响
　　B．制动器间隙
　　C．转向系统的转向盘自由转动量
　　D．车轮定位检测
56．不属于底盘二级维护规定的作业项目是（　　）。
　　A．检查分离轴承及分离轴承复位弹簧的弹力
　　B．检查调整主减速器主、从动锥齿轮轴承的啮合印痕
　　C．检查调整主、从动圆锥齿轮的啮合间隙
　　D．检查转向节衬套与主销的配合松紧度
57．机械转向器的调整内容主要有两项，即转向器输入轴轴承预紧度的调整和（　　）。
　　A．转向器传动副啮合印痕的调整　　B．转向器输出轴轴承预紧度的调整
　　C．转向器传动副啮合间隙的调整　　C．转向器输入轴与输出轴径向距离的调整
58．以下关于底盘二级维护轮胎维护作业项目的表述不正确的是（　　）。
　　A．进行轮胎的动平衡试验
　　B．按规定进行轮胎换位
　　C．发现轮胎有不正常的磨损或损坏，应更换新轮胎
　　D．轮胎解体检查
59．下列对轮胎换位技术要求表述错误的是（　　）。
　　A．轮胎换位应轮换用不同的换位方法，使轮胎磨损均匀
　　B．换位后轮胎应按新的位置规定值充气
　　C．换位时做好标记或记录，以便以后换位方便
　　D．翻新胎、有损伤的轮胎或磨损比较严重的轮胎不得装做前轮
60．从变速器上拆下的油封、密封垫，应该（　　）。
　　A．更换新件　　　　　　　　　　B．清洗后按原位装配
　　C．清洗后检查以确定是否继续使用　D．擦除油污，按原位装配
61．传动轴中间支撑的常见损伤形式是（　　）。
　　A．橡胶老化、轴承磨损　　　　　B．裂纹、轴承磨损
　　C．腐蚀、轴承磨损　　　　　　　D．橡胶老化、腐蚀
62．钢板弹簧卡子螺栓必须从内侧装上，以防止（　　）。
　　A．螺母脱落　　　　　　　　　　B．螺母脱落后因螺栓窜出而损伤车架
　　C．螺栓脱落　　　　　　　　　　D．螺母脱落后因螺栓窜出而划破轮胎
63．汽车负载上坡时，发动机转速高，但汽车行驶无力，能闻到离合器摩擦片过热而产

生的焦臭味，这说明（　　）。

    A．离合器发抖　　　　　　　　B．离合器分离不彻底

    C．离合器打滑　　　　　　　　D．离合器分离轴承损坏

64．不可能是离合器分离不彻底的故障现象是（　　）。

    A．汽车起步时，将离合器踩到底仍感到挂挡困难

    B．踩离合器踏板时，能听到离合器内发出哗啦哗啦摩擦声

    C．变速时挂不进挡

    D．变速时挂挡困难，变速器内发出齿轮撞击声

65．不会导致离合器接合不稳的选项是（　　）。

    A．压盘翘曲不平

    B．离合器片沾有油污，铆钉露头刮碰压板或摩擦片高低不平

    C．压盘弹簧弹力不均

    D．离合器自由行程过大

66．变速器跳挡故障不一定在所有运行条件下都发生，一般发生在（　　）。

    A．汽车低速行驶时　　　　　　B．中高速行驶时

    C．轻载行驶时　　　　　　　　D．平坦路面上行驶时

67．不会导致手动变速器跳挡的选项是（　　）。

    A．变速杆球头磨损过于松旷　　B．变速器轴、轴承严重磨损松旷

    C．变速器轴轴向间隙过大　　　D．变速器轴线不同心或不平行

68．不会导致手动变速器换挡困难的选项是（　　）。

    A．变速叉轴弯曲变形，造成变速叉轴移动困难

    B．变速叉轴端头严重"打毛"、严重锈蚀，造成变速叉轴移动困难

    C．自锁装置工作不可靠

    D．新换齿轮的牙齿端面倒角太小

69．不会导致手动变速器漏油的选项是（　　）。

    A．变速器壳破裂　　　　　　　B．变速器过热

    C．第一轴后轴承回油螺纹积污过多　D．第一轴后轴承回油螺纹磨损变浅

70．以下选项中不会导致轮毂异响的是（　　）。

    A．轮毂轴承松旷　　　　　　　B．轮毂轴承外座圈与轮毂配合松动

    C．半轴套管与后桥配合松动　　D．制动器间隙过大

71．不是液压制动系统制动拖滞故障原因的选项是（　　）。

    A．不制动时增压器辅助缸活塞中心孔打不开

    B．通往各轮缸的油管凹瘪或堵塞

    C．主缸活塞复位弹簧弹力过大

    D．轮缸皮碗发胀、发黏或活塞犯卡

72．蓄电池液面高度应处于蓄电池壳体上下限划线之间，当电解液不足时应加入（　　）。

    A．纯净水或井水　B．硫酸　　　C．自来水　　　D．补充液或蒸馏水

73．将点火开关打到启动挡，检查继电器插座上与点火开关相连插孔的电压，若为12V，

则说明（ ）。

A．启动继电器损坏　　　　　B．启动继电器正常

C．点火开关至启动继电器电路正常　　D．启动机损坏

74．启动发动机，由怠速突然加至最高速，发动机有轻微而间断的"嗒嗒"爆震声，且加速良好，则说明发动机（ ）。

A．点火过早　　B．点火过迟　　C．发动机爆震　　D．点火正时准确

75．下列各项中不属于启动机组成部分的是（ ）。

A．直流电动机　　B．传动机构　　C．电磁控制开关　　D．整流器

76．点火开关打到启动挡，启动机空转，则故障不可能是（ ）。

A．电磁开关工作不良　　　　B．单向离合器打滑

C．单向离合器卡死　　　　　D．蓄电池电压不足

77．打开点火开关，用旋具检测发电机是否有磁性。若有磁性，则说明发电机（ ）正常。

A．励磁回路　　B．整流器　　C．定子绕组　　D．二极管

78．关闭点火开关和车上用电设备，用跨接线将喇叭继电器电源端子与喇叭接线端子跨接，若喇叭发响，则故障在（ ）。

A．电喇叭　　B．喇叭继电器　　C．喇叭按钮　　D．连接线路断路

79．当制动灯不亮时，拨下制动灯线卡，踩下制动踏板，检查其电源端子电压情况，若电压正常，为12V，则为（ ）工作不良。

A．制动灯卡座接触不良或灯泡烧毁　　B．制动灯开关损坏

C．制动灯熔断器烧断　　　　　　　　D．以上都不对

80．闪光继电器的接线应正确，如标有"L"的接线柱应接（ ）。

A．转向灯开关　　B．电源　　C．仪表板指示灯　　D．以上都不对

二、操作技能模拟试卷

模拟试卷（一）

试题 1：检查 V 带状况并调整其张紧度

准备通知单

一、试题名称

检查 V 带状况并调整其张紧度

二、准备要求

（1）设备准备

序号	名称	规格	数量	备注
1	捷达小轿车		1辆	相关车型均可

（2）工具准备

序 号	名 称	规 格	数 量	备 注
1	常用工具		1套	
2	橇棍		1根	
3	棉纱		若干	
4	工作服		1套	

三、考场准备

1. 考核场地整洁规范，无干扰。
2. 安全防护齐全，且符合标准。
3. 根据考核情况确定工位。

试题正文

一、试题名称

检查V带状况并调整其张紧度

二、考核内容

1. 准备工作。
2. 操作过程。
3. 使用工具。
4. 安全及其他。

三、考核时限

1. 准备工作5min。
2. 正式操作20min。
3. 计时从正式操作开始，至操作完毕。
4. 超时1min从总分中扣5分，超时3min停止操作。

四、考核评分

1. 监考员负责考场事务。
2. 此题满分为25分。
3. 考评员应具有本工种的实际操作经验，评分公正准确。
4. 考评员可根据考生所在装置的实际情况，对评分标准作适当调整。
5. 各项配分依难易程度、精度高低和重要程度制定。
6. 评分方法：按单项扣分、得分。

五、评分记录表

试题名称		检查V带状况并调整其张紧度					
序 号	考核内容	考核要点	配 分	评分标准	得 分	备 注	
1	准备工作	穿戴劳保用品	1	未穿戴整齐扣1分			
		工具、用具准备	1	工具选择不正确扣1分			

续表

试题名称	检查V带状况并调整其张紧度					
序号	考核内容	考核要点	配分	评分标准	得分	备注
2	操作程序	检查V带开裂及磨损情况	5	未检查扣5分		
3		检查V带松紧度	6	未正确检查V带松紧度扣6分		
4		调整V带松紧度	10	未正确调整V带松紧度扣10分		
5	使用工具	正确使用工具	1	工具使用不正确扣1分		
		正确维护工具	1	工具乱摆乱放扣1分		
6	安全及其他	按国家法规或企业规定		违规一次总分扣5分，严重违规停止操作		
		在规定时间内完成操作		超时1min总分扣5分，超时3min停止操作		
得　　分						

评分人：　　　　　年　月　日　　　　　　核分人：　　　　　　年　月　日

试题2：检查调整离合器踏板自由行程

准备通知单

一、试题名称

检查调整离合器踏板自由行程

二、准备要求

（1）设备准备

序号	名称	规格	数量	备注
1	捷达小轿车	辆	1	其他车辆均可
2	举升器	台	1	

（2）工具准备

序号	名称	规格	数量	备注
1	常用拆装工具	套	1	
2	钢尺	把	1	
3	维修翼子板护罩、座位保护套、脚踏板护垫	套	1	
4	工作服		1	
5	离合器工作液	瓶	3	建议DOT 3、DOT 4、DOT 5制动液及相关标准制动液各准备一瓶

三、考场准备

1. 考核场地整洁规范，无干扰。
2. 安全防护齐全，且符合标准。
3. 根据考核情况确定工位。

试 题 正 文

一、试题名称

检查调整离合器踏板自由行程

二、考核内容

1. 准备工作。
2. 操作过程。
3. 使用工具。
4. 安全及其他。

三、考核时限

1. 准备工作 5min。
2. 正式操作 20min。
3. 计时从正式操作开始，至操作完毕。
4. 超时 1min 从总分中扣 5 分，超时 3min 停止操作。

四、考核评分

1. 监考员负责考场事务。
2. 此题满分为 25 分。
3. 考评员应具有本工种的实际操作经验，评分公正准确。
4. 各项配分依难易程度、精度高低和重要程度制定。
5. 评分方法：按单项扣分、得分，单项配分扣完该单项得 0 分。

五、评分记录表

试题名称		检查调整离合器踏板自由行程				
序号	考核内容	考核要点	配分	评分标准	得分	备注
1	准备工作	穿戴工作服	2	未穿戴整齐扣 1 分		
		工具、用具准备		工具选择不正确扣 1 分		
2	检查	检查前先套上座位护套	6	未套护套扣 2 分		
		检查离合器踏板自由行程及工作液液面		检查方法、结果不正确扣 2~4 分		
3	调整	调整离合器踏板自由行程	10	设备工具使用不当扣 3 分		
		复查自由行程		调整不正确扣 3 分，未复查扣 3 分		
4	使用工具	正确使用工具、摆放、维护工具	4	工具使用不正确扣 2 分		
				工具乱摆乱放扣 2 分		
5	安全文明生产	符合国家安全、环保规程，操作现场整洁，文明作业	3	每违规一项扣 1 分，扣完为止		

续表

试题名称		检查调整离合器踏板自由行程				
序号	考核内容	考核要点	配分	评分标准	得分	备注
6	其他	在规定时间内完成操作		超时1min总分扣5分,超时3min停止操作		
		无人身、设备事故		因违规操作发生重大人身和设备事故,此题按0分计		
得 分						

评分人：　　　　年　月　日　　　　　　　核分人：　　　　年　月　日

试题3：启动机维护

准备通知单

一、试题名称

启动机维护

二、准备要求

（1）设备准备

序号	名称	规格	数量	备注
1	启动机	国内常见型号	1辆	技术状况良好

（2）工具准备

序号	名称	规格	数量	备注
1	常用工具		1套	
2	螺丝刀	一字、十字	各1个	
3	清洗油		1瓶	
4	润滑脂		1筒	
5	毛刷		1个	
6	工作服		1套	

三、考场准备

1. 考核场地整洁规范，无干扰。
2. 安全防护齐全，且符合标准。
3. 根据考核情况确定工位。

试 题 正 文

一、试题名称

启动机维护

二、考核内容

1．准备工作。
2．操作过程。
3．使用工具。
4．安全及其他。

三、考核时限

1．准备工作 5min。
2．正式操作 20min。
3．计时从正式操作开始，至操作完毕。
4．超时 1min 从总分中扣 5 分，超时 2min 停止操作。

四、考核评分

1．监考员负责考场事务。
2．此题满分为 10 分。
3．考评员应具有本工种的实际操作经验，评分公正准确。
4．考评员可根据考生所在装置的实际情况，对评分标准作适当调整。
5．各项配分依难易程度、精度高低和重要程度制定。
6．评分方法：按单项扣分、得分。

五、评分记录表

试题名称				启动机维护		
序号	考核内容	考核要点	配分	评分标准	得分	备注
1	准备工作	穿戴劳保用品	1	未穿戴整齐扣1分		
		工具、用具准备	1	工具选择不正确扣1分		
2	操作程序	启动机解体	2	解体顺序和方法不对一次扣 1 分，扣完为止。操作动作不规范扣1分		
3		启动机清洁	2	清洁部位遗漏一个扣1分，扣完为止		
4		启动机组装	2	组装顺序和方法错误一次扣 1 分，扣完为止。操作动作不规范扣1分		
5	使用工具	正确使用工具	1	工具使用不正确扣1分		
		正确维护工具	1	工具乱摆乱放扣1分		
6	安全及其他	按国家法规或企业规定		违规一次总分扣 5 分，严重违规停止操作		
		在规定时间内完成操作		超时1min总分扣5分，超时3min停止操作		
得 分						

评分人：　　　年　月　日　　　　　　　　核分人：　　　年　月　日

试题 4：发电机不充电故障诊断与排除

准备通知单

一、试题名称

发电机不充电故障诊断与排除

二、准备要求

（1）设备准备

序 号	名 称	规 格	数 量	备 注
1	轿车	国内常见车型	1台	

（2）工具准备

序 号	名 称	规 格	数 量	备 注
1	常用工具		1套	
2	万用表		1个	
3	试灯		1个	
4	工作服		1套	

三、考场准备

1. 考核场地整洁规范，无干扰。
2. 安全防护齐全，且符合标准。
3. 根据考核情况确定工位。

试 题 正 文

一、试题名称

发电机不充电故障诊断与排除

二、考核内容

1. 准备工作。
2. 操作过程。
3. 使用工具。
4. 安全及其他。

三、考核时限

1. 准备工作 5min。
2. 正式操作 15min。
3. 计时从正式操作开始，至操作完毕。
4. 超时 1min 从总分中扣 5 分，超时 3min 停止操作。

四、考核评分

1. 监考员负责考场事务。

2．此题满分为 40 分。
3．考评员应具有本工种的实际操作经验，评分公正准确。
4．考评员可根据考生所在装置的实际情况，对评分标准作适当调整。
5．各项配分依难易程度、精度高低和重要程度制定。
6．评分方法：按单项扣分、得分。

五、评分记录表

试题名称			发电机不充电故障诊断与排除			
序号	考核内容	考核要点	配分	评分标准	得分	备注
1	准备工作	穿戴劳保用品	1	未穿戴整齐扣 1 分		
		工具、用具准备	1	工具选择不正确扣 1 分		
2	操作程序	观察故障现象	5	描述故障现象不准确或错误扣 3~5 分		
3		故障诊断	20	检查方法不对扣 5 分		
				检查程序不对扣 5 分		
				检测结果错误扣 5 分		
				不能说明故障原因扣 3~5 分		
4		故障排除	10	不能排除扣 10 分		
5	使用工具	正确使用工具	2	工具使用不正确每次扣 1 分，扣完为止		
		正确维护工具	1	工具乱摆乱放扣 1 分		
6	安全及其他	按国家法规或企业规定		违规一次总分扣 5 分，严重违规停止操作		
		在规定时间内完成操作		超时 1min 总分扣 5 分，超时 3min 停止操作		
			得 分			

评分人：　　　年　月　日　　　　　　　核分人：　　　年　月　日

模拟试卷（二）

试题 1：紧固汽缸盖螺栓

准备通知单

一、试题名称
紧固汽缸盖螺栓
二、准备要求
（1）设备准备

序号	名称	规格	数量	备注
1	捷达小轿车		1辆	相关车型均可

第二章　初级汽车维修工鉴定指南

（2）工具准备

序　号	名　称	规　格	数　量	备　注
1	常用工具		1套	
2	扭力扳手		1把	
3	棉纱		若干	
4	工作服		1套	

三、考场准备

1．考核场地整洁规范，无干扰。

2．安全防护齐全，且符合标准。

3．根据考核情况确定工位。

试 题 正 文

一、试题名称

紧固汽缸盖螺栓

二、考核内容

1．准备工作。

2．操作过程。

3．使用工具。

4．安全及其他。

三、考核时限

1．准备工作 5min。

2．正式操作 20min。

3．计时从正式操作开始，至操作完毕。

4．超时 1min 从总分中扣 5 分，超时 3min 停止操作。

四、考核评分

1．监考员负责考场事务。

2．此题满分为 25 分。

3．考评员应具有本工种的实际操作经验，评分公正准确。

4．考评员可根据考生所在装置的实际情况，对评分标准作适当调整。

5．各项配分依难易程度、精度高低和重要程度制定。

6．评分方法：按单项扣分、得分。

五、评分记录表

试题名称		紧固汽缸盖螺栓				
序号	考核内容	考核要点	配分	评分标准	得分	备注
1	准备工作	穿戴劳保用品	1	未穿戴整齐扣1分		
		工具、用具准备	1	工具选择不正确扣1分		

续表

试题名称		紧固汽缸盖螺栓				
序号	考核内容	考核要点	配分	评分标准	得分	备注
2	操作程序	拆卸气门室罩盖及附件	5	未正确拆卸扣5分		
3		校紧汽缸盖螺栓	10	未正确校紧汽缸盖螺栓扣10分		
4		装复气门室罩盖及附件	6	未正确装复扣6分		
5	使用工具	正确使用工具	1	工具使用不正确扣1分		
		正确维护工具	1	工具乱摆乱放扣1分		
6	安全及其他	按国家法规或企业规定		违规一次总分扣5分，严重违规停止操作		
		在规定时间内完成操作		超时1min总分扣5分，超时3min停止操作		
得　分						

评分人：　　　　年　月　日　　　　　　核分人：　　　　年　月　日

试题2：更换制动液

准备通知单

一、试题名称

更换制动液

二、准备要求

（1）设备准备

序号	名称	规格	数量	备注
1	解放CA1092汽车	辆	1	其他车辆（无ABS）均可
2	举升器或地沟	台	1	

（2）工具准备

序号	名称	规格	数量	备注
1	常用拆装工具	套	1	
2	塑料瓶及塑料软管	套	1	
3	维修翼子板护罩、座位保护套、脚踏板护垫	套	1	
4	工作服	套	1	
5	制动液	瓶	2	DOT 3、DOT 4、DOT 5制动液及相关标准制动液准备相应数量

三、考场准备

1. 考核场地整洁规范，无干扰。
2. 安全防护齐全，且符合标准。
3. 根据考核情况确定工位。

试 题 正 文

一、试题名称

更换制动液

二、考核内容

1. 准备工作。
2. 操作过程。
3. 使用工具。
4. 安全及其他。

三、考核时限

1. 准备工作 5min。
2. 正式操作 20min。
3. 计时从正式操作开始，至操作完毕。
4. 超时 1min 从总分中扣 5 分，超时 3min 停止操作。

四、考核评分

1. 监考员负责考场事务。
2. 此题满分为 25 分。
3. 考评员应具有本工种的实际操作经验，评分公正准确。
4. 考评员可根据考生所在装置的实际情况，对评分标准作适当调整。
5. 各项配分依难易程度、精度高低和重要程度制定。
6. 评分方法：按单项扣分、得分。

五、说明

此项考核应配备人员协助踩制动踏板，配备人员按被考核人指令进行操作。

六、评分记录表

试题名称		更换制动液				
序号	考核内容	考核要点	配分	评分标准	得分	备注
1	准备工作	穿戴工作服	2	未穿戴整齐扣 1 分		
		工具、用具准备		工具选择不正确扣 1 分		
2	车辆摆放地沟或举升	检查前先套上座位护套	4	未套护套扣 1 分		
		拉起手制动；摆放地沟车辆应用三角木塞住车轮；举升车辆应正确确定底板支撑点		未拉起手制动扣 2 分，未塞车轮扣 2 分，支撑位置不正确扣 4 分，该项目分扣完为止		

续表

试题名称		更换制动液				
序号	考核内容	考核要点	配分	评分标准	得分	备注
3	放出旧制动液	放出制动系统旧制动液	3	方法、程序不对扣1~2分		
4	加注制动液、放气	加注符合要求的制动液并放气	9	制动液选择不正确扣5分		
				操作方法不正确、放气不彻底酌情扣分，此项目分扣完为止		
5	检查制动踏板行程	检查调整制动踏板自由行程	4	未作检查此项计0分，调整不正确酌情扣分		
6	安全文明生产	符合国家安全、环保规程，操作现场整洁，文明作业	3	每违规一项扣1分，扣完为止		
7	其他	在规定时间内完成操作		超时1min总分扣5分，超时3min停止操作		
		无人身、设备事故		因违规操作发生重大人身和设备事故，此题按0分计		
得　分						

评分人：　　　　　　年　月　日　　　　　　核分人：　　　　　　年　月　日

试题3：检查调整点火正时

准备通知单

一、试题名称

检查调整点火正时

二、准备要求

（1）设备准备

序号	名称	规格	数量	备注
1	轿车	国内常见车型	1辆	技术状况良好
2	点火正时灯（枪）		1台	

（2）工具准备

序号	名称	规格	数量	备注
1	常用工具		1套	
2	工作灯		1个	
3	工作服		1套	
4	跨接线		1根	

三、考场准备

1. 考核场地整洁规范，无干扰。
2. 安全防护齐全，且符合标准。
3. 根据考核情况确定工位。

试 题 正 文

一、试题名称

检查调整点火正时

二、考核内容

1. 准备工作。
2. 操作过程。
3. 使用工具。
4. 安全及其他。

三、考核时限

1. 准备工作 5min。
2. 正式操作 20min。
3. 计时从正式操作开始，至操作完毕。
4. 超时 1min 从总分中扣 5 分，超时 3min 停止操作。

四、考核评分

1. 监考员负责考场事务。
2. 此题满分为 10 分。
3. 考评员应具有本工种的实际操作经验，评分公正准确。
4. 考评员可根据考生所在装置的实际情况，对评分标准作适当调整。
5. 各项配分依难易程度、精度高低和重要程度制定。
6. 评分方法：按单项扣分、得分。

五、评分记录表

试题名称		检查调整点火正时				
序号	考核内容	考核要点	配分	评分标准	得分	备注
1	准备工作	穿戴劳保用品	1	未穿戴整齐扣 1 分		
		工具、用具准备	1	工具选择不正确扣 1 分		
2	操作程序	找出点火正时标记或发动机诊断座点火正时检验接线柱	1	未能找出或找出错误码扣 1 分		
3		发动机预热	1	未预热扣 1 分		
4		点火正时灯（枪）的连接	1	连接错误扣 1 分		
5		点火正时检验	2	检查方法错误扣 1 分，检查结果错误扣 1 分		
6		点火正时调整	1	调整错误扣 1 分		

续表

试题名称		检查调整点火正时				
序号	考核内容	考核要点	配分	评分标准	得分	备注
7	使用工具	正确使用工具	1	工具使用不正确扣1分		
		正确维护工具	1	工具乱摆乱放扣1分		
8	安全及其他	按国家法规或企业规定		违规一次总分扣5分，严重违规停止操作		
		在规定时间内完成操作		超时1min总分扣5分，超时3min停止操作		
得 分						

评分人：　　　　　年　月　日　　　　　　　　核分人：　　　　　年　月　日

试题4：液压制动系统制动拖滞的故障诊断排除

准备通知单

一、试题名称

液压制动系统制动拖滞的故障诊断排除

二、准备要求

（1）设备准备

序号	名称	规格	数量	备注
1	捷达轿车	辆	1	视情况考虑使用其他车型（设置相应故障）

（2）工具准备

序号	名称	规格	数量	备注
1	常用拆装工具	套	1	
2	塞尺	把	1	
3	钢尺	把	1	

三、考场准备

1．考核场地整洁规范，无干扰。

2．安全防护齐全，且符合标准。

3．根据考核情况确定工位。

试题正文

一、试题名称

液压制动系统制动拖滞的故障诊断排除

二、考核内容

1. 准备工作。
2. 操作过程。
3. 使用工具。
4. 安全及其他。

三、考核时限

1. 准备工作 5min。
2. 正式操作 15min。
3. 计时从正式操作开始，至操作完毕。
4. 超时 1min 从总分中扣 5 分，超时 3min 停止操作。

四、考核评分

1. 监考员负责考场事务。
2. 此题满分为 40 分。
3. 考评员应具有本工种的实际操作经验，评分公正准确。
4. 各项配分依难易程度、精度高低和重要程度制定。
5. 评分方法：按单项扣分、得分，单项配分扣完该单项得 0 分。

五、评分记录表

试题名称		液压制动系统制动拖滞的故障诊断排除				
序号	考核内容	考核要点	配分	评分标准	得分	备注
1	准备工作	穿戴工作服	2	未穿戴整齐扣 1 分		
		工具、用具准备		工具选择不正确扣 1 分		
2	故障现象	口述故障现象	3	对现象口述错误计 0 分，不完整酌情扣分		
3	故障原因	口述故障原因	3	对原因口述错误计 0 分，不完整酌情扣分		
4	故障诊断排除	验证故障（与口述结合）	30	没有验证扣 3 分，方法错扣 2 分		
		诊断故障，确定故障所在		诊断思路、程序错误扣 5 分		
		排除故障		排除方法错误、未能排除故障扣 4 分		
		验证排除效果		没有验证扣 4 分		
5	安全文明生产	符合国家安全、环保规程，操作现场整洁，文明作业	2	每违规一项扣 1 分，扣完为止		
6	其他	在规定时间内完成操作		超时 1min 总分扣 5 分，超时 3min 此题计 0 分		
		无人身、设备事故		因违规操作发生重大人身和设备事故，此题按 0 分计		
		得 分				

评分人：　　　年　月　日　　　　　核分人：　　　年　月　日

第五节 参考答案

一、理论知识试题参考答案

(一) 判断题参考答案

1. √ 2. × 3. × 4. √ 5. √ 6. √ 7. × 8. √ 9. ×
10. √ 11. × 12. × 13. √ 14. √ 15. √ 16. √ 17. √ 18. √
19. √ 20. √ 21. √ 22. √ 23. √ 24. √ 25. √ 26. √ 27. √
28. × 29. √ 30. √ 31. √ 32. √ 33. √ 34. √ 35. √ 36. √
37. √ 38. √ 39. √ 40. √ 41. √ 42. √ 43. √ 44. √ 45. √
46. √ 47. × 48. √ 49. √ 50. √ 51. √ 52. √ 53. √ 54. ×
55. × 56. × 57. √ 58. √ 59. √ 60. √ 61. √ 62. √ 63. √
64. × 65. × 66. × 67. √ 68. √ 69. √ 70. √ 71. √ 72. √
73. √ 74. √ 75. √ 76. √ 77. √ 78. √ 79. √ 80. √ 81. √
82. × 83. √ 84. × 85. √ 86. √ 87. √ 88. × 89. √ 90. √
91. × 92. √ 93. √ 94. √

(二) 单项选择题参考答案

1. A 2. D 3. B 4. A 5. B 6. D 7. B 8. D 9. D
10. C 11. D 12. A 13. C 14. D 15. A 16. A 17. B 18. B
19. C 20. B 21. C 22. A 23. A 24. C 25. C 26. C 27. B
28. B 29. C 30. C 31. C 32. D 33. C 34. C 35. B 36. D
37. A 38. A 39. B 40. A 41. C 42. D 43. C 44. D 45. A
46. C 47. B 48. C 49. D 50. B 51. B 52. B 53. A 54. A
55. D 56. B 57. B 58. D 59. C 60. A 61. A 62. A 63. C
64. A 65. D 66. C 67. C 68. A 69. A 70. B 71. B 72. A
73. D 74. C 75. B 76. D 77. D 78. D 79. A 80. A 81. D
82. A 83. B 84. C 85. C 86. A 87. C 88. B 89. D 90. C
91. C 92. D 93. C 94. D 95. C 96. D 97. B 98. B 99. A
100. C 101. C 102. B 103. C 104. B 105. C 106. C 107. C 108. A
109. C 110. D 111. B 112. D 113. B 114. C 115. B 116. A 117. D
118. C 119. D 120. A 121. C 122. B 123. B 124. A 125. A 126. D
127. D 128. D 129. C 130. D 131. C 132. B 133. B 134. A

二、理论知识模拟试卷参考答案

模拟试卷(一)参考答案

(一) 判断题参考答案

1. × 2. √ 3. √ 4. √ 5. × 6. √ 7. √ 8. √ 9. ×

10. × 11. × 12. √ 13. × 14. √ 15. × 16. √ 17. × 18. √
19. √ 20. ×

(二) 单项选择题参考答案

1. D 2. B 3. A 4. B 5. D 6. D 7. A 8. C 9. C
10. A 11. B 12. C 13. D 14. A 15. A 16. D 17. A 18. C
19. A 20. B 21. A 22. D 23. D 24. D 25. B 26. D 27. B
28. A 29. D 30. D 31. B 32. A 33. A 34. D 35. A 36. D
37. A 38. D 39. D 40. B 41. D 42. B 43. C 44. D 45. C
46. D 47. C 48. B 49. B 50. C 51. D 52. B 53. A 54. B
55. C 56. C 57. C 58. C 59. D 60. D 61. D 62. B 63. D
64. D 65. A 66. B 67. A 68. D 69. B 70. D 71. D 72. B
73. D 74. D 75. A 76. A 77. B 78. D 79. A 80. C

模拟试卷（二）参考答案

(一) 判断题参考答案

1. × 2. × 3. × 4. √ 5. √ 6. √ 7. × 8. × 9. √
10. × 11. × 12. √ 13. √ 14. × 15. × 16. × 17. √ 18. √
19. √ 20. ×

(二) 单项选择题参考答案

1. C 2. D 3. D 4. D 5. A 6. C 7. A 8. D 9. D
10. C 11. A 12. B 13. B 14. B 15. C 16. B 17. C 18. A
19. A 20. A 21. C 22. C 23. B 24. B 25. A 26. D 27. C
28. C 29. B 30. A 31. A 32. B 33. B 34. B 35. D 36. B
37. C 38. D 39. D 40. C 41. A 42. C 43. A 44. A 45. B
46. B 47. A 48. D 49. B 50. C 51. C 52. C 53. A 54. C
55. B 56. B 57. C 58. C 59. A 60. A 61. A 62. B 63. C
64. B 65. D 66. B 67. A 68. C 69. B 70. D 71. C 72. D
73. C 74. D 75. D 76. C 77. A 78. B 79. A 80. A

第三章 中级汽车维修工鉴定指南

第一节 学习要点

一、对中级汽车维修工的工作要求

《汽车维修工国家职业标准》规定了对中级汽车维修工的工作要求。本标准对初级、中级、高级的技能要求依次递进,高级别涵盖低级别的要求。

职业功能	工作内容	技能要求	相关知识
一、发动机维护	(一)二级维护前发动机检测与附加作业的确定	1. 能够检测汽油发动机点火提前角 2. 能够检测发动机功率及单缸转速降 3. 能够检测发动机汽缸压缩压力、曲轴箱窜气量、汽缸漏气量和进气管真空度 4. 能够检测发动机燃料供给系统的燃油压力、供油提前角 5. 能够检测发动机机油压力和机油品质 6. 能够检测发动机启动电流和启动电压 7. 能够检测汽油机怠速工况 CO、HC 的排放量和柴油机烟度 8. 能够依据客户反映、性能检测结果、汽车技术档案等各方面信息,对发动机技术状况进行综合评定,确定附加作业项目	1. 汽车二级维护前检测作业程序 2. 汽车二级维护前发动机的检测诊断项目与技术要求 3. 汽车二级维护作业前的技术评定目的与方法 4. 汽车发动机二级维护竣工检验项目和技术要求 5. 汽车发动机二级维护附加作业项目的确定依据 6. 发动机常用诊断设备的功能(汽油机电器性能检测仪、润滑油脂分析仪、曲轴箱窜气测量仪、汽缸漏气量检测仪、真空表、废气分析仪) 7. 汽车维护工艺规范
	(二)发动机二级维护附加作业	1. 能够修配气门座 2. 能够更换气门 3. 调整曲轴轴向间隙 4. 能够更换活塞环 5. 能够调整曲轴轴承、连杆轴承间隙或更换轴承 6. 能够更换飞轮齿圈 7. 能够调整喷油泵供油提前角	1. 气门座修理技术要求 2. 连杆轴承间隙调整要点 3. 活塞环装配技术要点 4. 曲轴轴承、连杆轴承修理技术要点

第三章 中级汽车维修工鉴定指南

续表

职业功能	工作内容	技能要求	相关知识
二、发动机修理	（一）零件检验与分类	1. 能够进行发动机总成的拆卸、解体和零件清洗 2. 能够检测发动机的汽缸盖、汽缸体等基础零件，确定修理项目 3. 能够检测发动机零部件，确定可用件、需修件和报废件 4. 能够分析汽缸盖、汽缸、曲轴、凸轮轴等典型零件出现异常损坏的原因	1. 发动机的拆卸、解体和零件清洗注意事项 2. 零件测量技术 3. 汽车零件检验分类技术条件 4. 汽缸体、汽缸盖等基础件的检测要点 5. 曲轴、凸轮轴等零件的检测要点 6. GB 3801《汽车发动机汽缸体与汽缸盖修理技术条件》（技术要求） 7. GB 3802《汽车发动机曲轴修理技术条件》（技术要求） 8. GB 3803《汽车发动机凸轮轴修理技术条件》（技术要求）
	（二）汽缸盖与配气机构检修	1. 能够检查并拆卸正时带（链）、正时齿（链）轮 2. 能够拆卸、解体和清洗汽缸盖 3. 能够拆卸、解体和清洗配气机构 4. 能够检测、修理或更换气门、气门弹簧、气门挺杆、气门推杆、气门弹簧座、气门旋转机构等零部件 5. 能够修磨气门与气门座，检测气门与气门座密封性 6. 能够检测凸轮轴、正时齿轮 7. 能够检测汽缸盖 8. 能够进行汽缸盖的装配 9. 能够进行配气机构的装配与调整	1. 拆卸正时带（链）、正时齿（链）轮的注意事项 2. 修磨气门与气门座的技术要求 3. 汽缸盖的装配注意事项 4. 配气机构的装配与调整注意事项
	（三）汽缸体与曲柄连杆机构检修	1. 能够检查汽缸体裂纹、腐蚀，检查油道、水道 2. 能够检测汽缸体各接合面的平面度 3. 能够测量汽缸的磨损，确定修理尺寸 4. 能够测量曲轴主轴径与连杆轴径的磨损量及圆度和圆柱度、曲轴的弯曲或扭曲变形 5. 能够检测连杆的弯曲或扭曲变形，校正连杆 6. 能够检测、选配活塞、活塞环、活塞销、活塞销衬套，组装活塞连杆组 7. 能够检查、更换曲轴扭转减振器 8. 能够检查、组装曲轴飞轮组 9. 能够进行汽缸体与曲柄连杆机构装配与调整	1. 汽缸体裂纹检查方法 2. 汽缸体接合面检修方法 3. 汽缸磨损检测要点 4. 曲轴裂纹检测方法 5. 测量曲轴弯曲度的操作要点 6. 主轴径与连杆轴径磨损测量操作要点 7. 曲轴、连杆轴承选配方法 8. 连杆弯曲或扭曲变形的原因，连杆校正的操作要点 9. 活塞连杆组组装的注意事项 10. 曲轴扭转减振器的工作原理 11. 曲轴飞轮组的动平衡 12. 汽缸体与曲柄连杆机构装配与调整的注意事项

续表

职业功能	工作内容	技能要求	相关知识
二、发动机修理	（四）电控燃油喷射系统检修	1．能够检查、测试、更换电动燃油泵及燃油泵继电器 2．能够检测、更换油压调节器 3．能够检测、清洗、更换喷油器 4．能够检测、清洗怠速控制装置 5．能够检测、清洁、更换空气流量计 6．能够检测、更换进气温度传感器、冷却液温度传感器、节气门位置传感器 7．能够检测、清洗、更换废气再循环（EGR）阀 8．能够检测、清洗、更换曲轴箱通风（PCV）阀 9．能够检查、清洁、更换涡轮增压器	1．燃油喷射系统执行器的结构与工作原理 2．检测、更换电动燃油泵及喷油器注意事项 3．检修节气门控制组件注意事项 4．燃油与进气系统其他部件检修注意事项
二、发动机修理	（五）冷却润滑系统检修	1．能够检查冷却系统工作状况，并确定修理内容 2．能够检测节温器 3．能够检测、更换风扇温控开关 4．能够检修水泵 5．能够检测、调整机油压力、更换机油压力调节阀 6．能够检修机油泵	1．冷却系统工作性能的检查方法 2．节温器的结构与工作原理 3．电子控制风扇的结构与工作原理 4．机油泵的分类、结构与工作原理
二、发动机修理	（六）EFI点火电路检修	1．能够检修磁脉冲式曲轴位置传感器 2．能够检修霍尔式曲轴位置传感器 3．能够检测点火线圈 4．能够检测点火器	1．微机控制点火系统的工作原理 2．微机控制点火系统的配电方式 3．点火线圈的结构与工作原理
三、诊断排除发动机故障	诊断排除发动机故障	1．能够诊断排除由于油电路引起的发动机启动困难故障 2．能够诊断排除油路引起的发动机怠速不稳故障 3．能够诊断排除发动机过热故障 4．能够诊断排除由点火系统引起的发动机缺火故障 5．能够诊断排除由油电路引起的发动机功率不足故障 6．能够诊断连杆主轴承异响 7．能够诊断正时齿轮（或齿带、链条）异响 8．能够诊断气门异响	1．油电路引起的发动机启动困难故障现象及原因 2．油路引起的发动机怠速不稳故障现象及原因 3．发动机过热故障现象及原因 4．点火系统引起的发动机缺火故障现象及原因 5．爆震故障现象及原因 6．油电路引起的发动机功率不足故障现象及原因 7．点火系统引起的排放超标故障现象及原因 8．连杆主轴承异响故障现象及原因 9．正时齿轮（或齿带、链条）异响故障现象及原因 10．气门异响故障现象及原因

第三章 中级汽车维修工鉴定指南

续表

职业功能	工作内容	技 能 要 求	相 关 知 识
四、底盘维护	（一）二级维护前的检测与附加作业的确定	1. 能够检测转向盘自由转动量、转向轮的侧滑量 2. 能够检测汽车制动性能 3. 能够检测车轮平衡度和轮胎磨损状况 4. 能够检视离合器、前悬架、变速器、差速器、驱动轴、后悬架的技术状况 5. 能够依据客户反映、性能检测结果、汽车技术档案等各方面信息，对发动机技术状况进行综合评定，确定附加作业项目	1. 汽车二级维护前底盘的检测诊断项目与技术要求 2. 汽车底盘二级维护附加作业项目的确定依据 3. 汽车底盘二级维护竣工检验项目和技术要求 4. 车轮定位仪、车轮动平衡仪的功能 5. GB 7258《机动车安全运行技术条件》（制动性能、稳定性能的有关要求）
	（二）底盘二级维护附加作业	1. 能够更换手动变速器同步器 2. 变速器盖的拆装，检查更换自锁、互锁装置，拨叉及拨叉轴	1. 自动变速器油的种类及选用 2. 手动变速器的拆装工艺
五、底盘修理	（一）离合器检修	1. 能够拆卸、分解、清洁、检查离合器 2. 能够检查、调整、更换分离轴承、轴承座、分离推杆和轴销 3. 能够检查、更换从动盘、压盘和轴承 4. 能够检查、调整或更换离合器主缸 5. 能够进行离合器的装配与调整	1. 膜片弹簧离合器构造与工作原理 2. 检查、更换从动盘和压盘的操作要点 3. 装配调整离合器的注意事项
	（二）手动变速器检修	1. 能够分解、清洁变速器总成 2. 能够检修变速器盖总成 3. 能够检修变速器换挡操纵机构 4. 能够检修变速器输入轴、输出轴、中间轴和倒挡轴 5. 能够测量齿轮啮合间隙，检修齿轮、花键轴、轴承、止推垫圈、弹性挡圈、密封件和紧固件 6. 能够检查同步器组件 7. 能够装配、调整变速器总成	1. 手动变速器构造与工作原理 2. 变速器各主要检测项目 3. 变速器齿轮检修 4. 惯性同步器构造与工作原理
	（三）自动变速器检修	1. 能够进行自动变速器联动装置的调整 2. 能够更换自动变速器工作液和滤清器 3. 能够进行自动变速器油压试验 4. 能够进行自动变速器失速试验 5. 能够进行自动变速器的时滞试验	1. 自动变速器的组成与分类 2. 电控自动变速器控制原理 3. 自动变速器油压试验注意事项 4. 自动变速器失速试验注意事项 5. 自动变速器时滞试验注意事项
	（四）驱动桥检修	1. 能够拆卸、分解、清洁驱动桥 2. 能够测量主减速器从动锥齿轮跳动量 3. 能够调整主、从动锥齿轮轴承预紧度 4. 能够测量和调整主、从动锥齿轮的啮合间隙与啮合印痕 5. 能够检修差速器行星齿轮、行星齿轮轴、半轴齿轮、止推垫圈和壳体 6. 能够组装差速器总成 7. 能够拆卸、检查或更换半轴、油封、轴承、轴承座	1. 组装主、从动锥齿轮，测量和调整轴承预紧度的操作要点 2. 差速器总成的装复及部分元件的检查与调整 3. 测量和调整主、从动锥齿轮的啮合间隙与啮合印痕的方法 4. 汽车驱动桥修理技术要求

续表

职业功能	工作内容	技能要求	相关知识
五、底盘修理	(五)万向传动装置检修	1. 能够检修传动轴、万向节、中央支承轴承 2. 能够装配传动轴总成 3. 能够检查、调整传动轴的轴向间隙	1. 普通十字刚性万向节等速传动条件 2. 等速万向节传动原理 3. GB/T 8824《汽车传动轴修理技术条件》(技术要求)
	(六)机械转向器检修	1. 能够拆卸与分解转向操纵机构 2. 能够检查和更换转向操纵机构零部件 3. 能够拆装和分解机械转向器 4. 能够调整转向器轴承预紧度与啮合间隙	1. 汽车转向器的分类、结构与工作原理 2. GB/T 8823《汽车前桥及转向系统的修理技术条件》(技术要求)
	(七)悬架系统检修	1. 能够检修前独立悬架汽车的后轮支撑短轴与轴承 2. 能够检查和更换前、后悬架系统螺旋弹簧和弹簧垫 3. 能够检查和更换前、后悬架系统钢板弹簧、弹簧垫、U形螺栓、支架、衬套、固定件 4. 能够检查和更换前、后悬架滑柱支座和固定件 5. 能够检查和更换减振器、固定件和衬套	1. 悬架系统的功用、组成与种类 2. 非独立悬架与独立悬架的典型结构
	(八)车轮定位的检查与调整	1. 能够用计算机四轮定位仪检测车轮定位情况并进行调整 2. 能够用气泡水准车轮定位仪检测车轮定位情况并进行调整	1. 车轮定位含义与诊断参数 2. 车轮定位调整方法
	(九)鼓式制动器与传动装置维修	1. 能够检修制动鼓 2. 能够检修制动蹄 3. 能够装配与调整鼓式车轮制动器 4. 能够检修制动控制阀 5. 能够检修空气压缩机	1. 鼓式车轮制动器的分类、结构与工作原理 2. 空气压缩机的结构与工作原理 3. 制动控制阀的分类、结构与工作原理 4. 装配与调整鼓式制动器的操作要点 5. GB/T 18274《汽车鼓式制动器修理技术条件》(技术要求) 6. GB/T 18275《汽车制动传动装置修理技术条件 气压制动》(技术要求)
	(十)盘式制动器与传动装置的维修	1. 能够检修盘式制动器 2. 能够拆装盘式制动器 3. 能够检修制动主缸和制动轮缸 4. 能够检修真空助力器 5. 能够检修ABS主要部件	1. 盘式制动器的种类、结构与工作原理 2. 盘式制动器传动装置的结构与工作原理 3. GB/T 18275《汽车制动传动装置修理技术条件 液压制动》(技术要求) 4. GB/T 18343《汽车盘式制动器修理技术条件》(技术要求) 5. ABS使用与检修注意事项

第三章　中级汽车维修工鉴定指南

续表

职业功能	工作内容	技 能 要 求	相 关 知 识
五、底盘修理	（十一）驻车制动器的维修	1. 能够检修驻车制动装置 2. 能够拆装驻车制动器 3. 能够调整驻车制动器	1. 驻车制动器的分类、结构与工作原理 2. 驻车制动器检修技术要求
六、诊断排除底盘故障	诊断排除底盘故障	1. 能够诊断排除离合器异响故障 2. 能够诊断排除手动变速器异响故障 3. 能够诊断排除传动轴高速振动故障 4. 能够诊断排除传动轴异响故障 5. 能够诊断排除驱动桥异响故障 6. 能够诊断排除转向沉重故障 7. 能够诊断排除转向盘自由行程过大故障 8. 能够诊断排除制动跑偏故障 9. 能够诊断排除液压制动系统制动失效故障 10. 能够诊断排除气压制动系统制动失效故障 11. 能够诊断排除减振器失效故障 12. 能够诊断排除车轮摆振故障 13. 能够诊断排除轮胎异常磨损故障	1. 离合器异响故障现象及原因 2. 手动变速器异响故障现象及原因 3. 传动轴高速振动、异响故障现象及原因 4. 驱动桥异响故障现象及原因 5. 转向沉重故障现象及原因 6. 转向盘自由行程过大故障现象及原因 7. 制动跑偏故障现象及原因 8. 制动失效故障现象及原因 9. 减震器失效故障现象及原因 10. 车轮摆振故障现象及原因 11. 轮胎异常磨损故障现象及原因
七、汽车电器设备维护	（一）二级维护前的检测与附加作业确定	1. 能够检测空调系统的工作状况 2. 能够用解码器读取故障代码 3. 能够依据客户反映、性能检测结果、汽车技术档案等各方面信息，对发动机技术状况进行综合评定，确定附加作业项目	1. 汽车二级维护前电器设备的检测诊断项目与技术要求 2. 汽车电器设备二级维护竣工检验项目和技术要求
	（二）汽车电器二级维护附加作业	1. 能够进行蓄电池的充电 2. 能够更换点火控制模块 3. 能够更换点火系统传感器	1. 蓄电池充电 2. 点火控制模块的工作原理 3. 点火系统传感器类型与功用
八、汽车电器设备检修	（一）启动机检修	1. 能够拆卸、分解、清洁启动机总成 2. 能够检修电枢、电磁开关、电刷、电刷架、接头和导线 3. 能够检修启动机轴承、离合器总成 4. 能够进行启动机的组装	1. 启动机分类与工作原理 2. 启动机性能参数
	（二）发电机检修	1. 能够拆卸、分解与清洁发电机总成 2. 能够检测、更换发电机硅整流二极管、调节器、转子、定子、电刷、电刷架和轴承 3. 能够进行发电机的组装	1. 发电机与调节器工作原理 2. 发电机性能参数
	（三）空调制冷系统检修	1. 能够检查制冷系统的泄漏 2. 能够充注制冷剂	1. 汽车空调系统分类与组成 2. 制冷剂种类
	（四）仪表检修	1. 能够检修仪表 2. 能够检修仪表电路	仪表电路知识

续表

职业功能	工作内容	技能要求	相关知识
九、诊断排除电器设备故障	(一)诊断排除电器设备故障	1. 能够诊断排除充电电流不稳故障 2. 能够诊断排除发电机异响故障 3. 能够诊断排除启动机转动无力故障 4. 能够诊断排除火花塞间歇性跳火故障 5. 能够诊断排除高压无火的故障 6. 能够诊断排除高压缺火的故障 7. 能够诊断排除启动机齿轮不能与飞轮齿圈啮合故障 8. 能够诊断排除启动机齿轮无法分离的故障 9. 能够诊断排除喇叭工作不良故障	1. 充电电流不稳故障现象、原因与处理方法 2. 发电机异响故障现象、原因与处理方法 3. 启动机转动无力故障现象、原因与处理方法 4. 火花塞间歇性跳火故障现象、原因与处理方法 5. 高压缺火的故障现象、原因与处理方法 6. 高压无火的故障现象、原因与处理方法 7. 启动机齿轮不能与飞轮齿圈啮合的故障现象、原因与处理方法 8. 启动机齿轮无法分离的故障现象、原因与处理方法 9. 喇叭工作不良故障现象、原因与处理方法
	(二)诊断排除空调系统故障	1. 能够诊断排除空调压缩机不运转故障 2. 能够诊断排除空调压缩机不停转故障	1. 空调制冷系统控制电路 2. 空调压缩机不运转故障现象、原因与处理方法

二、鉴定要素细目表

(1) 中级汽车维修工理论知识鉴定要素细目表

鉴定范围						鉴定点		
一级		二级		三级		代码	名称	重要程度
名称代码重要程度比例	鉴定比重(%)	名称代码重要程度比例	鉴定比重(%)	名称代码重要程度比例	鉴定比重(%)			
基本要求 A (40:14:0)	20	职业道德 A (1:2:0)	5	职业道德 A (1:2:0)	5	001	职业道德的基本概念与作用	Y
						002	职业道德的基本特征与基本规范	Y
						003	汽车维修职业守则	X
		基础知识 B (39:12:0)	15	工量具及设备 A (2:1:0)	1	001	汽车修理常用量具	X
						002	汽车修理常用工具	X
						003	汽车修理常用设备	Y
				钳工 B (2:0:0)	1	001	钳工工具及选用	X
						002	钳工基本操作	X
				汽车常用材料 C (4:1:0)	1	001	汽车常用金属材料牌号性能与应用	X
						002	汽车常用非金属材料牌号性能与应用	Y
						003	燃料及润滑材料牌号、性能及应用	X
						004	汽车常用工作液及应用	X
						005	轴承与螺纹	X

第三章 中级汽车维修工鉴定指南

续表

鉴定范围						鉴定点		
一级		二级		三级		代码	名称	重要程度
名称 代码 重要程度 比例	鉴定 比重 (%)	名称 代码 重要程度 比例	鉴定 比重 (%)	名称 代码 重要程度 比例	鉴定 比重 (%)			
基本要求 A (40:14:0)	20	基础知识 B (39:12:0)	15	机械识图 D (3:0:0)	1	001	视图基础知识	X
						002	表面粗糙度的概念及标注	X
						003	公差配合基础知识	X
				液压传动 E (1:2:0)	1	001	液压传动工作原理与基本组成	Y
						002	液压传动基本回路	Y
						003	液压传动在汽车上的应用	X
				电工电子 F (2:2:0)	1	001	电路基础知识	X
						002	电磁感应	Y
						003	正弦交流电基础知识	Y
						004	常见电子元件与电子电路	X
				汽车概述 G (1:1:0)	1	001	汽车的分类与型号	Y
						002	汽车的组成与技术参数	X
				汽车发动机 H (6:2:0)	2	001	发动机的总体构造	Y
						002	四冲程发动机工作过程	X
						003	曲柄连杆机构的功用与组成	X
						004	配气机构的功用与组成	X
						005	汽油机燃料系统的功用与组成	X
						006	柴油机燃料系统的功用与组成	X
						007	冷却系统的功用与组成	Y
						008	润滑系统的功用与组成	X
				汽车底盘 I (5:2:0)	2	001	离合器的功用与组成	X
						002	变速器的功用与组成	Y
						003	万向传动装置与驱动桥的功用与组成	X
						004	行驶系统的功用与组成	X
						005	转向系统的功用与组成	X
						006	制动系统的功用与组成	X
						007	汽车车身结构与作用	Y
				汽车电气 设备 J (4:1:0)	1	001	铅蓄电池的功用、组成及工作特性	X
						002	交流发电机及调压器的功用与组成	X
						003	启动机的功用与组成	X
						004	点火系统的功用与组成	X
						005	常用汽车电器辅助装置的功用	Y

续表

鉴定范围					鉴定点		
一级		二级		三级			
名称 代码 重要程度 比例	鉴定比重(%)	名称 代码 重要程度 比例	鉴定比重(%)	名称 代码 重要程度 比例	鉴定比重(%)	代码	名称	重要程度
基本要求 A (40:14:0)	20	基础知识 B (39:12:0)	15	汽车电子控制装置 K (3:0:0)	1	001	汽车常用传感器基础知识	X
						002	车用电控单元基础知识	X
						003	汽车常用执行元件基础知识	X
				安全生产与环境保护 L (2:0:0)	1	001	汽车维修作业安全操作规程	X
						002	汽车排放污染及其防治	X
				质量管理与法律法规 M (4:0:0)	1	001	质量管理基础知识	X
						002	汽车维修质量的评价与控制	X
						003	劳动法与劳动合同法常识	X
						004	产品质量法与消费者权益保护法常识	X
相关知识 B (125:8:0)	80	发动机维护 A (10:1:0)	5	二级维护前发动机检测与附加作业确定 A (6:1:0)	3	001	汽车二级维护前检测作业程序	X
						002	二级维护前发动机的检测诊断项目与技术要求	X
						003	二级维护前发动机的技术评定目的与方法	X
						004	发动机二级维护竣工检验项目和技术要求	X
						005	发动机二级维护附加作业项目的确定依据	X
						006	发动机常用诊断设备功能	Y
						007	汽车维护工艺规范	X
				发动机二级维护附加作业 B (4:0:0)	2	001	气门座修理技术要求	X
						002	连杆轴承间隙调整要点	X
						003	活塞环装配技术要点	X
						004	曲轴主轴承与连杆轴承修理技术要点	X
		发动机修理 B (32:3:0)	15	零件检验与分类 A (7:1:0)	3	001	发动机的拆卸、解体和零件清洗注意事项	X
						002	零件测量技术	X
						003	零件检验分类技术条件	X
						004	汽缸盖与汽缸体检测要点	X
						005	曲轴与凸轮轴检测要点	X
						006	汽车发动机汽缸体与汽缸盖修理技术要求	X
						007	汽车发动机曲轴修理技术要求	X
						008	汽车发动机凸轮轴修理技术要求	Y
				汽缸盖与配气机构的检修 B (4:0:0)	2	001	拆卸正时带（链）和正时齿（链）轮的注意事项	X
						002	修磨气门与气门座的技术要求	X
						003	安装汽缸盖注意事项	X
						004	配气机构的装配与调整注意事项	X

第三章 中级汽车维修工鉴定指南

续表

鉴定范围						鉴定点		
一级		二级		三级		代码	名称	重要程度
名称代码重要程度比例	鉴定比重(%)	名称代码重要程度比例	鉴定比重(%)	名称代码重要程度比例	鉴定比重(%)			
相关知识 B (125:8:0)	80	发动机修理 B (32:3:0)	15	汽缸体与曲柄连杆机构的检修 C (11:1:0)	4	001	汽缸体裂纹检查方法	X
^	^	^	^	^	^	002	汽缸体接合面检修方法	X
^	^	^	^	^	^	003	汽缸磨损检测要点	X
^	^	^	^	^	^	004	曲轴裂纹检测方法	X
^	^	^	^	^	^	005	测量曲轴弯曲度的操作要点	X
^	^	^	^	^	^	006	主轴颈与连杆轴颈磨损测量操作要点	X
^	^	^	^	^	^	007	曲轴和连杆轴承选配方法	X
^	^	^	^	^	^	008	连杆变形的原因及校正操作要点	X
^	^	^	^	^	^	009	活塞连杆组组装注意事项	X
^	^	^	^	^	^	010	曲轴扭转减振器的工作原理	Y
^	^	^	^	^	^	011	曲轴飞轮组的动平衡	X
^	^	^	^	^	^	012	汽缸体与曲柄连杆机构装配与调整注意事项	X
^	^	^	^	电控燃油喷射系统的检修 D (4:0:0)	2	001	燃油喷射系统执行器的结构与工作原理	X
^	^	^	^	^	^	002	检测或更换电动燃油泵及喷油器的注意事项	X
^	^	^	^	^	^	003	检修节气门控制组件注意事项	X
^	^	^	^	^	^	004	燃油与进气系统其他部件检修注意事项	X
^	^	^	^	冷却与润滑系统的检修 E (3:1:0)	2	001	冷却系统工作性能的检查方法	X
^	^	^	^	^	^	002	节温器结构与工作原理	X
^	^	^	^	^	^	003	电动风扇结构与工作原理	X
^	^	^	^	^	^	004	机油泵分类、结构与工作原理	Y
^	^	^	^	点火系统的维修 F (3:0:0)	2	001	微机控制点火系统的控制原理	X
^	^	^	^	^	^	002	微机控制点火系统的配电方式	X
^	^	^	^	^	^	003	点火线圈结构与工作原理	X
^	^	诊断排除发动机故障 C (7:3:0)	10	诊断排除发动机故障 A (7:3:0)	10	001	油路引起的发动机启动困难故障现象及原因	X
^	^	^	^	^	^	002	油路引起的发动机怠速不稳故障现象及原因	X
^	^	^	^	^	^	003	发动机过热故障现象及原因	X
^	^	^	^	^	^	004	点火系统引起的发动机缺火故障现象及原因	X
^	^	^	^	^	^	005	爆震故障现象及原因	Y
^	^	^	^	^	^	006	油路引起的发动机功率不足故障现象及原因	X
^	^	^	^	^	^	007	点火系统引起的排放超标故障现象及原因	Y
^	^	^	^	^	^	008	连杆主轴承异响故障现象及原因	X
^	^	^	^	^	^	009	正时齿轮(或齿带、链条)异响故障现象及原因	X
^	^	^	^	^	^	010	气门异响故障现象及原因	Y

续表

鉴定范围							鉴定点		
一级		二级		三级					
名称代码重要程度比例	鉴定比重(%)	名称代码重要程度比例	鉴定比重(%)	名称代码重要程度比例	鉴定比重(%)	代码	名 称		重要程度
相关知识 B (125:8:0)	80	底盘维护 D (7:1:0)	5	二级维护前检测与附加作业确定 A (6:0:0)	4	001	汽车二级维护前底盘的检测诊断项目与技术要求		X
^	^	^	^	^	^	002	汽车底盘二级维护附加作业项目的确定依据		X
^	^	^	^	^	^	003	底盘二级维护竣工检验项目和技术要求		X
^	^	^	^	^	^	004	车轮定位及动平衡仪功能		X
^	^	^	^	^	^	005	汽车制动性标准		X
^	^	^	^	^	^	006	汽车制动稳定性要求		X
^	^	^	^	底盘二级维护附加作业 B (1:1:0)	1	001	自动变速器油的种类及选用		Y
^	^	^	^	^	^	002	手动变速器的拆装工艺		X
^	^	底盘修理 E (34:0:0)	15	离合器检修 A (4:0:0)	2	001	膜片弹簧离合器构造与工作原理		X
^	^	^	^	^	^	002	检查更换离合器从动盘的操作要点		X
^	^	^	^	^	^	003	检查更换离合器压盘的操作要点		X
^	^	^	^	^	^	004	装配调整离合器的注意事项		X
^	^	^	^	手动变速器检修 B (4:0:0)	2	001	手动变速器结构原理		X
^	^	^	^	^	^	002	变速器各轴的主要检测项目		X
^	^	^	^	^	^	003	变速器齿轮的检修		X
^	^	^	^	^	^	004	惯性同步器构造原理		X
^	^	^	^	自动变速器检修 C (5:0:0)	2	001	自动变速器的组成、分类		X
^	^	^	^	^	^	002	电控自动变速器控制原理		X
^	^	^	^	^	^	003	自动变速器油压试验注意事项		X
^	^	^	^	^	^	004	自动变速器失速试验注意事项		X
^	^	^	^	^	^	005	自动变速器时滞试验注意事项		X
^	^	^	^	驱动桥检修 D (3:0:0)	1	001	组装主、从动锥齿轮，测量和调整轴承预紧度的操作要点		X
^	^	^	^	^	^	002	主减速器主、从动锥齿轮啮合印痕的调整要求		X
^	^	^	^	^	^	003	主减速器的调整要点		X
^	^	^	^	万向传动装置检修 E (3:0:0)	1	001	十字轴刚性万向节等速传动的条件		X
^	^	^	^	^	^	002	等速万向节传动原理		X
^	^	^	^	^	^	003	传动轴装配要求		X

第三章 中级汽车维修工鉴定指南

续表

鉴定范围							鉴定点	
一级		二级		三级				重要程度
名称代码重要程度比例	鉴定比重(%)	名称代码重要程度比例	鉴定比重(%)	名称代码重要程度比例	鉴定比重(%)	代码	名称	
相关知识 B (125:8:0)	80	底盘修理 E (34:0:0)	15	机械转向器检修 F (2:0:0)	1	001	齿轮齿条式转向器构造原理	X
^	^	^	^	^	^	002	循环球式转向器构造原理	X
^	^	^	^	悬架系统检修 G (1:0:0)	1	001	悬架系统的功用、组成、种类与典型结构	X
^	^	^	^	车轮定位检查与调整 H (2:0:0)	1	001	车轮定位的含义与定位参数的作用	X
^	^	^	^	^	^	002	车轮定位的调整方法	X
^	^	^	^	鼓式制动器与传动装置的维修 I (4:0:0)	2	001	非平衡式制动器的结构与工作原理	X
^	^	^	^	^	^	002	平衡式制动器结构与工作原理	X
^	^	^	^	^	^	003	制动控制阀的分类、结构与工作原理	X
^	^	^	^	^	^	004	鼓式制动器修理技术条件	X
^	^	^	^	盘式制动器与传动装置的维修 J (4:0:0)	1	001	盘式制动器的种类、结构与工作原理	X
^	^	^	^	^	^	002	真空助力器构造原理	X
^	^	^	^	^	^	003	制动盘修理技术条件	X
^	^	^	^	^	^	004	ABS使用与检修的一般注意事项	X
^	^	^	^	驻车制动器与传动装置的维修 K (2:0:0)	1	001	驻车制动器的分类、结构与工作原理	X
^	^	^	^	^	^	002	驻车制动器检修技术要求	X
^	^	诊断排除底盘故障 F (13:0:0)	10	传动系统故障诊断排除 A (5:0:0)	4	001	离合器异响现象、原因	X
^	^	^	^	^	^	002	手动变速器异响故障原因	X
^	^	^	^	^	^	003	传动轴高速时振动故障原因	X
^	^	^	^	^	^	004	传动轴异响的故障原因	X
^	^	^	^	^	^	005	驱动桥异响故障现象、原因	X
^	^	^	^	转向系统故障诊断排除 B (2:0:0)	2	001	转向沉重故障现象原因	X
^	^	^	^	^	^	002	转向盘自由行程过大故障原因	X

续表

鉴定范围						鉴定点		
一级		二级		三级				
名称 代码 重要程度 比例	鉴定比重(%)	名称 代码 重要程度 比例	鉴定比重(%)	名称 代码 重要程度 比例	鉴定比重(%)	代码	名称	重要程度
相关知识 B (125:8:0)	80	诊断排除底盘故障 F (13:0:0)	10	制动系统故障诊断排除 C (3:0:0)	2	001	制动跑偏故障原因	X
						002	液压制动系统制动失效故障原因	X
						003	气压制动系统制动失效故障原因	X
				行驶系统故障诊断排除 D (3:0:0)	2	001	减震器失效的故障原因	X
						002	车轮摆振故障原因	X
						003	轮胎异常磨损故障现象及原因	X
		电气设备维护 G (5:0:0)	4	二级维护前电气设备检测与附加作业确定 A (2:0:0)	4	001	二级维护前电气设备检测项目及技术要求	X
						002	汽车电气设备二级维护竣工检验项目和技术要求	X
				二级维护汽车电气设备附加作业 B (3:0:0)		001	蓄电池充电	X
						002	点火控制模块（点火器）工作原理	X
						003	点火系统传感器类型与功用	X
		电气设备修理 H (6:0:0)	6	启动机的检修 A (2:0:0)	2	001	启动机分类与工作原理	X
						002	启动机性能参数	X
				发电机的检修 B (2:0:0)	2	001	发电机与调节器工作原理	X
						002	发电机性能参数	X
				空调制冷系统的检修 C (2:0:0)	2	001	汽车空调系统分类与组成	X
						002	制冷剂分类	X
		诊断排除电气设备故障 I (11:0:0)	10	诊断排除电气设备故障 A (9:0:0)	8	001	诊断排除发电机充电电流不稳故障	X
						002	诊断排除发电机异响故障	X
						003	诊断排除启动机运转无力故障	X
						004	诊断排除火花塞间隙跳火故障	X
						005	诊断排除高压缺火故障	X

第三章 中级汽车维修工鉴定指南

续表

鉴定范围					鉴定点		
一级		二级		三级			
名称代码重要程度比例	鉴定比重(%)	名称代码重要程度比例	鉴定比重(%)	名称代码重要程度比例	鉴定比重(%)	代码	名称	重要程度
相关知识 B (125:8:0)	80	诊断排除电气设备故障 I (11:0:0)	10	诊断排除电气设备故障 A (9:0:0)	8	006	诊断排除高压无火故障	X
^	^	^	^	^	^	007	诊断排除启动机齿轮不能与飞轮齿圈啮合故障	X
^	^	^	^	^	^	008	诊断排除启动机齿轮无法分离故障	X
^	^	^	^	^	^	009	诊断排除喇叭工作不良故障	X
^	^	^	^	诊断排除空调系统故障 B (2:0:0)	2	001	空调制冷系统控制电路	X
^	^	^	^	^	^	002	诊断排除空调系统压缩机不转故障	X

（2）中级汽车维修工操作技能鉴定要素细目表

鉴定范围一级			鉴定范围二级			选考方式	鉴定点			
代码重要程度比例	名称	鉴定比重(%)	代码重要程度比例	名称	鉴定比重(%)		代码	名称	重要程度	试题量
A (6:0:0)	汽车维护	30	A (2:0:0)	汽车发动机维护	30	任选一项	01	二级维护前发动机检测	X	4
^	^	^	^	^	^	^	02	发动机二级维护附加作业	X	4
^	^	^	B (2:0:0)	汽车底盘维护	^	^	01	二级维护前底盘的检测与附加作业的确定	X	3
^	^	^	^	^	^	^	02	汽车底盘二级维护及附加作业	X	1
^	^	^	C (2:0:0)	汽车电气设备维护	^	^	01	二级维护前的检测	X	2
^	^	^	^	^	^	^	02	汽车电气设备二级维护作业内容	X	3
B (12:0:0)	汽车修理	35	A (4:0:0)	汽车发动机修理	35	任选一项	01	汽缸盖及缸体检测与修理	X	3
^	^	^	^	^	^	^	02	曲柄连杆机构检测与装配	X	3
^	^	^	^	^	^	^	03	配气机构检测与调整	X	3
^	^	^	^	^	^	^	04	冷却与润滑系统的检修	X	2
^	^	^	B (4:0:0)	汽车底盘修理	^	^	01	传动系统各总成的检修	X	5
^	^	^	^	^	^	^	02	行驶系统总成部件的检修	X	2
^	^	^	^	^	^	^	03	转向系统总成部件的检修	X	2
^	^	^	^	^	^	^	04	制动系统总成部件的检修	X	4
^	^	^	C (4:0:0)	汽车电气设备的检修	^	^	01	启动机的检修	X	3
^	^	^	^	^	^	^	02	交流发电机的检修	X	4
^	^	^	^	^	^	^	03	空调系统的检修	X	3
^	^	^	^	^	^	^	04	仪表及其电路的检修	X	4

续表

鉴定范围一级			鉴定范围二级			选考方式	鉴定点			
代码 重要程度 比例	名称	鉴定比重(%)	代码 重要程度 比例	名称	鉴定比重(%)		代码	名称	重要程度	试题量
C (8:0:0)	汽车故障诊断排除	35	A (3:0:0)	发动机故障诊断排除	35	任选一项	01	发动机启动困难的故障诊断排除	X	2
							02	发动机油电路综合故障诊断排除	X	4
							03	发动机异响故障诊断排除	X	3
			B (3:0:0)	汽车底盘故障诊断排除			01	传动系统故障诊断排除	X	3
							02	制动系统故障诊断排除	X	3
							03	转向系统故障诊断排除	X	2
			C (2:0:0)	电气设备故障诊断排除			01	诊断排除电器设备故障	X	9
							02	诊断排除空调系统故障	X	2

第二节 理论知识试题

一、判断题

1. 职业道德对企业起到增强竞争力的作用。（　）
2. 职业道德活动中做到表情冷漠、严肃待客是符合职业道德规范要求的。（　）
3. 尽量满足用户的需要是汽车维修从业者应有的职业道德素养。（　）
4. 游标卡尺的厚度有 0.10mm、0.05mm 和 0.02mm 三种。（　）
5. 拆装火花塞应用梅花扳手。（　）
6. 台虎钳的丝杆、螺母等处不得加注润滑脂。（　）
7. 锯割金属材料安装锯条时，锯齿的齿尖要朝后。（　）
8. 錾削时，应及时擦净锤柄上的汗水、油污，避免锤子从手中滑脱。（　）
9. 硬度是指金属材料抵抗局部变形、压痕或划痕的能力。（　）
10. 机油黏度小、内摩擦阻力小，可节约燃料，因此机油的黏度越小越好。（　）
11. 各种汽车制动液可以混合使用。（　）
12. 滚动轴承内径代号数字为 04~99 时，代号数字乘 5，即为轴承内径（单位 mm）。（　）
13. 立体图富有立体感，给人一种直观的感觉，可直接用来生产零件。（　）
14. 加工后的零件表面，仍留有微小间距和峰谷，这种不平的程度称为表面粗糙度。（　）
15. 偏差是一个有正、负号或者为零的代数值。（　）
16. 液压传动不易实现过载保护。（　）
17. 根据调速特性的不同，容积调速可分为有级调速回路和无级调速回路两种。（　）

18．汽车上所采用的液压传动装置按工作原理分为动力式和容积式两类。（ ）
19．通过导体的电流方向与自由电子移动方向相同。（ ）
20．穿过线圈的磁通越大，产生的感应电动势就越大。（ ）
21．正弦交流电的三要素是指最大值、角频率和初相位。（ ）
22．稳压管是一种具有稳压作用的特殊三极管。（ ）
23．乘坐人数 9 人以下的载客汽车称为客车。（ ）
24．按发动机完成一个工作循环所需活塞的行程数，其一般分为四冲程发动机和三冲程发动机两种。（ ）
25．四冲程发动机在一个工作循环内，曲轴旋转 2 周。（ ）
26．连杆的作用是将活塞承受的力传给曲轴，并使活塞的往复运动转变为曲轴的旋转运动。（ ）
27．气门组主要包括凸轮轴、正时齿轮、挺柱、推杆、摇臂和摇臂轴等。（ ）
28．由一定比例的汽油与空气均匀混合的混合物称为可燃混合气。（ ）
29．柴油机工作时，柴油与空气在油管混合。（ ）
30．散热器的作用是将冷却水携带的热量散入大气，以保证发动机的正常工作温度。（ ）
31．压力润滑是利用工作时某些运动零件飞溅起来的油所形成的油滴或油雾来进行润滑的。（ ）
32．汽车离合器的主动部分是变速器第一轴。（ ）
33．手动变速器由变速传动机构和变速齿轮机构两部分组成。（ ）
34．单级主减速器中的小齿轮称为主动轮。（ ）
35．汽车悬架中，弹性元件用来传递力矩。（ ）
36．转向系统的作用是保持汽车稳定的行驶路线，即使汽车直线行驶。（ ）
37．鼓式汽车车轮制动器多为外张双蹄式。（ ）
38．汽车车身结构具有特定形状，它对行驶安全、乘客舒适性、运输效率等有很大影响。（ ）
39．汽车的蓄电池与发电机串联。（ ）
40．电压调节器是稳定汽车交流发电机输入电压的装置。（ ）
41．在汽车发动机运转的大部分时间里，启动机向蓄电池充电。（ ）
42．断电器控制点火线圈初级电路的通断，配合点火线圈完成升压任务。（ ）
43．驾驶员通过总开关可控制每个车窗的升降。（ ）
44．ECU 给传感器提供参考电压。（ ）
45．按电磁线圈阻值的大小，电磁喷油器可分为高阻抗型和低阻抗型两种。（ ）
46．灭火器应设置在隐蔽的地方，以免损坏。（ ）
47．改进内燃机结构和燃油供给系统，可以减少汽车排放污染。（ ）
48．工作质量就是对与产品质量有关的工作的保证程度。（ ）
49．汽车大修后，其发动机的功率不得小于原车功率的 80%。（ ）
50．消费包括生产资料的消费和生活资料的消费。（ ）

51．汽车二级维护过程中不需要进行过程检验。（　）

52．汽车二级维护前发动机怠速时，机油压力应不小于0.3MPa，否则应对发动机进行二级维护附加作业。（　）

53．维护前对发动机的技术状况进行评定其目的是为了全面掌握发动机的技术状况。（　）

54．二级维护完成后，检测发动机的功率，若功率低于规定值的90%，则为不合格，需进一步进行修理。（　）

55．发动机二级维护前，若各缸压力差大于各缸规定值的5%，则需对发动机进行二级维护附加作业。（　）

56．滤纸式烟度计的功能是测量柴油车自由加速烟度。（　）

57．捷达轿车发动机二级维护作业完成后，冷却风扇应运转平稳、无异响，热敏开关工作灵敏、准确。（　）

58．装配新活塞环时，一般要求活塞环外围工作面在开口处45°范围内不允许漏光。（　）

59．发动机大修时，不需要通过技术检验就能确定曲轴为待修件。（　）

60．在测量汽缸磨损情况时，要分析磨损性质，是属于正常磨损还是非正常磨损（如拉缸）。（　）

61．在GB3801《汽车发动机汽缸体与汽缸盖修理技术条件》中规定：加工后，汽缸的轴线对汽缸体两端曲轴轴承孔公共轴线的垂直度公差为0.05mm。（　）

62．气门与座圈的密封带宽度应符合原设计规定，一般为2.2～3.5mm。（　）

63．汽缸体接合面局部金属凸起变形，如螺纹孔周围金属凸起，可采用平面磨削法修复。（　）

64．测量曲轴弯曲度时，一般要求中型货车应不大于0.15mm，否则，应予以校正。（　）

65．连杆变形校正时应该先校正弯曲，然后校正扭曲。（　）

66．活塞销装入活塞销座孔时，要用木锤（或铜锤）适当敲击，切记用铁锤敲击或大力敲击，以免活塞裙部变形。（　）

67．曲轴属于高速旋转的轴类零件，一定要做动平衡试验。（　）

68．对于脉冲电磁阀式怠速控制阀，旁通空气道开启与关闭的时间由ECU发出的占空比信号控制。（　）

69．高电阻型的电阻一般为12～14Ω，可以直接接蓄电池来进行喷油器喷油性能试验。（　）

70．正常的水温表，在打开点火开关后，指针应从100℃向40℃方向偏转，然后逐渐指示正确水温。（　）

71．目前，轿车发动机广泛采用电动风扇，风扇不再与水泵同轴，其经热敏开关和点火开关控制并直接由电动机驱动。（　）

72．微机控制点火系统中，曲轴转角信号用于计算确定点火提前角。（　）

73．单缸同时点火是指点火线圈每产生一次高压电，都使两个汽缸的火花塞同时跳火。

第三章　中级汽车维修工鉴定指南

74．怠速控制阀或附加空气阀故障会造成发动机启动困难。（　　）
75．闭环控制的燃油喷射系统反馈控制电路有故障会造成发动机怠速不稳。（　　）
76．汽车长时间低速大负荷行驶有可能导致发动机过热。（　　）
77．点火控制模块损坏会造成发动机缺火。（　　）
78．电控单元工作不正常会造成发动机排放超标。（　　）
79．若发动机连杆轴颈与轴承装配间隙过大，则会导致轴瓦产生异响。（　　）
80．正时传动链条磨损或没有张紧，发动机工作时会发出异响。（　　）
81．气门间隙过大，发动机怠速时在汽缸盖气门室处会发出连续不断的有节奏的"嗒嗒"声。（　　）
82．离合器分离不彻底是二级维护时作为拆检离合器附加作业的依据之一。（　　）
83．底盘二级维护竣工检验对钢板弹簧的技术要求是无断裂、位移、缺片，U 形螺栓紧固，前后钢板支架无裂纹及变形。（　　）
84．车轮动平衡则一定是静平衡的。（　　）
85．根据 GB7258—2004《机动车安全运行技术条件》对行车制动性能要求，行车制动器必须有磨损补偿装置。（　　）
86．根据 GB7258—2004《机动车安全运行技术条件》对制动稳定性能要求，汽车、无轨电车和四轮农用运输车的行车制动必须采用双管路或多管路，当部分管路失效时，剩余制动效能仍能保持原规定值的 50%以上。（　　）
87．手动变速器齿轮的工作面出现裂纹，应予以更换。（　　）
88．自动变速器时滞试验时，若 N→R 延时时间过长，倒挡油路油压过高是可能原因之一。（　　）
89．减小主动锥齿轮前轴承内圈下调整垫片厚度，将使主减速器主动锥齿轮轴承预紧度减小。（　　）
90．主减速器调整顺序是先调整轴承预紧度，然后调整啮合间隙，最后调整啮合印痕。（　　）
91．第一个万向节的主动叉和第二个万向节的主动叉在同一平面内，是普通十字刚性万向节实现等速传动应满足的条件之一。（　　）
92．齿轮齿条式机械转向器齿条背面装有压簧垫块、弹簧和螺塞等，其主要作用是消除齿轮齿条啮合间隙。（　　）
93．红旗 CA7500 型轿车的前悬架为麦弗逊式独立悬架。（　　）
94．驻车制动操纵杆从放松的极限位置往上拉，第五响汽车应能在规定的坡道上停车。（　　）
95．左、右车轮制动器间隙不一致会导致制动跑偏。（　　）
96．制动控制阀无排气间隙会导致气压制动系统制动失效。（　　）
97．驱动桥转弯行驶有异响，直线行驶时声响减弱或消失，故障部位应在主减速器部分。（　　）
98．传动轴管凹陷会导致传动轴高速抖振。（　　）

99．减震器补偿阀弹簧刚度小将导致减震器失效。（　　）
100．空调系统工作时，制冷效果应良好，整个系统工作无异响。系统无泄露，高低侧压力符合要求。（　　）
101．当发动机转速为1200r/min时，发动机点火电压应为8～10kV。（　　）
102．蓄电池检查不属于汽车二级维护前的检测项目。（　　）
103．蓄电池在使用过程中，常有充电不足现象，应根据需要进行补充充电。（　　）
104．利用汽车上发电机给蓄电池充电的方法属于定电流充电。（　　）
105．发动机点火控制模块的作用是控制点火初级回路通断。（　　）
106．霍尔电压值很小，约为20mV。需经电路放大后（放大后约为90mV）才能作为控制信号输出。（　　）
107．发动机电控点火系统由传感器、ECU和执行器组成。（　　）
108．启动机电刷的高度一般不应低于标准的2/3，电刷的接触面积不应少于75%。（　　）
109．启动机电磁开关内有吸拉线圈和保位线圈，当启动电路接通时，吸拉线圈和保位线圈产生吸力，驱动主触盘与主接线柱接合，接通启动机主电路。同时，驱动拨叉工作，使单向离合器与发动机相啮合。（　　）
110．启动机空载性能是指启动机不带负荷，接通电源，所测量启动机的空载转速和启动电流。（　　）
111．启动机全制动性能是指启动机不带负荷，接通电源，所测量启动机的空载转速和启动电流。（　　）
112．发电机电压调节器是通过调节励磁电流大小来保持发电机电压恒定的。（　　）
113．交流发电机的搭铁极性必须与其电压调节器的搭铁极性要一致。（　　）
114．汽车空调系统主要由压缩机、冷凝器、储液干燥器（或积累器）、膨胀阀（或孔管）蒸发器和电气控制系统等组成。（　　）
115．当今广泛使用的空调制冷系统主要有以下两种方式：孔管积累器式制冷系统和膨胀阀储液干燥器式制冷系统。（　　）
116．R12与R134a制冷系统中，冷冻机油是可以互换的。（　　）
117．若电流表指针不停摆动或充电指示灯不停闪烁，则说明发电机不发电。（　　）
118．发动机工作时，火花塞产生不规律跳火，跳火时断时续，发动机产生"游车"现象并产生白烟。（　　）
119．点火模块被击穿时，将导致发动机高压无火。（　　）
120．点火线圈高压线脱落，将会导致发动机低压无火。（　　）
121．从车上拆下启动机，用手正反向拨动单向离合器驱动齿轮，若均能不转动，则说明离合器打滑。（　　）
122．电喇叭按有无触点可分为触点式电喇叭和电子电喇叭两种。（　　）
123．关闭点火开关和车上用电设备，用跨接线将喇叭继电器电源端子与喇叭接线端子跨接，若喇叭发响，则故障在喇叭继电器。（　　）
124．一般来说，汽车空调的控制电路有两种类型：控制电源型和控制搭铁型。（　　）

125．当空调制冷系统中制剂缺少使制冷系统压力过低时，高压保护开关自动断开，使压缩机停止工作。（　　）

126．有些发动机具有怠速安全装置，当空调压缩机不工作时，可适当调高发动机怠速。（　　）

二、单项选择题

1．职业道德是指从事一定职业的人，在工作和劳动过程中应遵循的、与职业活动紧密联系的（　　）的总和。
   A．道德原则和规范　　B．操作程序　　C．劳动技能　　D．思维习惯

2．（　　）是社会道德要求在职业生活中的具体体现。
   A．企业经营业绩　　　　　　B．企业发展战略
   C．员工的技术水平　　　　　D．职业道德

3．下列选项中属于职业道德基本特征的是（　　）。
   A．强制性　　　　　　　　　B．内容上的稳定性和连续性
   C．随意性　　　　　　　　　D．自发性

4．规章制度与职业道德规范不同的是规章制度是企业制定的，而职业道德规范是通过（　　）形成的。
   A．舆论　　　B．强制　　　C．会议　　　D．培训

5．千分尺是一种精密量具，其测量精度可达（　　）mm。
   A．0.1　　　B．0.01　　　C．0.001　　　D．0.005

6．内径百分表在汽车修理中主要用来测量发动机汽缸的（　　）。
   A．平面度、内径和圆度　　　B．同轴度和内径
   C．跳动量和圆度　　　　　　D．内径、圆度和圆柱度

7．凡是有扭紧力矩要求的螺栓或螺母，均需用（　　）扳手拧紧。
   A．开口　　　B．扭力　　　C．活动　　　D．梅花

8．汽缸压力表根据（　　）不同，分为汽油机汽缸压力表和柴油机汽缸压力表两种。
   A．长度　　　B．形状　　　C．材料　　　D．量程

9．选用扳手时，应尽量少用（　　）。
   A．梅花扳手　　B．扭力扳手　　C．套筒扳手　　D．活动扳手

10．举升机一般分为汽车（　　）和汽车整车举升机两种。
   A．部件举升机　　B．总成举升机　　C．局部举升机　　D．千斤顶

11．在以下划线工具中，（　　）是基准工具。
   A．划针　　　B．样冲　　　C．角尺　　　D．"V"型铁

12．錾子一般用优质碳素工具钢制成，刃口部分经（　　）处理。
   A．淬火+回火　　B．淬火+退火　　C．淬火+调质　　D．表面淬火

13．锯弓是用来装夹锯条的，它有固定式和（　　）两种。
   A．移动式　　　B．可拆式　　　C．可调式　　　D．整体式

14. 锉刀可分为普通锉、特种锉和（　　）三类。
    A. 平锉　　　　　　B. 方锉　　　　　　C. 三角锉　　　　　D. 整形锉
15. 丝锥一般用合金工具钢或高速钢制成，并经（　　）。
    A. 淬火处理　　　　B. 退火处理　　　　C. 正火处理　　　　D. 回火处理
16. 锯割时，一般应在工件的（　　）面上起锯。
    A. 最宽　　　　　　B. 最窄　　　　　　C. 任意　　　　　　D. 水平
17. 攻不通螺孔时，由于丝锥不能切到底，所以钻孔深度要（　　）螺纹长度。
    A. 小于　　　　　　B. 大于　　　　　　C. 等于　　　　　　D. 任意
18. 塑性是指金属材料在外力作用下，发生（　　）变形而不断裂的能力。
    A. 暂时性　　　　　B. 永久性　　　　　C. 弹性　　　　　　D. 稳定性
19. 疲劳是指金属零件长期在（　　）作用下工作，突然发生断裂的现象。
    A. 静载荷　　　　　B. 动载荷　　　　　C. 交变载荷　　　　D. 冲击载荷
20. 金属材料能够拉拔成线或能够碾轧成板的性能称为（　　）。
    A. 切削性　　　　　B. 延展性　　　　　C. 耐磨性　　　　　D. 渗透性
21. 与钢相比，铸铁工艺性能的突出特点是（　　）。
    A. 可焊性好　　　　B. 淬透性好　　　　C. 可铸性好　　　　D. 可锻性好
22. 钢化玻璃用普通平板玻璃或磨光玻璃经（　　）制成。
    A. 加热与淬火　　　B. 冷却　　　　　　C. 加钢铁　　　　　D. 回火
23. 机油牌号中，在数字后面带"W"字母的表示（　　）。
    A. 低温系列　　　　B. 普通系列　　　　C. 四季通用　　　　D. 多级油
24. 目前，常用的防冻液多属（　　），其中多加有防腐剂和染色剂，可以长期使用，所以称为长效防冻液。
    A. 酒精—水型　　　B. 甘油—水型　　　C. 乙二醇—水型　　D. 矿油型
25. 径向滑动轴承主要承受（　　）载荷。
    A. 滑动　　　　　　B. 推力　　　　　　C. 径向　　　　　　D. 轴向
26. 凝点用来表示柴油的（　　）性能。
    A. 着火　　　　　　B. 蒸发　　　　　　C. 低温流动　　　　D. 黏度
27. 图样是技术性文件，它能表达（　　）的意图。
    A. 生产者　　　　　B. 设计者　　　　　C. 使用者　　　　　D. 参观者
28. 国家标准规定，在图框内的（　　）应留出标题栏。
    A. 左下角　　　　　B. 右下角　　　　　C. 中间位置　　　　D. 任意位置
29. 零件的主视图反映了零件的（　　）。
    A. 长度和宽度　　　B. 宽度和高度　　　C. 长度和高度　　　D. 长度、宽度和高度
30. 一般零件图应包括标题栏、一组视图、完整的尺寸和（　　）四项内容。
    A. 检验要求　　　　B. 使用要求　　　　C. 技术要求　　　　D. 热处理要求
31. 表面粗糙度符号尖端必须（　　）。
    A. 从材料内指向表面　　　　　　　　　B. 从左指向右
    C. 从材料外指向表面　　　　　　　　　D. 从右指向左

32. 测量包括测量对象、计量单位、测量方法和（　　）四个要素。
    A. 测量结果　　　B. 测量器具　　　C. 测量误差　　　D. 测量精度
33. 无论位置公差基准代号的方向如何，其字母必须（　　）填写。
    A. 水平　　　　B. 垂直　　　　C. 水平或垂直　　　D. 任意
34. 配合是指（　　）相同的、相互结合的孔和轴公差带之间的关系。
    A. 基本尺寸　　B. 实际尺寸　　C. 极限尺寸　　　D. 作用尺寸
35. 液压传动利用（　　）来传递运动。
    A. 气体压力　　B. 液体压力　　C. 气体分子　　　D. 气体压强
36. 液压传动系统一般由动力元件、（　　）、控制元件和辅助元件组成。
    A. 流量控制阀　B. 方向控制阀　C. 压力控制阀　　D. 执行元件
37. 液压传动系统中，（　　）是动力元件。
    A. 液压泵　　　B. 液压缸　　　C. 液压控制阀　　D. 液压辅件
38. 汽车采用的液力变矩器属于（　　）液压传动。
    A. 动力式　　　B. 容积式　　　C. 压力式　　　　D. 体积式
39. 自卸车的举升系统属于（　　）液压传动。
    A. 动力式　　　B. 容积式　　　C. 压力式　　　　D. 体积式
40. 两只电阻串联时阻值为10Ω，并联时阻值为1.6Ω，则两只电阻阻值分别为（　　）。
    A. 2Ω和8Ω　　B. 3Ω和7Ω　　C. 4Ω和6Ω　　　D. 5Ω和5Ω
41. 1kWh电可供一只"220V、25W"的灯泡正常发光时间是（　　）h。
    A. 20　　　　　B. 25　　　　　C. 40　　　　　　D. 45
42. 一用电器测得其阻值是55Ω，使用时的电流为4A，则其供电线路的电压为（　　）V。
    A. 100　　　　B. 110　　　　C. 200　　　　　D. 220
43. 通电导体在磁场中受到磁场力的方向可用（　　）来确定。
    A. 右手定则　　B. 右手螺旋定则　C. 左手定则　　D. 欧姆定律
44. 三相绕组的三个空间位置间隔（　　）。
    A. 30°　　　　B. 60°　　　　C. 90°　　　　　D. 120°
45. 三极管的（　　）是用来表示三极管的电流放大能力的参数。
    A. 电流放大系数　B. 穿透电流　　C. 最大允许电流　D. 反向击穿电压
46. 半导体二极管按（　　）划分，可分为锗二极管和硅二极管两种。
    A. 结构　　　　B. 用途　　　　C. 基片材料　　　D. 尺寸
47. 解放CA1092型汽车中的1表示（　　）。
    A. 企业名称　　　　　　　　　　B. 车辆类别代号
    C. 载荷　　　　　　　　　　　　D. 自重
48. 国产汽车型号中，轿车的主参数代号为（　　）。
    A. 汽车长度　　B. 汽车总质量　C. 发动机排量　　D. 载客人数
49. 汽车通常由发动机、底盘、车身和（　　）四部分组成。
    A. 离合器　　　B. 变速器　　　C. 车轮　　　　　D. 电气设备
50. 底盘由传动系、行驶系、转向系和（　　）四部分组成。

A．燃油系　　　　B．制动系　　　　C．电气系　　　　D．冷却系
51．汽车满载时的最大爬坡能力称为（　　）。
　　A．最大爬坡度　　B．最小爬坡度　　C．爬坡度　　　　D．功率
52．车体前部突出点向前轮引的切线与地面的夹角，称为（　　）。
　　A．离去角　　　　B．接近角　　　　C．外倾角　　　　D．后倾角
53．活塞在汽缸内作往复直线运动时，活塞顶距离曲轴回转中心（　　）的极限位置，称为上止点。
　　A．最远　　　　　B．最近　　　　　C．中央　　　　　D．水平
54．发动机各汽缸（　　）的总和称为发动机排量。
　　A．工作容积　　　B．总容积　　　　C．燃烧室容积　　D．活塞行程
55．曲柄连杆机构的功用是把（　　）作用在活塞顶上的力转变为曲轴的转矩，并通过曲轴对外输出机械能。
　　A．气体　　　　　B．汽油　　　　　C．空气　　　　　D．燃烧气体
56．电控燃油喷射系统由空气供给系统、燃料供给系统和（　　）三个子系统组成。
　　A．冷却系统　　　B．控制系统　　　C．润滑系统　　　D．油泵系统
57．发动机润滑系统的功用是（　　）。
　　A．润滑　　　　　　　　　　　　　　B．冷却
　　C．润滑、冷却　　　　　　　　　　　D．润滑、冷却、清洁、密封
58．汽车传动系统的功用是将发动机发出的动力传给（　　）。
　　A．万向传动装置　B．离合器　　　　C．变速器　　　　D．驱动车轮
59．自动变速器主要由液力变矩器、（　　）、液压泵、控制系统等几部分组成。
　　A．齿轮变速器　　B．同步器　　　　C．压盘　　　　　D．分离叉
60．从离合器踏板到分离叉之间的各杆件统称为（　　）。
　　A．操纵机构　　　B．分离机构　　　C．压紧装置　　　D．从动部分
61．汽车主减速器的功用是（　　），在发动机纵置时还具有改变转矩方向的作用。
　　A．降速增矩　　　B．降速降矩　　　C．增速增矩　　　D．增速降矩
62．汽车悬架是（　　）与车桥之间的弹性传力装置。
　　A．车架　　　　　B．车轮　　　　　C．减震器　　　　D．车厢
63．转向系统的作用是实现汽车（　　）的改变和保持汽车稳定的行驶路线。
　　A．速度　　　　　B．动力　　　　　C．行驶方向　　　D．加速度
64．固定在汽车车轮上的旋转元件是（　　）。
　　A．制动盘　　　　B．制动块总成　　C．活塞　　　　　D．钳形支架
65．汽车发电机过载时，（　　）协助发电机向用电设备供电。
　　A．启动机　　　　B．点火线圈　　　C．分电器　　　　D．蓄电池
66．汽车交流发电机的（　　）是用来将定子绕组产生的三相交流电变为直流电的。
　　A．转子总成　　　B．电刷　　　　　C．整流器　　　　D．风扇
67．发动机启动后，启动机驱动齿轮与飞轮齿圈（　　）。
　　A．接合　　　　　B．脱离　　　　　C．半接合　　　　D．半脱离

第三章　中级汽车维修工鉴定指南

68．（　　）用来清除汽车风窗玻璃上的雨水、雪或尘土，以确保驾驶员能有良好的视线。
　　A．电动刮水器　　B．电动机　　　C．启动机　　　　D．电动窗
69．装有（　　）的汽车，驾驶员可通过遥控器或钥匙来控制所有车门及行李箱锁。
　　A．中央门锁　　　B．电动窗　　　C．电动机　　　　D．电动刮水器
70．翼板式空气流量传感器安装在发动机（　　）。
　　A．空气滤清器之前　　　　　　　B．空气滤清器和节气门之间
　　C．节气门之后　　　　　　　　　D．节气门之后、空气滤清器之前
71．负温度系数热敏电阻随温度升高阻值（　　）。
　　A．上升　　　　　B．下降　　　　C．不变　　　　　D．略为上升
72．执行器把从 ECU 传来的电信号转换为（　　）。
　　A．机械运动　　　B．化学运动　　C．分子运动　　　D．电子运动
73．步进电动机的转子用（　　）制成。
　　A．通电线圈　　　B．合金钢　　　C．合金铁　　　　D．永久磁铁
74．利用 EGR 系统，可减小汽车（　　）的排放。
　　A．CO　　　　　　B．HC　　　　　C．NO_X　　　　　D．炭烟
75．在配制电解液时，将（　　）中。
　　A．水慢慢倒入硫酸　　　　　　　B．硫酸慢慢倒入水
　　C．硫酸慢慢倒入盐酸　　　　　　D．盐酸慢慢倒入硫酸
76．空气滤清器的滤网堵塞，会加大汽车的（　　）排放量。
　　A．CO　　　　　　B．HC　　　　　C．NO_X　　　　　D．CO 和 HC
77．当发动机汽缸压力低时，会导致（　　）的含量增加。
　　A．CO　　　　　　B．HC　　　　　C．NO_X　　　　　D．CO 和 HC
78．产品质量是指产品（　　）。
　　A．性能　　　　　B．寿命　　　　C．可靠性　　　　D．好坏的优劣程度
79．全面质量管理的四个环节是（　　）。
　　A．PDCA　　　　　B．DPCA　　　　C．CDPA　　　　　D．ACDP
80．汽车大修后，其发动机的功率不得小于原车功率的（　　）。
　　A．90%　　　　　 B．80%　　　　 C．70%　　　　　 D．60%
81．（　　）决定了相关总成、部件和汽车的工作平衡程度。
　　A．振动　　　　　B．噪声　　　　C．总成清洁度　　D．动、静平衡程度
82．我国劳动法规定，禁止用人单位招聘未满（　　）周岁的未成年人。
　　A．16　　　　　　B．17　　　　　C．18　　　　　　D．19
83．产品质量法是调整在生产、流通和消费过程中因产品质量所发生的（　　）的法律规范的总和。
　　A．人际关系　　　　　　　　　　B．经济关系
　　C．企业与个人关系　　　　　　　D．企业与企业关系
84．消费者权益是指消费者在有偿获得商品或（　　）时所应得到的正当权利。
　　A．货物　　　　　B．生产资料　　C．接受服务　　　D．生活资料

85．对侵犯消费者合法权益的行为，可采取民事的、行政的和（　　）的手段来保护消费者的合法权益。
　　A．强制　　　　B．道德　　　　C．法律　　　　D．刑事
86．竣工检验合格的车辆，在维修企业填写好（　　）后，方可出厂。
　　A．《汽车动力性合格证》　　　　B．《汽车检测合格证》
　　C．《汽车维修出厂合格证》　　　D．《汽车维护竣工出厂合格证》
87．汽车二级维护前发动机汽缸漏气量检验仪指示的气压值应不大于（　　），否则应对发动机进行二级维护附加作业。
　　A．0.45MPa　　B．0.15MPa　　C．0.25MPa　　D．0.35MPa
88．二级维护前要对发动机的技术状况进行评定，需查阅技术档案，下列各项中不属于技术档案内容的是（　　）。
　　A．总成修理记录　B．检测记录　C．汽车动力性　D．车辆运行记录
89．下列各项中与发动机二级维护竣工检验技术要求不相符的是（　　）。
　　A．发动机能正常启动
　　B．发动机无负荷功率不小于额定值的70%
　　C．发动机低、中、高速运转均匀、稳定
　　D．发动机加速性能良好
90．发动机二级维护前，若各缸压力差大于各缸规定值的（　　），则需对发动机进行二级维护附加作业。
　　A．10%　　　　B．2%　　　　C．5%　　　　D．4%
91．汽缸漏气量检测仪用来测量充入汽缸内的压缩空气在压缩终了、活塞处于上止点时（此时进排气门均处于关闭状态）汽缸内压力的变化情况，其用来表征汽缸活塞组的（　　）。
　　A．耐磨性　　　B．磨损情况　　C．漏气量　　　D．密封性
92．气门座圈座孔的圆柱度误差应小于0.05mm，圆度误差应小于（　　）mm。
　　A．0.02　　　　B．0.03　　　　C．0.04　　　　D．0.05
93．用手工刮削的轴承要求接触面均匀，且接触面积不小于轴承总面积的（　　）。
　　A．85%　　　　B．55%　　　　C．65%　　　　D．75%
94．装配新活塞环时，首要问题是检查活塞环的（　　）。
　　A．侧隙　　　　B．端隙　　　　C．背隙　　　　D．弹力
95．曲轴主轴承的刮削是采用（　　）刮削的方法。
　　A．同时分次数　B．一次性　　　C．多次　　　　D．逐道多次
96．发动机有许多零件是铝制的，所以清洗时不应用有（　　）作用的清洗剂。
　　A．软化　　　　B．物理　　　　C．腐蚀　　　　D．化学
97．（　　）公差是指在轴线的同一垂直截面上实际圆所允许的最大变动量。
　　A．平行度　　　B．同轴度　　　C．圆度　　　　D．圆柱度
98．（　　）是指通过各种修理工艺，可恢复基本尺寸、几何形状和位置、力学性能及配合关系的零件。
　　A．报废件　　　B．可用件　　　C．合格件　　　D．待修件

99．曲轴变形主要利用（　　）及表架检测弯曲变形量和扭曲变形量。
　　A．外径千分尺　　B．内径千分尺　　C．百分表　　D．游标卡尺
100．在 GB 3801《汽车发动机汽缸体与汽缸盖修理技术条件》中规定：水冷式汽缸体与汽缸盖用（　　）MPa 的压力做持续 5min 水压试验，不得渗漏。
　　A．0.25～0.35　　B．0.35～0.45　　C．0.55～0.65　　D．0.65～0.75
101．在 GB 3803《汽车发动机凸轮轴修理技术条件》中规定：以两端支撑轴颈的公共轴线为基准，凸轮基圆的径向圆跳动公差后不大于（　　）mm。
　　A．0.04　　B．0.05　　C．0.06　　D．0.07
102．气门与座圈的密封环带正确位置应是（　　）。
　　A．靠近气门杆根部　　　　B．靠近气门头部
　　C．中部靠外　　　　　　　D．中部靠里
103．安装汽缸盖之前，要将曲轴转动到第一缸的（　　）位置。
　　A．压缩行程上止点　　　　B．做功行程下止点
　　C．上止点　　　　　　　　D．下止点
104．安装凸轮轴时，第一汽缸凸轮必须（　　）。
　　A．朝下　　B．朝上　　C．朝前　　D．朝后
105．汽缸体进行水压试验时，应用专用盖板封住水道口，用水压机加压至（　　）MPa 的压力，并保持 5min。
　　A．0.25～0.35　　B．0.35～0.45　　C．0.45～0.55　　D．0.55～0.65
106．汽缸体接合面局部金属凸起变形，如螺纹孔周围金属凸起，可采用（　　）修复。
　　A．车削法　　B．铲削法　　C．平面磨削法　　D．铣削法
107．在曲轴轴颈表面的油孔附近一般出现沿轴向延伸的（　　）。
　　A．纵向裂纹　　B．任意方向裂纹　　C．横向裂纹　　D．危害较大的裂纹
108．汽车发动机轴瓦在自由状态下并非正圆，要求轴瓦的曲率半径（　　）轴瓦座孔的半径。
　　A．大于　　B．小于　　C．等于　　D．不大于
109．镀铬的活塞环一般安装在第（　　）道活塞环槽内。
　　A．一　　B．二　　C．三　　D．四
110．关于曲轴的安装，下列叙述中正确的一项是（　　）。
　　A．轴承全部装复后，用手扳动曲柄臂，曲轴应能转动
　　B．安装曲轴油封时，油封与轴颈越紧越好，否则会造成漏油
　　C．曲轴轴颈与轴承之间的间隙要小，这样耐磨性能好，可延长发动机的使用寿命
　　D．曲轴止推片是用来限制曲轴轴向移动的，没有方向性，可以随便安装
111．安装喷油器时，注意不要损坏新更换的（　　），以免影响喷油器密封性。
　　A．O 形圈　　B．方形圈　　C．菱形圈　　D．弹性垫圈
112．空气流量计上的调整螺钉用于调整怠速时（　　）的含量。
　　A．CO_2　　B．HC　　C．CO　　D．NO
113．桑塔纳 2000 型轿车当发动机冷却液温度升至（　　）℃时，冷却风扇以 2800r/min

的高速运转。

　　　A．79~95　　　B．92~98　　　C．84~91　　　D．99~105

114．微机控制点火系统中，发动机转速信号用于计算确定（　　）。

　　　A．喷油时刻　　B．喷油时间　　C．点火提前角　　D．喷油压力

115．电控单元（ECU）通过计算（　　）大小来控制闭磁路式点火线圈一次绕组电流的切断时刻。

　　　A．点火提前角　　B．导通角　　C．喷油时刻　　D．曲轴转角

116．关于油电路引起的发动机启动困难故障原因，下列叙述中不正确的一项是（　　）。

　　　A．燃油压力太低　　　　　　　B．冷启动喷油器不工作

　　　C．缸套磨损严重　　　　　　　D．冷启动喷油器一直工作

117．关于油电路引起的发动机怠速不稳故障原因，下列叙述中错误的一项是（　　）。

　　　A．冷却液温度传感器信号不正确　　B．喷油器雾化不良、漏油或堵塞

　　　C．油路压力太低　　　　　　　　D．油门拉线太松

118．车辆行驶过程中水温表指针指向（　　）℃以上，冷却液沸腾，俗称发动机"开锅"。

　　　A．90　　　　　B．100　　　　C．110　　　　D．120

119．下列各项中不属于点火系统引起的发动机缺火故障原因的是（　　）。

　　　A．发动机启动困难　　　　　　B．个别高压分线漏电

　　　C．相邻两高压分线插错　　　　D．分电器盖个别旁插孔窜电

120．下列各项中不属于发动机爆震故障现象的是（　　）。

　　　A．发动机启动后即有振抖现象，转速越高，振抖越激烈

　　　B．发动机发出无节奏或低沉不清晰的敲击声，并且冒黑烟

　　　C．发动机发出清脆而有节奏的金属敲击声，急加速时声响更大，排气管冒黑烟

　　　D．次级电路电压太高

121．下列各项中不属于油电路引起的发动机功率不足故障原因的是（　　）。

　　　A．点火正时不当　　　　　　　B．空气流量计故障

　　　C．冷却液温度传感器故障　　　D．汽缸磨损

122．下列各项中不属于点火系统引起的排放超标故障原因的是（　　）。

　　　A．火花塞火花能量太小　　　　B．曲轴位置传感器有故障

　　　C．电控单元工作不正常　　　　D．发动机润滑油量过多

123．下列各项中不属于连杆主轴承异响故障原因的是（　　）。

　　　A．机油压力太小　　　　　　　B．连杆轴承合金脱落

　　　C．连杆轴承盖螺栓松动　　　　D．连杆主轴承与曲轴轴颈配合间隙过大

124．下列各项中不属于正时齿轮（或齿带、链条）异响故障原因的是（　　）。

　　　A．润滑效果太好　　　　　　　B．凸轮轴轴向间隙过大

　　　C．正时齿轮磨损严重　　　　　D．正时传动链条没有张紧

125．气门间隙过大，发动机怠速时在汽缸盖气门室处会发出连续不断的有节奏的"（　　）"异响。

　　　A．嗒嗒　　　　B．嘎啦　　　　C．哼当　　　　D．嚓嚓

126. 底盘二级维护前检测时，齿轮油中水分含量、含铁量和100℃运动黏度有（　　）不符合技术要求时，应更换齿轮油。
    A．一项　　　　B．二项　　　　C．三项　　　　D．一项或二项
127. 二级维护时，不能作为拆检离合器附加作业依据的是（　　）。
    A．离合器打滑　　　　　　　　B．离合器分离不彻底
    C．离合器接合不平顺　　　　　D．离合器自由行程过小
128. 底盘二级维护竣工检验时，对轮胎检验技术要求表述错误的是（　　）。
    A．载货汽车后轮不得使用翻新轮胎　　B．轮胎气压应符合规定
    C．后轮辋孔与制动鼓观察孔对齐　　　D．同轴轮胎应为相同规格和花纹
129. 前轮定位的四项参数是（　　）。
    A．主销后倾角γ、主销内倾角β、前轮侧滑值和前轮前束
    B．主销前倾角γ、主销外倾角β、前轮侧滑值和前轮前束
    C．主销后倾角γ、主销外倾角β、前轮内倾角α和前轮前束
    D．主销后倾角γ、主销内倾角β、前轮外倾角γ和前轮前束
130. 根据GB 7258—2004《机动车安全运行技术条件》对制动稳定性能要求，采用气压制动的机动车当气压升至600kPa且不使用制动的情况下，停止空气压缩机3min后，其气压的降低值应不大于（　　）。
    A．10kPa　　　B．20kPa　　　C．30kPa　　　D．50kPa
131. 国产8号液力传动油用于各种轿车和（　　）的自动变速器。
    A．载货汽车　　B．轻型客车　　C．内燃机车　　D．工程汽车
132. 离合器压盘工作平面沟槽深度超过（　　）mm或平面度超过0.12～0.20mm时应磨削修复。
    A．0.30　　　　B．0.50　　　　C．0.80　　　　D．1.00
133. 大修的离合器应在装车前与曲轴飞轮组一起进行（　　）试验。
    A．静平衡　　　　　　　　　　B．动平衡
    C．静平衡或动平衡　　　　　　D．平衡
134. 属于手动变速器变速传动机构组成零部件的是（　　）。
    A．拨叉轴　　　B．拨叉　　　　C．同步器　　　D．自锁互锁装置
135. 锁环式惯性同步器在换挡接合过程中，同步器处于锁止状态时，同步器拨环力矩与惯性力矩的关系是（　　）。
    A．拨环力矩大于惯性力矩　　　B．拨环力矩小于惯性力矩
    C．拨环力矩等于惯性力矩　　　D．拨环力矩与惯性力矩均为零
136. 不属于自动变速器换挡执行元件的是（　　）。
    A．单向离合器　B．离合器　　　C．制动器　　　D．液力变矩器
137. 自动变速器失速试验进行完一个挡位的试验后，不得立即进行下一挡位的试验，应在空挡或停车挡位运行（　　）左右时间。
    A．1min　　　　B．2min　　　　C．3min　　　　D．5min
138. 调整主减速器主、从动锥齿轮啮合印痕，要求齿高方向的接触印痕应不小于齿高

的（　　）。
　　A．50%　　　　B．55%　　　　C．60%　　　　D．65%

139．对双横臂式独立悬架汽车，减小上摆臂的伸出长度，则（　　）。
　　A．主销后倾角增大　　　　　B．主销后倾角减小
　　C．车轮外倾角增大　　　　　D．车轮外倾角减小

140．单向助势平衡鼓式车轮制动器制动轮缸的数量和形式为（　　）。
　　A．两个单向活塞制动轮缸　　B．两个双向活塞制动轮缸
　　C．一个单向活塞制动轮缸　　D．一个双向活塞制动轮缸

141．当踩下制动踏板，真空助力器起作用时，助力器真空阀、空气阀所处的状态为（　　）。
　　A．真空阀打开，空气阀打开　　B．真空阀关闭，空气阀打开
　　C．真空阀打开，空气阀关闭　　D．真空阀关闭，空气阀关闭

142．不是离合器异响故障原因的是（　　）。
　　A．分离轴承磨损严重、缺油或损坏
　　B．新换从动盘过厚
　　C．分离轴承回位弹簧过软、折断或脱落
　　D．从动盘铆钉松动或外露

143．不太可能导致传动轴高速抖振故障的是（　　）。
　　A．传动轴上的平衡块脱落　　　B．万向节、伸缩叉磨损松旷
　　C．中间支撑吊架固定螺栓松动　D．伸缩叉安装错位

144．汽车驱动桥上、下坡时都响，可能性最大的原因是（　　）。
　　A．驱动桥齿轮啮合间隙过小
　　B．驱动桥齿轮啮合间隙过大
　　C．半轴齿轮或行星齿轮的齿面严重磨损
　　D．齿轮轴承松旷或齿轮啮合印痕不当

145．会导致液压制动系统制动失效的是（　　）。
　　A．车架变形及前束不对　　　　B．主缸皮碗严重破裂
　　C．轮胎气压不足　　　　　　　D．两边轴距不等

146．轮胎两侧胎肩异常磨损，主要原因是（　　）。
　　A．轮胎充气压力过低　　　　　B．轮胎充气压力过高
　　C．前束过大　　　　　　　　　D．前束过小

147．空调系统工作时，制冷效果应良好，整个系统工作无异响。系统无泄露，高低压侧压力符合要求。在一般情况下，发动机转速为2000r/min，空调正常工作时，高压侧压力为（　　）。
　　A．0.37～0.67MPa　　　　　B．1.37～1.67MPa
　　C．3.7～16.7MPa　　　　　　D．5.8～16.7MPa

148．用示波仪检测点火高压时，应将示波仪（　　）插口与搭铁相连。
　　A．CH1　　　　B．COM　　　　C．电源　　　　D．E

149．下列选项中，（　　）不属于汽车二级维护前的检测项目。

A．点火电压检查　B．灯光检查　　C．制动器检查　D．点火提前角检查
150．储存时间过长的干式荷电蓄电池或 MF 蓄电池首次使用时应进行（　　）。
　　A．补充充电　　B．初充电　　　C．快速充电　　D．去硫化充电
151．发动机工作时，点火模块接收（　　）的信号，适时切断点火线圈初级回路，从而使次级线圈产生高压，使火花塞跳火。
　　A．配电器　　　B．信号发生器　C．点火线圈　　D．火花塞
152．当霍尔信号发生器的触发叶轮的叶片进入磁铁和磁轭之间时，通过霍尔元件的磁场被切断，霍尔电压为（　　）V。
　　A．1　　　　　B．0.2　　　　　C．9　　　　　　D．0
153．磁感应式信号发生器转子转动时，气隙发生变化而使得线圈中的（　　）发生变化，从而产生感应电压，并以此作为信号传送到点火模块来控制点火。
　　A．电动势　　　B．电压　　　　C．电流　　　　D．磁通量
154．下列选项中，（　　）不属于汽车二级维护竣工检测项目。
　　A．灯光、仪表、信号装置　　　　B．发电机、空调机皮带
　　C．发动机功率　　　　　　　　　D．启动机
155．启动机使用直流串激式电动机，其内部励磁绕组和电枢绕组（　　），在启动时能提供最大的扭矩，带动发动机转动。
　　A．短路　　　　B．并联　　　　C．串联　　　　D．断路
156．启动机使用（　　），其内部励磁绕组和电枢绕组串联，在启动时能提供最大的扭矩，带动发动机转动。
　　A．交流发电机　　　　　　　　　B．直流串激式电动机
　　C．交流电动机　　　　　　　　　D．直流并激式电动机
157．（　　）传动机构内装有减速齿轮，能进一步提高启动力矩。
　　A．加速启动机　B．减速启动机　C．直流发电机　D．直流电动机
158．启动机（　　）是指启动机不带负荷，接通电源，所测量启动机的空载转速和启动电流。
　　A．全制动性能　B．空载性能　　C．输出特性　　D．功率特性
159．蓄电池是汽车中除（　　）外的另一个重要电源。
　　A．交流发电机　B．启动机　　　C．直流发电机　D．磁电机
160．交流发电机电压调节器的作用是（　　）。
　　A．产生磁场　　　　　　　　　　B．保持发电机电压恒定
　　C．产生电动势　　　　　　　　　D．整流
161．当发电机的输出电压一定时，其输出电流与发电机转速之间的关系称为发电机（　　）特性。
　　A．空载　　　　B．输出　　　　C．外特性　　　D．功率
162．发电机高速运转时，如果突然失去负载，则其端电压会（　　）。
　　A．迅速升高　　B．不变　　　　C．减小　　　　D．迅速减小
163．空调系统的高压蒸气软管用于连接（　　）。

A．压缩机和冷凝器　　　　　　　B．冷凝器和蒸发器
C．蒸发器和压缩机　　　　　　　D．以上都不对

164．压缩机称为制冷循环系统的心脏。它将气态制冷剂压缩成高温、高压状态而输出到（　　）。

A．冷凝器　　　B．蒸发器　　　C．膨胀阀　　　D．积累器

165．现代汽车上常用的制冷剂主要是（　　）。

A．R12a　　　B．R134a　　　C．R13a　　　D．R12

166．电流表指针不停摆动或充电指示灯不停闪烁，则说明发电机（　　）。

A．充电电流过大　　　　　　　B．充电电流过小
C．充电电流不稳　　　　　　　D．无充电电流

167．发电机异响是指发电机工作时，发出（　　）声响。

A．哒哒　　　B．砰砰　　　C．嗡当　　　D．啪啪

168．启动电路中有线路接触不良或接线柱被氧化现象，将会导致启动机（　　）。

A．不能转动　　B．转动无力　　C．转动正常　　D．启动机打滑

169．发动机工作时，火花塞产生不规律跳火，跳火时断时续，发动机产生"游车"现象并产生（　　）烟。

A．白　　　B．青　　　C．蓝　　　D．黑

170．用启动机带动发动机转动，将点火线圈中央高压经进行试火实验，若无火，则说明（　　）。

A．低压无火　　B．高压无火　　C．蓄电池亏电　　D．以上都不对

171．发动机启动后，启动机不能脱离啮合，则故障原因可能是（　　）。

A．电磁开关中线圈断路　　　　　B．单向离合器打滑
C．单向离合器卡死　　　　　　　D．蓄电池电压不足

172．关闭点火开关和车上用电设备，用跨接线将喇叭继电器电源端子与喇叭接线端子跨接，若喇叭发响，则故障在（　　）。

A．电喇叭　　　　　　　　　　B．喇叭继电器
C．喇叭按钮连　　　　　　　　D．接线路断路

173．当空调制冷系统中制剂缺少使制冷系统压力过低时，（　　）自动断开，使压缩机停止工作。

A．高压保护开关　　　　　　　B．低压保护开关
C．A/C 开关　　　　　　　　　D．空调继电器

174．当环境温度低于10℃时，空调电路中的（　　）断开，空调压缩机不工作。

A．环境温度开关　　　　　　　B．低压保护开关
C．高压保护开关　　　　　　　D．A/C 开关

175．发动机工作时将点火正时枪的感应夹夹在某一根高压线上，变换车速，此时正时灯闪动中有间断现象，则说明该缸火花塞（　　）。

A．短路　　　B．工作正常　　　C．间歇性跳火　　　D．不工作

第三节 操作技能试题

试题1：检测发动机汽缸压缩压力

准备通知单

一、试题名称

检测发动机汽缸压缩压力

二、准备要求

（1）设备准备

序号	名称	规格	数量	备注
1	汽油发动机		1	能正常运转的四缸发动机

（2）工具准备

序号	名称	规格	数量	备注
1	汽油机汽缸压力表		1	
2	火花塞套筒		1	
3	工作服		1	

三、考场准备

1．考核场地整洁规范，无干扰。

2．安全防护齐全，且符合标准。

3．根据考核情况确定工位。

试 题 正 文

一、试题名称

检测发动机汽缸压缩压力

二、考核内容

1．准备工作。

2．操作过程。

3．使用工具。

4．安全及其他。

三、考核时限

1．准备工作 5min。

2．正式操作 20min。

3．计时从正式操作开始，至操作完毕。

4．超时 1min 从总分中扣 5 分，超时 3min 停止操作。

四、考核评分

1．监考员负责考场事务。

2. 满分为30分。
3. 考评员应具有本工种的实际操作经验,评分公正准确。
4. 考评员可根据考生所在装置的实际情况,对评分标准作适当调整。
5. 各项配分依难易程度、精度高低和重要程度制定。
6. 评分方法:按单项扣分、得分。

五、评分记录表

试题名称			检测发动机汽缸压缩压力			
序号	考核内容	考核要点	配分	评分标准	得分	备注
1	准备工作	穿戴劳保用品	1	未穿戴整齐扣1分		
		工具、用具准备	1	工具选择不正确扣1分		
2	操作程序	拆除全部火花塞和燃油泵继电器	3	操作方法不正确扣2分		
				操作不熟练扣1分		
3		检验汽缸压力表	3	检验方法不正确扣3分		
4		逐缸测量汽缸压力	12	测量方法不正确扣4分		
				读数不正确每次扣1分,共4分		
				每漏测一个扣1分,共4分		
5	复检	测完一次后,再复检一次取其平均值	8	检查方法不正确扣4分		
				每漏检一个扣1分,共4分		
6	使用工具	正确使用工具	1	工具使用不正确扣1分		
		正确维护工具	1	工具乱摆乱放扣1分		
7	安全及其他	按国家法规或企业规定		违规一次总分扣5分,严重违规停止操作		
		在规定时间内完成操作		超时1min总分扣5分,超时3min停止操作		
得 分						

评分人:　　　　年　月　日　　　　　　核分人:　　　　年　月　日

试题2:汽车解码器使用

准备通知单

一、试题名称

汽车解码器使用

二、准备要求

(1) 设备准备

序号	名称	规格	数量	备注
1	轿车	国内常见车型	1辆	技术状况良好
2	汽车解码器	国内常用品牌	1台	

（2）工具准备

序号	名称	规格	数量	备注
1	常用维修工具		1套	
2	工作服		1套	

三、考场准备

1. 考核场地整洁规范，无干扰。
2. 安全防护齐全，且符合标准。
3. 根据考核情况确定工位。

试 题 正 文

一、试题名称

汽车解码器使用

二、考核内容

1. 准备工作。
2. 操作过程。
3. 使用工具。
4. 安全及其他。

三、考核时限

1. 准备工作 5min。
2. 正式操作 20min。
3. 计时从正式操作开始，至操作完毕。
4. 超时 1min 从总分中扣 5 分，超时 3min 停止操作。

四、考核评分

1. 监考员负责考场事务。
2. 此题满分为 30 分。
3. 考评员应具有本工种的实际操作经验，评分公正准确。
4. 考评员可根据考生所在装置的实际情况，对评分标准作适当调整。
5. 各项配分依难易程度、精度高低和重要程度制定。
6. 评分方法：按单项扣分、得分。

五、评分记录表

试题名称		汽车解码器使用				
序号	考核内容	考核要点	配分	评分标准	得分	备注
1	准备工作	穿戴劳保用品	1	未穿戴整齐扣1分		
		工具、用具准备	1	工具选择不正确扣1分		
2	操作程序	解码器的连接	4	连接方法不正确扣4分		
3		利用解码器读取故障码	8	方法和步骤错误每次扣2分		
4		故障码的清除	4	清除方法错误扣4分		
5		利用解码器读取数据流	8	方法错误每次扣2分		
6		解码器的拆除	2	方法错误扣2分		
7	使用工具	正确使用工具	1	工具使用不正确扣1分		
		正确维护工具	1	工具乱摆乱放扣1分		
8	安全及其他	按国家法规或企业规定		违规一次总分扣5分，严重违规停止操作		
		在规定时间内完成操作		超时1min总分扣5分，超时3min停止操作		
		得　　分				

评分人：　　　　年　月　日　　　　　　　　核分人：　　　　年　月　日

试题3：车轮动平衡的检测

准备通知单

一、试题名称

车轮动平衡的检测

二、准备要求

（1）设备准备

序号	名称	规格	数量	备注
1	车轮动平衡仪	台	1	

（2）工具准备

序号	名称	规格	数量	备注
1	动平衡仪标配工具	套	1	
2	平衡块	块	若干	各种规格齐全

三、考场准备

1. 考核场地整洁规范，无干扰。
2. 安全防护齐全，且符合标准。
3. 根据考核情况确定工位。

试题正文

一、试题名称

车轮动平衡的检测

二、考核内容

1. 准备工作。
2. 操作过程。
3. 使用工具。
4. 安全及其他。

三、考核时限

1. 准备工作 5min。
2. 正式操作 20min。
3. 计时从正式操作开始,至操作完毕。
4. 超时 1min 从总分中扣 5 分,超时 3min 停止操作。

四、考核评分

1. 监考员负责考场事务。
2. 此题满分为 30 分。
3. 考评员应具有本工种的实际操作经验,评分公正准确。
4. 各项配分依难易程度、精度高低和重要程度制定。
5. 评分方法:按单项扣分、得分,单项配分扣完该单项得 0 分。

五、评分记录表

试题名称		车轮动平衡的检测				
序号	考核内容	考核要点	配分	评分标准	得分	备注
1	准备工作	穿戴工作服	2	未穿戴整齐扣 1 分		
		工具、用具准备		工具选择不正确扣 1 分		
2	检测前的准备工作	轮胎气压检查、轮胎表面清洁,在平衡仪上安装轮胎	7	未检查、清洁扣 3 分		
		检查平衡仪指示与控制装置是否正常		未检查扣 3 分		
3	检测	测量轮辋宽度 b,轮辋直径 d,轮辋边缘至机箱距离 a,并输入平衡仪	8	方法、输入错误扣 4 分		
		放下车轮防护罩,启动平衡仪检测,停机后用手转动轮胎找到不平衡位置,读出不平衡量		方法、读取、判断错误扣 4 分		
4	调整与复检	在相应轮辋位置安装合适的平衡块,复检、再调整直至车轮动平衡符合要求	10	调整方法错误扣 5 分		
				不复检扣 5 分		
5	安全文明生产	符合国家安全、环保规程,操作现场整洁,文明作业	3	每违规一项扣 1 分,扣完为止		

续表

试题名称		车轮动平衡的检测				
序号	考核内容	考核要点	配分	评分标准	得分	备注
6	其他	在规定时间内完成操作		超时1min总分扣5分,超时3min停止操作		
		无人身、设备事故		因违规操作发生重大人身和设备事故,此题按0分计		
得 分						

评分人：　　　　　年　月　日　　　　　　　　核分人：　　　　　年　月　日

试题4：组装活塞连杆组

准备通知单

一、试题名称

组装活塞连杆组

二、准备要求

（1）设备准备

序　号	名　称	规　格	数　量	备　注
1	电加热器		1套	

（2）工具准备

序　号	名　称	规　格	数　量	备　注
1	活塞环装卸钳		1把	
2	千分尺		1把	
3	机油壶		1个	
4	待组装的活塞、活塞销、活塞环、连杆		1套	
5	木锤		1个	
6	尖嘴钳		1把	
7	棉纱		若干	
8	工作服		1套	
9	手套		1双	

三、考场准备

1．考核场地整洁规范，无干扰。

2．安全防护齐全，且符合标准。

3．根据考核情况确定工位。

试 题 正 文

一、试题名称

组装活塞连杆组

二、考核内容

1．准备工作。

2．操作过程。

3．使用工具。

4．安全及其他。

三、考核时限

1．准备工作 5min。

2．正式操作 20min。

3．计时从正式操作开始，至操作完毕。

4．超时 1min 从总分中扣 5 分，超时 3min 停止操作。

四、考核评分

1．监考员负责考场事务。

2．满分为 35 分。

3．考评员应具有本工种的实际操作经验，评分公正准确。

4．考评员可根据考生所在装置的实际情况，对评分标准作适当调整。

5．各项配分依难易程度、精度高低和重要程度制定。

6．评分方法：按单项扣分、得分。

五、评分记录表

试题名称			组装活塞连杆组				
序号	考核内容	考核要点		配分	评分标准	得分	备注
1	准备工作	穿戴劳保用品		1	未穿戴整齐扣 1 分		
		工具、用具准备		1	工具选择不正确扣 1 分		
2	操作程序	活塞销装配	加热活塞	21	未检测活塞销扣 5 分，未涂抹机油扣 3 分，未按正确方向安装扣 6 分，卡环与活塞销间隙调整不当扣 7 分		
3			检测活塞销				
4			涂抹机油按正确方向装配活塞销				
5			安装活塞销卡环				
6		安装活塞环		10	安装顺序不对 6 分，操作不正确扣 2 分，操作不熟练扣 2 分		
7	使用工具	正确使用工具		1	工具使用不正确扣 1 分		
		正确维护工具		1	工具乱摆乱放扣 1 分		
8	安全及其他	按国家法规或企业规定			违规一次总分扣 5 分，严重违规停止操作		
		在规定时间内完成操作			超时 1min 总分扣 5 分，超时 3min 停止操作		
得 分							

评分人：　　　　　　年　月　日　　　　　　核分人：　　　　　　年　月　日

试题 5：检修制动主缸和轮缸

准备通知单

一、试题名称

检修制动主缸和轮缸

二、准备要求

（1）设备准备

序 号	名　称	规　格	数　量	备　注
1	液压制动系统制动主缸、轮缸	只	各1	

（2）工具准备

序 号	名　称	规　格	数　量	备　注
1	常用拆装工具	套	1	
2	塞尺、游标卡尺、内径千分尺	把	各1	
3	酒精、制动液			
4	洗盆、毛刷等			
5	备用皮碗、活塞等配件			

三、考场准备

1．考核场地整洁规范，无干扰。

2．安全防护齐全，且符合标准。

3．根据考核情况确定工位。

试 题 正 文

一、试题名称

检修制动主缸和轮缸

二、考核内容

1．准备工作。

2．操作过程。

3．使用工具。

4．安全及其他。

三、考核时限

1．准备工作 5min。

2．正式操作 25min。

3．计时从正式操作开始，至操作完毕。

4．超时 1min 从总分中扣 5 分，超时 3min 停止操作。

四、考核评分

1．监考员负责考场事务。

第三章　中级汽车维修工鉴定指南

2．此题满分为 35 分。
3．考评员应具有本工种的实际操作经验，评分公正准确。
4．各项配分依难易程度、精度高低和重要程度制定。
5．评分方法：按单项扣分、得分，单项配分扣完该单项得 0 分。

五、评分记录表

试题名称			检修制动主缸和轮缸			
序号	考核内容	考核要点	配分	评分标准	得分	备注
1	准备工作	穿戴工作服	2	未穿戴整齐扣1分		
		工具、用具准备		工具选择不正确扣1分		
2	制动主缸检修	分解主缸，用酒精清洗各零件，检查、检测、鉴定技术状况，确定修理技术措施	10	检测方法不正确每次扣1分，检测结果与鉴定不正确每项扣1分，修理方法错误每次扣1分		
3	制动主缸装配	注意补偿孔和回油孔一定要保持畅通，缸筒、活塞、皮碗用制动液清洗干净并涂上制动液，装后检查活塞是否灵活回位	8	每出现一次操作错误扣2分		
4	制动轮缸的检修	分解轮缸，用酒精清洗各零件，检查、检测、鉴定技术状况，确定修理技术措施	8	检测方法不正确每次扣1分，检测结果与鉴定不正确每项扣1分，修理方法错误每次扣1分		
5	制动轮缸装配	缸筒、活塞、皮碗用制动液清洗干净，涂上制动液，组装	4	每出现一次操作错误扣1分		
6	安全文明生产	符合国家安全、环保规程，操作现场整洁，文明作业	3	每违规一项扣1分，配分扣完为止		
7	其他	在规定时间内完成操作		超时1min总分扣5分，超时3min停止操作		
		无人身、设备事故		因违规操作发生重大人身和设备事故，此题按0分计		
得　分						

评分人：　　　　年　月　日　　　　　　　核分人：　　　　年　月　日

试题6：交流发电机整体检测

准备通知单

一、试题名称
交流发电机整体检测
二、准备要求
（1）设备准备

序号	名称	规格	数量	备注
1	普通交流发电机	国内常见车型发电机	1台	
2	整体式交流发电机	国内常见车型发电机	1台	

（2）工具准备

序号	名称	规格	数量	备注
1	常用维修工具		1套	
2	万用表	汽车专用万用表	1个	
3	工作服		1套	

三、考场准备

1．考核场地整洁规范，无干扰。

2．安全防护齐全，且符合标准。

3．根据考核情况确定工位。

试 题 正 文

一、试题名称

交流发电机整体检测

二、考核内容

1．准备工作。

2．操作过程。

3．使用工具。

4．安全及其他。

三、考核时限

1．准备工作 5min。

2．正式操作 20min。

3．计时从正式操作开始，至操作完毕。

4．超时 1min 从总分中扣 5 分，超时 3min 停止操作。

四、考核评分

1．监考员负责考场事务。

2．此题满分为 35 分。

3．考评员应具有本工种的实际操作经验，评分公正准确。

4．考评员可根据考生所在装置的实际情况，对评分标准作适当调整。

5．各项配分依难易程度、精度高低和重要程度制定。

6．评分方法：按单项扣分、得分。

五、评分记录表

试题名称		交流发电机整体检测				
序号	考核内容	考核要点	配分	评分标准	得分	备注
1	准备工作	穿戴劳保用品	1	未穿戴整齐扣1分		
		工具、用具准备	1	工具选择不正确扣1分		
2	操作程序	普通交流发电机检测	12	检查方法和程序不正确扣3~6分		
				检查结果不正确扣3~6分		
3		整体式交流发电机检测	12	检查方法和程序不正确扣3~6分		
				检查结果不正确扣3~6分		
4		根据检测结果判断发电机技术状况	7	口述结果不正确或不全面扣3~7分		
5	使用工具	正确使用工具	1	工具使用不正确扣1分		
		正确维护工具	1	工具乱摆乱放扣1分		
6	安全及其他	按国家法规或企业规定		违规一次总分扣5分,严重违规停止操作		
		在规定时间内完成操作		超时1min总分扣5分,超时3min停止操作		
		得 分				

评分人：　　　　年　月　日　　　　　　核分人：　　　　年　月　日

试题7：空调系统制冷剂充注

准备通知单

一、试题名称

空调系统制冷剂充注

二、准备要求

（1）设备准备

序号	名称	规格	数量	备注
1	轿车	国内常见车型	1辆	

（2）工具准备

序号	名称	规格	数量	备注
1	常用维修工具		1套	
2	真空泵		1只	
3	高低压压力表		1只	
4	制冷剂		若干	
5	工作服		1套	

三、考场准备

1. 考核场地整洁规范，无干扰。

2. 安全防护齐全，且符合标准。
3. 根据考核情况确定工位。

试 题 正 文

一、试题名称

空调系统制冷剂充注

二、考核内容

1. 准备工作。
2. 操作过程。
3. 使用工具。
4. 安全及其他。

三、考核时限

1. 准备工作 5min。
2. 正式操作 20min。
3. 计时从正式操作开始，至操作完毕。
4. 超时 1min 从总分中扣 5 分，超时 3min 停止操作。

四、考核评分

1. 监考员负责考场事务。
2. 此题满分为 35 分。
3. 考评员应具有本工种的实际操作经验，评分公正准确。
4. 考评员可根据考生所在装置的实际情况，对评分标准作适当调整。
5. 各项配分依难易程度、精度高低和重要程度制定。
6. 评分方法：按单项扣分、得分。

五、评分记录表

试题名称		空调系统制冷剂充注			
序号	考核内容	考核要点	配分	评分标准	得分	备注
1	准备工作	穿戴劳保用品	1	未穿戴整齐扣 1 分		
		工具、用具准备	1	工具选择不正确扣 1 分		
2	操作过程	空调系统结构指认	8	每错一处扣 2 分		
3		系统抽真空	8	每错一处扣 2 分		
4		制冷剂充注	12	每错一处扣 2 分		
5		检查空调工作效果	3	没有检查扣 3 分		
6	使用工具	正确使用工具	1	工具使用不正确扣 1 分		
		正确维护工具	1	工具乱摆乱放扣 1 分		
7	安全及其他	按国家法规或企业规定		违规一次总分扣 5 分，严重违规停止操作		
		在规定时间内完成操作		超时 1min 总分扣 5 分，超时 3min 停止操作		
得 分						

评分人：　　　　　年　月　日　　　　　　　核分人：　　　　　年　月　日

试题8：诊断排除发动机有着火征兆的启动困难故障

准备通知单

一、试题名称

诊断排除发动机有着火征兆的启动困难故障

二、准备要求

（1）设备准备

序号	名称	规格	数量	备注
1	卡罗拉汽车		1辆	相关车型均可

（2）工具准备

序号	名称	规格	数量	备注
1	常用维修工具		1套	
2	数字万用表		1个	
3	工作服		1套	

三、考场准备

1．考核场地整洁规范，无干扰。

2．安全防护齐全，且符合标准。

3．根据考核情况确定工位。

试 题 正 文

一、试题名称

诊断排除发动机有着火征兆的启动困难故障

二、考核内容

1．准备工作。

2．操作过程。

3．使用工具。

4．安全及其他。

三、考核时限

1．准备工作5min。

2．正式操作20min。

3．计时从正式操作开始，至操作完毕。

4．超时1min从总分中扣5分，超时3min停止操作。

四、考核评分

1．监考员负责考场事务。

2．此题满分为35分。

3．考评员应具有本工种的实际操作经验，评分公正准确。

4．考评员可根据考生所在装置的实际情况，对评分标准作适当调整。

5．各项配分依难易程度、精度高低和重要程度制定。

6．评分方法：按单项扣分、得分。

五、评分记录表

试题名称			诊断排除发动机有着火征兆的启动困难故障			
序号	考核内容	考核要点	配分	评分标准	得分	备注
1	准备工作	穿戴劳保用品	1	未穿戴整齐扣1分		
		工具、用具准备	1	工具选择不正确扣1分		
2	操作程序	根据发动机故障现象，查找发动机无法启动的原因	15	检查方法错扣5分		
				检查程序错扣5分		
				检查结果错扣5分		
3		确定故障部位（口述）	3	确定错误扣3分		
4		故障排除	10	不能排除扣10分		
				不能完全排除酌情扣分		
5		验证排除效果	3	没验证扣3分		
				验证方法不当酌情扣分		
6	使用工具	正确使用工具	1	工具使用不正确扣1分		
		正确维护工具	1	工具乱摆乱放扣1分		
7	安全及其他	按国家法规或企业规定		违规一次总分扣5分，严重违规停止操作		
		在规定时间内完成操作		超时1min总分扣5分，超时3min停止操作		
			得分			

评分人：　　　　　　年　月　日　　　　　　核分人：　　　　　　年　月　日

试题9：诊断排除传动轴高速振动故障

准备通知单

一、试题名称

诊断排除传动轴高速振动故障

二、准备要求

（1）设备准备

序号	名称	规格	数量	备注
1	解放CA1092汽车	辆	1	视情况考虑使用其他后驱车型（设置相应故障）

（2）工具准备

序号	名称	规格	数量	备注
1	常用拆装工具	套	1	

三、考场准备

1．考核场地整洁规范，无干扰。

2. 安全防护齐全,且符合标准。
3. 根据考核情况确定工位。
4. 将汽车后轿可靠支离地面,前轮用三角木塞住。

试 题 正 文

一、试题名称

诊断排除传动轴高速振动故障

二、考核内容

1. 准备工作。
2. 操作过程。
3. 使用工具。
4. 安全及其他。

三、考核时限

1. 准备工作 5min。
2. 正式操作 20min。
3. 计时从正式操作开始,至操作完毕。
4. 超时 1min 从总分中扣 5 分,超时 3min 停止操作。

四、考核评分

1. 监考员负责考场事务。
2. 此题满分为 35 分。
3. 考评员应具有本工种的实际操作经验,评分公正准确。
4. 各项配分依难易程度、精度高低和重要程度制定。
5. 评分方法:按单项扣分、得分,单项配分扣完该单项得 0 分。

五、评分记录表

试题名称				诊断排除传动轴高速振动故障		
序号	考核内容	考核要点	配分	评分标准	得分	备注
1	准备工作	穿戴工作服	2	未穿戴整齐扣 1 分		
		工具、用具准备		工具选择不正确扣 1 分		
2	故障现象	口述故障现象	5	对现象口述错误扣 5 分,不完整酌情扣分		
3	故障原因	口述故障原因	5	对原因口述错误扣 5 分,不完整酌情扣分		
4	故障诊断排除	验证故障是否真实存在	20	没有验证扣 5 分,方法错误扣 3 分		某些故障设置困难,假设故障存在,诊断排除故障的某些环节可采取口述方式
		诊断故障,确定故障所在		诊断思路、程序错误扣 5 分		
		排除故障		排除方法错误、未能排除故障扣 5 分		
		验证排除效果		没有验证扣 5 分		

续表

试题名称		诊断排除传动轴高速振动故障				
序号	考核内容	考核要点	配分	评分标准	得分	备注
5	安全文明生产	符合国家安全、环保规程，操作现场整洁，文明作业	3	每违规一项扣1分，配分扣完为止		
6	其他	在规定时间内完成操作		超时1min总分扣5分，超时3min此题计0分		
		无人身、设备事故		因违规操作发生重大人身和设备事故，此题按0分计		
得 分						

评分人：　　　　　　年　月　日　　　　　　　　核分人：　　　　　　年　月　日

试题10：诊断排除空调压缩机不转故障

准备通知单

一、试题名称

诊断排除空调压缩机不转故障

二、准备要求

（1）设备准备

序　号	名　称	规　格	数　量	备　注
1	轿车	国内常见车型	1辆	手动空调

（2）工具准备

序　号	名　称	规　格	数　量	备　注
1	常用维修工具		1套	
2	高低压压力表		1个	
3	万用表		1个	
4	真空泵		1个	
5	制冷剂		若干	
6	工作服		1套	

三、考场准备

1．考核场地整洁规范，无干扰。

2．安全防护齐全，且符合标准。

3．根据考核情况确定工位。

试题正文

一、试题名称

诊断排除空调压缩机不转故障

二、考核内容

1. 准备工作。
2. 操作过程。
3. 使用工具。
4. 安全及其他。

三、考核时限

1. 准备工作 5min。
2. 正式操作 20min。
3. 计时从正式操作开始,至操作完毕。
4. 超时 1min 从总分中扣 5 分,超时 3min 停止操作。

四、考核评分

1. 监考员负责考场事务。
2. 此题满分为 35 分。
3. 考评员应具有本工种的实际操作经验,评分公正准确。
4. 考评员可根据考生所在装置的实际情况,对评分标准作适当调整。
5. 各项配分依难易程度、精度高低和重要程度制定。
6. 评分方法:按单项扣分、得分。

五、评分记录表

试题名称			诊断排除空调压缩机不转故障			
序号	考核内容	考核要点	配分	评分标准	得分	备注
1	准备工作	穿戴劳保用品	1	未穿戴整齐扣 1 分		
		工具、用具准备	1	工具选择不正确扣 1 分		
2	操作程序	观察故障现象并分析其产生原因	5	没有观察扣 2 分,口述分析故障原因不正确或不全面扣 2～5 分		
3		故障诊断	14	诊断程序不正确扣 4 分		
				诊断方法不正确扣 4 分		
				诊断结果错误扣 4 分		
4		口述故障产生原因	2	口述错误扣 2 分		
5		故障排除	8	不能排除扣 8 分		
6		排除验证效果	2	没有验证扣 2 分		
7	使用工具	正确使用工具	1	工具使用不正确扣 1 分		
		正确维护工具	1	工具乱摆乱放扣 1 分		
8	安全及其他	按国家法规或企业规定		违规一次总分扣 5 分,严重违规停止操作		
		在规定时间内完成操作		超时 1min 总分扣 5 分,超时 3min 停止操作		
得 分						

评分人:　　　　　　年　月　日　　　　　　核分人:　　　　　　年　月　日

第四节 模 拟 试 卷

一、理论知识模拟试卷

模拟试卷（一）

（一）判断题

1．职业道德是指从事一定职业的人们，在长期职业活动中形成的操作技能。（ ）
2．爱岗敬业作为职业道德的内在要求，指的是员工要热爱自己喜欢的工作岗位。（ ）
3．尊师爱徒是集体主义原则在汽车维修职业道德中的具体体现。（ ）
4．百分表作为精密量具，在测量时能直接读出被测工件的实际尺寸大小。（ ）
5．使用样冲时，首先应使样冲向外倾斜，使样冲对准线中部，然后将样冲摆正，用手锤轻打样冲顶部。（ ）
6．立体图富有立体感，给人一种直观的感觉，可直接用来生产零件。（ ）
7．通电导体与磁场平行时，导体所受的电磁力最大。（ ）
8．汽车万向传动装置一般由万向节、支撑轴组成。（ ）
9．捷达轿车发动机二级维护作业完成后，冷却液温度高于 70℃热敏开关接通；冷却液温度低于 70℃热敏开关关闭。（ ）
10．发动机排放超标时，排气管冒白烟。（ ）
11．底盘二级维护前检测时，齿轮油中水分含量、含铁量和 100℃运动黏度有一项不符合技术要求时，应更换齿轮油。（ ）
12．润滑油过稀是导致离合器异响的原因之一。（ ）
13．霍尔电压值很小，约为 20mV。需经电路放大后（放大后约为 90mV）才能作为控制信号输出。（ ）
14．启动继电器触点烧结，将会导致启动机不工作。（ ）
15．有些发动机具有怠速安全装置，当空调压缩机不工作时，可适当调高发动机怠速。（ ）
16．为了消除曲轴的弯曲振动，在曲轴前端装有扭转减振器。（ ）
17．微机控制点火系统中，当发动机启动、怠速或汽车滑行工况时，设有专门的控制程序和控制方式进行控制。（ ）
18．锁环式惯性同步器在换挡接合时，当同步器处于锁止状态时，同步器拨环力矩小于惯性力矩。（ ）
19．自动变速器时滞试验时，若 N→D 延时时间过长，则可能是油路油压过低。（ ）
20．启动机电磁开关内有吸拉线圈和保位线圈，当启动电路接通时，吸拉线圈和保位线圈产生吸力，驱动主触盘与主接线柱接合，接通启动机主电路。同时，驱动拨叉工作，使单向离合器与发动机相啮合。（ ）

（二）单项选择题

1. 下列选项中属于职业道德基本特征的是（　　）。
   A．强制性　　　　　　　　　　B．内容上的稳定性和连续性
   C．随意性　　　　　　　　　　D．自发性
2. 在服务过程中，为用户提供（　　）是汽车维修职业守则的首要内容。
   A．快速服务　　B．优质服务　　C．维修服务　　D．技术服务
3. 锯弓是用来装夹锯条的，它有固定式和（　　）两种。
   A．移动式　　　B．可拆式　　　C．可调式　　　D．整体式
4. 疲劳是指金属零件长期在（　　）作用下工作，突然发生断裂的现象。
   A．静载荷　　　B．动载荷　　　C．交变载荷　　D．冲击载荷
5. （　　）具有良好的机械安定性、胶体安定性、防锈性、氧化安定性和抗水性，适用在30～120℃温度范围内使用。
   A．钙基润滑脂　　　　　　　　B．钠基润滑脂
   C．通用锂基润滑脂　　　　　　D．极压复合锂基润滑脂
6. 假想将机件的倾斜部分旋转到与某一选定的基本投影面平行后，再向该投影面投影所得到的视图称为（　　）。
   A．基本视图　　B．斜视图　　　C．局部视图　　D．旋转视图
7. 一用电器测得其阻值为55Ω，使用时的电流为4A，则其供电线路的电压为（　　）V。
   A．100　　　　B．110　　　　C．200　　　　D．220
8. 乘用车包括驾驶员座位在内最多不超过（　　）座位。
   A．5个　　　　B．16个　　　　C．6个　　　　D．9个
9. 柴油机进气冲程中进入汽缸的是（　　）。
   A．混合气　　　B．纯空气　　　C．雾状柴油　　D．CO气体
10. 汽车传动系统的功用是将发动机发出的动力传给（　　）。
    A．万向传动装置　B．离合器　　　C．变速器　　　D．驱动车轮
11. 汽车三相交流发电机的（　　）是用来产生磁场的。
    A．转子总成　　B．定子总成　　C．整流器　　　D．电压调节器
12. （　　）是评价修复层质量的基本指标。
    A．修复层的接合强度　　　　　B．静平衡程度
    C．装配精度　　　　　　　　　D．振动
13. 竣工检验合格的车辆，在维修企业填写好（　　）后，方可出厂。
    A．《汽车动力性合格证》　　　B．《汽车检测合格证》
    C．《汽车维修出厂合格证》　　D．《汽车维护竣工出厂合格证》
14. 下列各项中与发动机二级维护竣工检验技术要求不相符的是（　　）。
    A．发动机无负荷功率不小于额定值的70%
    B．发动机能正常启动
    C．发动机低、中、高速运转均匀、稳定
    D．发动机加速性能良好

15．二级维护完成后，捷达轿车发动机以（　　）r/min 转速运转 2min，配气机构不应有异响。

　　A．3000　　　　　B．2700　　　　　C．2900　　　　　D．2800

16．曲轴主轴承的刮削采用（　　）刮削的方法。

　　A．同时分次　　　B．一次性　　　　C．多次　　　　　D．逐道多次

17．关于油电路引起的发动机启动困难故障现象，下列叙述中不正确的一项是（　　）。

　　A．需要连续多次转动启动机才能启动

　　B．启动发动机时能听到启动发动机空转的声响

　　C．有着明显车征兆而不能启动

　　D．发动机启动时曲轴转动速度正常，但需要较长时间才能启动

18．关于油电路引起的发动机怠速不稳故障现象，下列叙述中不正确的一项是（　　）。

　　A．发动机怠速运转时，转速过高　　B．热车时发动机易熄火

　　C．发动机低速运转时排气管放炮　　D．冷车时发动机易熄火

19．下列各项中不属于发动机过热故障原因的是（　　）。

　　A．环境温度高，顺风方向低速行车时间过长

　　B．节温器损坏

　　C．水泵皮带打滑或断裂

　　D．汽车高速行驶

20．下列各项中不属于点火系统引起的发动机缺火故障现象的是（　　）。

　　A．发动机噪声增大

　　B．发动机怠速时易熄火

　　C．火花塞电极有油污

　　D．发动机运转不平稳，振动大，转速低时尤为明显

21．下列各项中不属于发动机爆震故障原因的是（　　）。

　　A．排气管漏气　　　　　　　　　　B．喷油器滴漏

　　C．喷油时刻过早　　　　　　　　　D．发动机支撑位置不当

22．下列各项中不属于油电路引起的发动机功率不足故障原因的是（　　）。

　　A．燃油压力过低　　　　　　　　　B．喷油器堵塞或雾化不良

　　C．机油滤清器堵塞　　　　　　　　D．高压火花太弱

23．关于点火系统引起的排放超标故障现象，下列各项中正确的一项是（　　）。

　　A．发动机运转不平稳，振动大

　　B．发动机发出清脆而有节奏的金属敲击声，急加速时声响更大

　　C．发动机动力良好，但耗油量过大，加速时排气管冒黑烟

　　D．机油压力下降

24．下列各项中不属于正时齿轮（或齿带、链条）异响故障原因的是（　　）。

　　A．正时齿轮啮合间隙过大　　　　　B．正时齿轮润滑不良

　　C．正时传动链条没有张紧　　　　　D．正时齿轮啮合间隙偏小

25．气门弹簧折断，发动机怠速时在汽缸盖气门室处会发出"（　　）"异响。

A．唔唔　　　B．嘎嘎　　　C．嗒嗒　　　D．嚓嚓
26．二级维护时不能作为拆检变速器附加作业依据的是（　　）。
A．变速器异响　　　　　　　　B．变速器乱挡、跳挡
C．离合器分离不彻底导致挂挡困难　　D．变速器换挡困难
27．前轮定位的四项参数是（　　）。
A．主销后倾角γ、主销外倾角β、前轮外倾角α和前轮前束
B．主销前倾角γ、主销外倾角β、前轮外倾角α和前轮前束
C．主销后倾角γ、主销内倾角β、前轮外倾角α和前轮前束
D．主销后倾角γ、主销内倾角β、前轮后倾角α和前轮前束
28．根据 GB7258—2004《机动车安全运行技术条件》对制动稳定性能要求，汽车、无轨电车和四轮农用运输车的行车制动必须采用双管路或多管路，当部分管路失效时，剩余制动效能仍能保持原规定值的（　　）以上。
A．20%　　　B．30%　　　C．40%　　　D．50%
29．拆卸奥迪 100 型轿车手动变速器的输入轴总成，下列各拆卸顺序中正确的一项是（　　）。
①拆下轴用弹性挡圈，拆下三挡主动齿轮及轴承。
②拆下轴用弹性挡圈、拆下同步器啮合套、同步器齿毂、同步器弹簧和同步环。
③拆下四挡主动齿轮及轴承、四挡同步器同步环和同步器弹簧。
④拆下轴用弹性挡圈，用压床或顶拔器拆下五挡主动齿轮。
A．①②③④　　B．③①④②　　C．①③④②　　D．④③②①
30．以下选项中不会导致离合器异响的是（　　）。
A．分离轴承磨损严重、缺油或损坏　　B．分离轴承回位弹簧过软、折断或脱落
C．新换从动盘过厚　　　　　　　　　D．从动盘铆钉松动或外露
31．以下选项中不会导致手动变速器异响的是（　　）。
A．齿轮牙齿磨损过甚　　　　　B．自锁钢球磨损过甚
C．润滑油过稀　　　　　　　　D．齿面啮合不良
32．不会导致传动轴异响故障的是（　　）。
A．传动轴管凹陷　　　　　　　B．万向节轴承磨损严重
C．传动轴弯曲　　　　　　　　D．主减速器轴承预紧度过大
33．不会导致转向沉重故障的是（　　）。
A．轮胎气压不足　　　　　　　B．转向节与主销配合过紧
C．转向节与主销配合处缺油　　D．转向节与主销松旷
34．不会导致制动跑偏的是（　　）。
A．单边制动器油污　　　　　　B．单边制动器进水
C．左、右车轮制动器间隙过大　D．左、右车轮制动鼓变形和磨损程度不一
35．会导致液压制动系统制动失效的是（　　）。
A．转向节与主销松旷　　　　　B．左、右车轮制动蹄摩擦片严重磨损
C．轮毂轴承松旷　　　　　　　D．主缸皮碗严重破裂

36．不会导致减震器失效的故障原因是（　　）。
　　A．减震器油量不足　　　　　　B．减震器渗入空气
　　C．减震器密封阀门密封不良　　D．减震器油量过多
37．若车轮摆振随车速提高而增大，可能的故障原因应是（　　）。
　　A．轮辋变形　　B．车桥发生弯曲　C．转向器松旷　D．悬架装置出现故障
38．轮胎两侧胎肩异常磨损，主要原因是（　　）。
　　A．轮胎充气压力过低　　　　　B．轮胎充气压力过高
　　C．前束过大　　　　　　　　　D．前束过小
39．空调系统工作时，制冷效果应良好，整个系统工作无异响。系统无泄露，高低侧压力符合要求。一般，发动机转速为 2000r/min，空调正常工作时，高压侧压力为（　　）MPa。
　　A．0.37～0.67　B．1.37～1.67　C．3.7～16.7　D．5.8～16.7
40．下列选项中，（　　）不属于汽车二级维护前的检测项目。
　　A．点火电压检查　B．灯光检查　C．制动器检查　D．点火提前角检查
41．发动机工作时，点火模块接收信号发生器的信号，适时切断点火线圈初级回路，从而使次级线圈产生高压，使（　　）跳火。
　　A．传感器　　　B．分电器　　　C．火花塞　　　D．点火线圈
42．电流表指针不停摆动或充电指示灯不停闪烁，则说明发电机（　　）。
　　A．充电电流过大　　　　　　　B．充电电流过小
　　C．充电电流不稳　　　　　　　D．无充电电流
43．发电机（　　），将会导致发电机产生异响。
　　A．装配不当　　B．皮带断裂　　C．电压过高　　D．电压过低
44．启动机电磁开关（　　），将会导致启动机启动无力。
　　A．断路　　　　B．接触不良　　C．主接触盘烧结　D．电压过高
45．发动机工作时，火花塞产生不规律跳火，跳火时断时续，发动机产生"游车"现象并产生（　　）烟。
　　A．白　　　　　B．青　　　　　C．蓝　　　　　D．黑
46．发动机个别缸高压线工作不良，将会导致发动机（　　）。
　　A．不能启动　　B．个别缸缺火　C．高压无火　　D．初级回路断路
47．用启动机带动发动机转动，将点火线圈中央高压线进行试火试验，若无火，则说明（　　）。
　　A．低压无火　　B．高压无火　　C．蓄电池亏电　D．电容器损坏
48．点火开关打到启动挡，启动机空转，则故障产生原因不可能是（　　）。
　　A．电磁开关工作不良　　　　　B．单向离合器打滑
　　C．单向离合器卡死　　　　　　D．蓄电池电压不足
49．关闭点火开关和车上用电设备，用跨接线将喇叭继电器电源端子与喇叭接线端子跨接，若喇叭不响，则故障发生在（　　）。
　　A．电喇叭　　　B．喇叭继电器　C．喇叭按钮　　D．连接线路断路
50．连杆轴颈与轴承的配合间隙应为（　　）。

A．符合原厂规定　B．7~8丝　　　C．8~10丝　　　D．10~12丝

51．曲轴变形主要利用（　　）及表架检测弯曲变形量和扭曲变形量。
A．外径千分尺　B．内径千分尺　C．百分表　　　D．游标卡尺

52．汽缸体接合面局部金属凸起变形，如螺纹孔周围金属凸起，可采用（　　）修复。
A．车削法　　　B．铲削法　　　C．平面磨削法　D．铣削法

53．在主轴颈或连杆轴颈与曲柄臂相连的过度圆角处，一般出现（　　）。
A．纵向裂纹　　　　　　　　　B．横向裂纹
C．任意方向裂纹　　　　　　　D．危害较小的裂纹

54．桑塔纳、捷达轿车发动机曲轴轴颈修理分为三级尺寸规格，每（　　）mm 为一个级别。
A．0.05　　　　B．0.15　　　　C．0.25　　　　D．0.35

55．连杆变形校正时要记住（　　）的方向，千万不能搞错。
A．弯曲和双重弯曲　　　　　　B．弯曲和扭曲
C．扭曲和双重弯曲　　　　　　D．弯曲和压缩

56．从活塞环的包装用纸颜色可以辨别环的安装位置。RIK 活塞环的色彩是第一道气环为蓝色，第二道气环为（　　），第一、二道的形状相同时均为蓝色。
A．绿色　　　　B．红色　　　　C．白色　　　　D．黄色

57．关于曲轴的安装，下列叙述中错误的一项是（　　）。
A．安装曲轴油封时，其松紧度应适当
B．安装定位油封前，应检查油封与曲轴是否同心，如不同心，则会因松紧不一致而漏油
C．曲轴轴颈与轴承之间的间隙不得过大
D．轴承全部装复后，用橇棍撬动曲柄臂，曲轴应能转动

58．低电阻型喷油器直接接蓄电池会因电流过大而烧坏喷油器，试验时须采用（　　）与蓄电池连接。
A．线径粗的铜质导线　　　　　B．并联一个电阻的方法
C．线径细的铜质导线　　　　　D．专用连接器

59．空气流量计上的调整螺钉用于调整怠速时（　　）的含量。
A．CO_2　　　　B．HC　　　　C．CO　　　　D．NO

60．当发动机水温处于（　　）℃之间时，节温器主副阀门都部分开启，冷却水大小循环同时存在，此时冷却水的循环称为混合循环。
A．56~66　　　B．66~76　　　C．76~86　　　D．86~96

61．齿轮式机油泵主要由（　　）互相啮合的齿轮组成。
A．5个　　　　B．4个　　　　C．2个　　　　D．3个

62．桑塔纳 GLi 型轿车微机控制点火系统闭磁路式点火线圈，为了减小磁滞现象，铁芯设有一个（　　）的气隙。
A．20mm　　　B．10mm　　　C．微小　　　D．较大

63．膜片弹簧离合器盖与压盘总成由离合器盖、枢轴环、膜片弹簧、压盘和（　　）等

组成。
　　A．传动钢片　　B．分离杠杆　　C．分离轴承　　D．压紧弹簧
64．在距离合器从动盘边缘 25mm 处测量从动盘的端面跳动量，极限值为（　　）。
　　A．0.20mm　　B．0.30mm　　C．0.40mm　　D．0.50mm
65．为了避免破坏动平衡，装配与调整离合器时，离合器盖与压盘间、离合器盖与飞轮间应按（　　）装配。
　　A．拆卸的逆顺序　　　　　　B．公差配合要求
　　C．形位公差要求　　　　　　D．装配记号
66．手动变速器各轴的轴颈磨损超过极限，采取的技术措施不包括（　　）。
　　A．可堆焊后修磨　　B．镀铬修复　　C．更换　　D．镶套修复
67．自动变速器进行油压试验时，（　　）应达到正常工作温度。
　　A．发动机　　　　　　　　　B．自动变速器
　　C．发动机和自动变速器　　　D．液力变矩器
68．自动变速器失速试验结束后，应将选挡杆拨入空挡或停车挡，让发动机怠速运转（　　）以上再熄火，以使自动变速器油温度正常。
　　A．5min　　B．3min　　C．2min　　D．1min
69．主减速器主、从动锥齿轮啮合间隙调整的标准值为（　　）mm。
　　A．0.15～0.50　　B．0.25～0.50　　C．0.35～0.50　　D．0.05～0.50
70．传动轴装配时，核对零件的装配标记并按原标记装配，主要是为了（　　）。
　　A．避免破坏传动轴的平衡　　　B．避免破坏传动轴等速传动条件
　　C．避免破坏传动轴零件的装配间隙　D．避免影响中间支撑的对中
71．循环球式机械转向器有两级传动副，第一级传动副的从动件是（　　）。
　　A．转向螺杆　　B．转向齿扇　　C．转向螺母　　D．蜗杆
72．都具有使转向轻便作用的车轮定位参数是（　　）。
　　A．前轮外倾角 α 和主销后倾角 γ　　B．前轮外倾角 α 和主销内倾角 β
　　C．主销内倾角 β 和主销后倾角 γ　　D．主销内倾角 β 和前束
73．单向助势平衡鼓式车轮制动器制动轮缸的数量和形式为（　　）。
　　A．两个单向活塞制动轮缸　　B．两个双向活塞制动轮缸
　　C．一个单向活塞制动轮缸　　D．一个双向活塞制动轮缸
74．汽车鼓式车轮制动器修理技术条件规定，制动鼓摩擦表面的圆柱度误差不大于（　　）。
　　A．0.05mm　　B．0.10mm　　C．0.15mm　　D．0.18mm
75．以下关于蹄盘式中央驻车制动器相关组成零部件装配关系的表述，不正确或不准确的是（　　）。
　　A．制动蹄支架用螺栓固定在变速器壳体后壁
　　B．铸铁的通风式制动盘用螺栓与变速器第二轴后端的凸缘盘连接
　　C．制动蹄通过偏心销轴与制动蹄支架连接
　　D．利用拉簧和定位弹簧使制动蹄和制动盘之间保持一定的间隙
76．启动机（　　）是指启动机不带负荷，接通电源，所测量启动机的空载转速和启动

电流。

  A．全制动性能 B．空载性能 C．输出特性 D．功率特性

77．交流发电机中定子绕组的作用是（　　）。

  A．产生磁场 B．产生电动势 C．整流 D．输出电压

78．当发电机的输出电压一定时，其输出电流与发电机转速之间的关系称为发电机（　　）特性。

  A．空载 B．输出 C．外特性 D．功率

79．空调系统的高压蒸气软管用于连接（　　）。

  A．压缩机和冷凝器   B．冷凝器和蒸发器

  C．蒸发器和压缩机   D．膨胀阀和冷凝器

80．在 R12 与 R134a 制冷系统中，（　　）是可以互换的。

  A．冷冻机油 B．密封元件 C．鼓风机 D．快速接头

模拟试卷（二）

（一）判断题

1．职业道德对企业起到增强竞争力的作用。（　　）
2．职业道德活动中做到表情冷漠、严肃待客是符合职业道德规范要求的。（　　）
3．尊师爱徒是集体主义原则在汽车维修职业道德中的具体体现。（　　）
4．使用划规时，划规两脚开合松紧度要适当，以免划线时发生自动张缩。（　　）
5．互换性分为完全互换和不完全互换两类。（　　）
6．柴油机工作时，柴油与空气在油管混合。（　　）
7．作为旋转元件的制动蹄，随同汽车车轮旋转。（　　）
8．电子控制单元是一种电子综合控制装置，包括硬件和软件两部分。（　　）
9．发动机二级维护前，若各缸压力差大于各缸规定值的 5%，则需对发动机进行二级维护附加作业。（　　）
10．分电器盖个别旁插孔漏电或窜电会引起发动机缺火故障。（　　）
11．离合器分离不彻底在二级维护时作为拆检离合器附加作业的依据之一。（　　）
12．轮毂轴承松旷会导致转向盘自由行程过大。（　　）
13．空调系统工作时，制冷效果应良好，整个系统工作无异响。系统无泄露，高低压侧压力符合要求。（　　）
14．启动电路中若有线路接触不良或接线柱被氧化现象，将会导致启动机启动无力。（　　）
15．发动机个别缸缺火时，将会导致发动机功率下降，油耗增加。（　　）
16．通过对零件的技术检验，可将零件分为三类：可用件、待修件和报废件。（　　）
17．在 GB3801《汽车发动机汽缸体与汽缸盖修理技术条件》中规定：汽缸套上端面应不低于汽缸体上平面，也不得高出 0.20mm。（　　）
18．等速万向节传动的基本原理是从结构上保证万向节在工作过程中两轴的传力点永远位于两轴交点的角平分线上。（　　）

19．根据真空助力器构造与工作原理，当踩下制动踏板，真空助力器起作用时，助力器真空阀、空气阀所处的状态为真空阀打开、空气阀关闭。　　　　　　　　（　　）

20．发电机电压调节器是通过调节励磁电流大小来保持发电机电压恒定的。（　　）

（二）单项选择题

1．下列选项中属于职业道德作用的是（　　）。
　　A．调节职业交往中的矛盾　　　　B．增强企业的离心力
　　C．决定企业的经济效益　　　　　D．增强企业员工的独立性

2．（　　）是职业道德基本特征之一。
　　A．职业技术的规范性　　　　　　B．范围上的广泛性
　　C．范围上的无限性　　　　　　　D．范围上的有限性

3．（　　）扳手的开口尺寸可以在一定范围内自由调节。
　　A．开口　　　B．套筒　　　C．扭力　　　D．活动

4．锯削钢件时应使用（　　）冷却。
　　A．机油　　　B．齿轮油　　　C．冷却液　　　D．酒精

5．滚动轴承型号中的尺寸系列代号的作用是区别内径相同而（　　）的轴承。
　　A．宽度不同　　　　　　　　　　B．外径不同
　　C．宽度和外径不同　　　　　　　D．滚子尺寸不同

6．设计给定的尺寸称为（　　）。
　　A．基本尺寸　　B．实际尺寸　　C．极限尺寸　　D．作用尺寸

7．（　　）回路的作用是控制液压系统的最高工作压力，使系统压力不超过压力控制阀的调定值。
　　A．调压　　　B．减压　　　C．增压　　　D．换向

8．正弦交流电的角频率是描述正弦交流电变化（　　）的物理量。
　　A．快慢　　　B．大小　　　C．初相位　　　D．方向

9．曲柄连杆机构的功用是把（　　）作用在活塞顶上的力转变为曲轴的转矩，并通过曲轴对外输出机械能。
　　A．气体　　　B．汽油　　　C．空气　　　D．燃烧气体

10．汽车转向器的功用是（　　）转向盘传到转向轮上的转向力矩，并改变力的传递方向。
　　A．改变　　　B．增大　　　C．减小　　　D．不变

11．在配制电解液时，将（　　）中。
　　A．水慢慢倒入硫酸　　　　　　　B．硫酸慢慢倒入水
　　C．硫酸慢慢倒入盐酸　　　　　　D．盐酸慢慢倒入硫酸

12．产品质量法是调整在生产、流通和消费过程中因产品质量所发生的（　　）的法律规范的总和。
　　A．人际关系　　　　　　　　　　B．经济关系
　　C．企业与个人关系　　　　　　　D．企业与企业关系

13．汽车二级维护前发动机汽缸漏气量检验仪指示的气压值应不大于（   ），否则应对发动机进行二级维护附加作业。
　　A．0.45MPa　　B．0.15MPa　　C．0.25MPa　　D．0.35MPa
14．可以用（   ）来诊断汽缸活塞组的磨损情况、配气机构的技术状况。
　　A．排气歧管真空度　　　　　　B．进气歧管真空度
　　C．进气真空度　　　　　　　　D．排气真空度
15．用手工刮削的轴承要求接触面均匀，且接触面积不小于轴承总面积的（   ）。
　　A．85%　　B．55%　　C．65%　　D．75%
16．装配新活塞环时，活塞环漏光处的缝隙应不大于（   ）mm。
　　A．0.06　　B．0.05　　C．0.04　　D．0.03
17．关于油电路引起的发动机启动困难故障原因，下列叙述中不正确的一项是（   ）。
　　A．空气滤清器堵塞　　　　　　B．空气流量计故障
　　C．温度时间开关故障　　　　　D．水温传感器故障
18．不论冷车还是热车，发动机怠速时转速（   ）易造成发动机熄火。
　　A．为300～400r/min　　　　　　B．过低
　　C．为1000～1200r/min　　　　　D．过高
19．下列各项中不属于发动机过热故障现象的是（   ）。
　　A．有些老式车辆发动盖前端冒热气
　　B．水温报警灯闪烁
　　C．散热器水垢过多
　　D．车辆行驶过程中水温表指针指向100℃以上
20．下列各项中不属于点火系统引起的发动机缺火故障原因的是（   ）。
　　A．个别火花塞工作不良　　　　B．分电器盖个别旁插孔漏电
　　C．个别高压分线松脱　　　　　D．点火控制模块有故障
21．下列各项中不属于发动机爆震故障原因的是（   ）。
　　A．发动机支架断裂，减振垫老化　　B．喷油时刻过早
　　C．燃油压力过高　　　　　　　　D．喷油雾化不良
22．下列各项中不属于油电路引起的发动机功率不足故障原因的是（   ）。
　　A．曲轴箱通风装置堵塞　　　　B．燃油压力过低
　　C．蓄电池电压过低　　　　　　D．点火正时不当
23．下列各项中不属于点火系统引起的排放超标故障原因的是（   ）。
　　A．燃油滤清器堵塞　　　　　　B．曲轴位置传感器调整不断
　　C．火花塞电极间隙过大　　　　D．点火控制组件的电源电压不符合要求
24．下列各项中不属于连杆主轴承异响故障原因的是（   ）。
　　A．机油压力太小　　　　　　　B．连杆轴承合金脱落
　　C．连杆轴承盖螺栓松动　　　　D．连杆主轴承与曲轴轴颈配合间隙过大
25．下列各项中不属于气门异响故障原因的是（   ）。
　　A．气门弹簧折断　　　　　　　B．气门与气门导管配合间隙过大

C．气门工作面磨损严重　　　　　D．配气机构润滑不良

26．对车轮平衡问题的表述错误的是（　　）。

　　A．车轮动平衡一般是把车轮拆下来进行检测

　　B．车轮动平衡可以就车检测

　　C．就车检测车轮平衡只能检测静平衡

　　D．车轮动平衡则一定是静平衡的

27．根据 GB 7258—2004《机动车安全运行技术条件》对驻车制动性能的要求，一般应在操纵装置全行程的（　　）以内产生规定的制动效能。

　　A．三分之二　　B．四分之三　　C．五分之三　　D．五分之四

28．国产（　　）液力传动油用于内燃机车或载货汽车的液力变矩器，（　　）液力传动油用于各种轿车、轻型客车的液力自动变速器。

　　A．6号，8号　　B．8号，10号　　C．10号，12号　　D．4号，6号

29．下列各项中与变速器组装注意事项不相符的是（　　）。

　　A．同步器的齿毂在拆装过程中不要硬打，可借助顶拔器和压床

　　B．各种轴用弹性挡圈的拆装应采用专用夹钳

　　C．在装配五挡主动齿轮时，应先将其加热到400～500℃

　　D．输出轴两端锥轴承的预紧度应合适

30．以下选项中不会导致传动轴高速振动故障的是（　　）。

　　A．传动轴上的平衡块脱落　　　　B．伸缩叉安装错位

　　C．中间支撑吊架固定螺栓松动　　D．万向节、伸缩叉磨损松旷

31．不会导致传动轴异响故障的是（　　）。

　　A．万向节、伸缩叉磨损松旷　　　B．主减速器轴承预紧度过小

　　C．车架变形　　　　　　　　　　D．中间支撑安装方法不当

32．转弯行驶有异响，直线行驶时声响减弱或消失，不太可能的原因是（　　）。

　　A．半轴齿轮与行星齿轮啮合间隙过大

　　B．主减速器锥齿轮啮合间隙太大

　　C．差速器行星齿轮轴孔与十字轴配合松旷

　　D．半轴齿轮与行星齿轮啮合间隙过小

33．不会导致转向盘自由行程过大的是（　　）。

　　A．转向器内主、从动啮合部位松旷　B．转向节止推轴承缺油或损坏

　　C．转向器从动部位的轴承松旷　　　D．转向盘与转向轴的连接部位松旷

34．不会导致制动跑偏的是（　　）。

　　A．左、右车轮制动间隙不一

　　B．左、右车轮轮胎气压不一

　　C．左、右车轮制动蹄复位弹簧拉力不一

　　D．左、右车轮制动蹄摩擦片磨损严重

35．不会导致气压制动系统制动失效的是（　　）。

　　A．制动踏板至制动控制阀的连接脱开

B．储气筒无压缩空气
C．制动控制阀的进气阀打不开
D．制动控制阀的排气阀打不开

36．不会导致减震器失效的故障原因是（　　）。
　　A．减震器连接销脱落　　　　　　B．减震器油黏度过大
　　C．减震器活塞与缸筒磨损配合松旷　D．减震器阀门与阀座贴合不良

37．若车轮摆振随车速提高而增大，可能性小的故障原因应是（　　）。
　　A．前轮毂轴承松旷　　　　　　B．前轮端面圆跳动过大
　　C．前轮使用翻新胎　　　　　　D．前轮外倾角太小

38．轮胎面某一侧的磨损快于另一侧的磨损，主要是因为（　　）。
　　A．车轮外倾角不正确　　　　　B．主销后倾角过大
　　C．主销后倾角过小　　　　　　D．前束不正确

39．点火高压检测使用仪器有示波仪、（　　）或汽车电器万能试验台。
　　A．真空表　　　　　　　　　　B．汽缸压力表
　　C．发动机综合检测仪　　　　　D．万用表

40．对新蓄电池或更换了极板后的蓄电池，在使用之前首先对蓄电池进行的首次充电，称为（　　）。
　　A．补充充电　　B．初充电　　C．快速充电　　D．去硫化充电

41．当霍尔信号发生器的触发叶轮的叶片进入磁铁和磁轭之间时，通过霍尔元件的磁场被切断，霍尔电压为（　　）V。
　　A．1　　　　　　B．0.2　　　　　C．9　　　　　　D．0

42．发电机（　　），将会导致发电机充电电流不稳定。
　　A．电压过高　　B．电压过低　　C．不发电　　D．发电机输出电流不稳

43．发电机装配不当，会使发电机风扇、转子等运动件产生运动干涉而导致发电机（　　）。
　　A．电压过高　　B．异响　　　　C．电压过低　　D．充电电流过大

44．发动机工作时将点火正时枪的感应夹夹在某一根高压线上，变换车速，此时正时灯闪动中有间断现象，则说明该缸火花塞（　　）。
　　A．短路　　　　B．工作正常　　C．间歇性跳火　　D．不工作

45．点火线圈高压线脱落，将会导致发动机（　　）。
　　A．高压无火　　B．缺火　　　　C．点火过早　　D．点火过迟

46．下列各项中与启动机齿轮不能与飞轮齿圈啮合故障无关的原因是（　　）。
　　A．蓄电池电压不足　　　　　　B．启动机啮合机构卡死
　　C．启动机电磁开关损坏　　　　D．启动机电枢卡死

47．发动机启动后，启动机无法分离，则故障有可能是（　　）。
　　A．启动继电器断路　　　　　　B．电磁开关断路
　　C．蓄电池亏电　　　　　　　　D．启动机电枢卡死

48．在空调电路中，（　　）的作用是根据空调制冷系统中的压力大小来控制空调冷却风扇的转速。

A．高压保护开关 B．低压保护开关
C．A/C 开关 D．鼓风机开关

49．空调压缩机不转动的原因可能是（　　）。
A．A/C 开关短路 B．压缩机内部机械故障
C．制冷剂过多 D．A/C 开关断路

50．气门座圈与座孔过盈量应符合技术要求，一般过盈量为（　　）mm。
A．0.085～0.225 B．0.075～0.125
C．0.065～0.115 D．0.055～0.105

51．装配新活塞环时，首要问题是检查活塞环的（　　）。
A．侧隙 B．端隙 C．背隙 D．弹力

52．从车上拆下发动机总成时，下列叙述中错误的一项是（　　）。
A．热车拆卸进、排气歧管和消声器时，要小心，以免烫伤
B．用举升机或千斤顶举起汽车时，一定要平稳，注意安全
C．拆卸发动机时，如果对线路和管路不太熟悉，要做好记号，以免今后装错
D．热车时要放掉发动机机油和冷却液，因为这样能较彻底的放净

53．在 GB3803《汽车发动机凸轮轴修理技术条件》中规定：支撑轴承的圆柱度公差为（　　）mm。
A．0.005 B．0.015 C．0.025 D．0.01

54．气门与座圈的密封带宽度应符合原设计规定，一般为（　　）mm。
A．0.2～1.5 B．1.2～2.5 C．2.2～3.5 D．3.2～4.5

55．汽缸盖、气门罩盖螺栓应按规定力矩，3～4 次（　　）拧紧。
A．从左至右 B．对称 C．从右至左 D．从两边向中间

56．当测量曲轴弯曲度时，一般要求中型货车应大于（　　）mm，否则，应予以校正。
A．0.35 B．0.25 C．0.15 D．0.05

57．当曲轴进行动平衡试验时，可在曲柄臂外缘表面上对称钻孔，深度一般不超过（　　）mm。
A．5 B．10 C．15 D．20

58．对于捷达 AT、GTX 型轿车，当发动机全负荷运转，燃油压力达到（　　）kPa 时，油压调节器的球阀才打开泄压。
A．285 B．295 C．275 D．265

59．捷达 AT、GTX 型轿车发动机拆装或更换新的节气门组件后，进行基本设定时，若怠速仍不正常，则下列叙述中，不会引起上述现象的是（　　）。
A．节气门轴因油泥沉积等原因而转动不灵活
B．节气门控制组件线束或连接器不良
C．节气门拉索调整不断
D．蓄电池电压过高（高于 11V）

60．冷却系统密封性检查一般采用（　　）法。
A．水压试验 B．堵漏剂堵漏 C．气压试验 D．黏接

61. 桑塔纳 2000 型轿车当发动机冷却液温度为 92～98℃时，冷却风扇以（　　）r/min 的低速运转。
    A．2400　　　　　　B．2500　　　　　　C．2300　　　　　　D．2800
62. 在微机控制点火系统中，发动机转速信号用于计算确定（　　）。
    A．喷油时刻　　　　　　　　　　B．喷油时间
    C．点火提前角　　　　　　　　　D．喷油压力
63. 离合器压盘工作平面沟槽深度超过 0.50mm 或平面度超过 0.12～0.20mm 时应（　　）。
    A．油石打磨光滑　　　　　　　　B．砂布打磨
    C．砂轮打磨　　　　　　　　　　D．磨削修复
64. 属于手动变速器变速操纵机构组成零部件的是（　　）。
    A．拨叉轴　　　　　　　　　　　B．齿轮组
    C．轴承和变速器壳　　　　　　　D．同步器
65. 不属于电控自动变速器电控系统执行元件的是（　　）。
    A．锁止电磁阀　　B．换挡电磁阀　　C．油压电磁阀　　D．主油路调压阀
66. 关于自动变速器时滞试验注意事项，以下说法不准确或错误的是（　　）。
    A．将汽车停放在水平路面上，拉紧驻车制动
    B．时滞试验时，发动机和自动变速器应在冷状态下进行
    C．进行完一个挡位的试验后，自动变速器操纵手柄处在"N"位，发动机怠速运转 1min 左右，再做试验
    D．同一项试验做 3 次，取其平均值
67. 主减速器主、从动锥齿轮啮合印痕调整的标准要求齿高方向的接触痕应不小于齿高的（　　）。
    A．50%　　　　　　B．55%　　　　　　C．60%　　　　　　D．65%
68. 普通十字刚性万向节要实现等速传动，应满足的条件之一是（　　）。
    A．输入轴、输出轴与传动轴的夹角相等
    B．输入轴与传动轴的夹角大于输出轴与传动角的夹角
    C．输入轴与传动轴的夹角小于输出轴与传动角的夹角
    D．输入轴与传动轴的夹角为输出轴与传动角的夹角的 2 倍
69. 在齿轮齿条式转向器壳体上，对着齿条背面设置了消除齿轮齿条啮合间隙装置，该装置中与齿条背面接触的零件是（　　）。
    A．压簧垫块　　　　B．弹簧　　　　　C．调整螺塞　　　D．轴承衬套
70. 非独立悬架系统钢板弹簧的作用不包括（　　）。
    A．连接车轮与车桥
    B．把路面作用于车轮上的各种反力传递到车架（车身上）
    C．衰减振动
    D．缓冲路面冲击
71. 对双横臂式独立悬架汽车，减小上摆臂的伸出长度，则（　　）。
    A．主销后倾角增大　　　　　　　B．主销后倾角减小

C．车轮外倾角增大　　　　　　　D．车轮外倾角减小
72．对解放 CA1092 型汽车制动控制阀形式、组成或结构的表述中，错误的是（　　）。
　　A．下阀体上的通气口 A2 和 B2 分别接前桥储气筒和前桥制动气室
　　B．制动控制阀的形式为并联活塞式
　　C．控制阀由上盖、上阀体、中阀体和下阀体等部分组成
　　D．中阀体上的通气口 A1 和 B1，分别接后桥储气筒和后桥制动气室
73．轿车上应用广泛的盘式制动器为（　　）。
　　A．全盘式制动器　　　　　　　　B．定钳盘式制动器
　　C．浮钳盘式制动器　　　　　　　D．全盘式制动器和定钳盘式制动器
74．对于装有高压蓄能器的 ABS 系统，拆卸液压系统前最关键的是要先（　　）。
　　A．拆下蓄电池负级线缆　　　　　B．卸压
　　C．拔下 ABS 系统电子控制器插头　D．拔下 ABS 泵电机插头
75．手制动操纵杆从放松的极限位置往上拉，第（　　）开始有制动。
　　A．二响　　　　B．三响　　　　C．四响　　　　D．五响
76．启动机使用（　　），其内部励磁绕组和电枢绕组串联，在启动时能提供最大的扭矩，带动发动机转动。
　　A．交流发电机　　　　　　　　　B．直流串激式电动机
　　C．交流电动机　　　　　　　　　D．直流并激式电动机
77．启动机（　　）是指启动机全制动时的电流和转矩。
　　A．全制动性能　　B．空载性能　　C．输出特性　　D．功率特性
78．当发电机转速一定时，发电机端电压与其输出电流之间的关系称为发电机（　　）特性。
　　A．空载　　　　B．输出　　　　C．外特性　　　D．功率
79．空调系统的低压蒸气软管用于连接（　　）。
　　A．压缩机和冷凝器　　　　　　　B．冷凝器和蒸发器
　　C．蒸发器和压缩机　　　　　　　D．压缩机和膨胀阀
80．关于 R134a 的特性，说法不正确的是（　　）。
　　A．毒性非常低　　　　　　　　　B．化学稳定性很好
　　C．很安全的制冷剂　　　　　　　D．溶水性比 R12 低

二、操作技能模拟试卷

模拟试卷（一）

试题 1：检测电控发动机燃料供给系统的燃油压力

准备通知单

一、试题名称

检测电控发动机燃料供给系统的燃油压力

二、准备要求

（1）设备准备

序　号	名　　称	规　格	数　量	备　注
1	桑塔纳小轿车	2000GSi	1	相关车型均可

（2）工具准备

序　号	名　　称	规　格	数　量	备　注
1	燃油压力表		1	
2	常用维修工具		1	
3	工作服		1	

三、考场准备

1．考核场地整洁规范，无干扰。

2．安全防护齐全，且符合标准。

3．根据考核情况确定工位。

试 题 正 文

一、试题名称

检测电控发动机燃料供给系统的燃油压力

二、考核内容

1．准备工作。

2．操作过程。

3．使用工具。

4．安全及其他。

三、考核时限

1．准备工作 5min。

2．正式操作 20min。

3．计时从正式操作开始，至操作完毕。

4．超时 1min 从总分中扣 5 分，超时 3min 停止操作。

四、考核评分

1．监考员负责考场事务。

2．满分为 30 分。

3．考评员应具有本工种的实际操作经验，评分公正准确。

4．考评员可根据考生所在装置的实际情况，对评分标准作适当调整。

5．各项配分依难易程度、精度高低和重要程度制定。

6．评分方法：按单项扣分、得分。

五、评分记录表

试题名称		检测电控发动机燃料供给系统的燃油压力				
序号	考核内容	考核要点	配分	评分标准	得分	备注
1	准备工作	穿戴劳保用品	1	未穿戴整齐扣1分		
		工具、用具准备	1	工具选择不正确扣1分		
2	操作程序	测量准备 — 检查电源电压,从蓄电池的负极端拆下电缆,断开冷启动喷油器接头	2	操作方法不正确扣2分		
3		测量准备 — 拆下油管接头螺栓,从冷启动喷油器上将冷启动喷油器管拆下	2	操作方法不正确扣2分		
4		测量准备 — 将压力表连接在冷启动喷油器上。使用跨接线,连接检查接口的+B和FP接口。重新接上电瓶负极电缆	2	操作方法不正确扣2分		
5		测量 — 正确测量燃油压力	18	测量方法不正确扣18分		
6		清理现场 — 接上冷启动喷油器、负极电缆,恢复发动机原样	2	不能正确清理现场扣2分		
7	使用工具	正确使用工具	1	工具使用不正确扣1分		
		正确维护工具	1	工具乱摆乱放扣1分		
8	安全及其他	按国家法规或企业规定		违规一次总分扣5分,严重违规停止操作		
		在规定时间内完成操作		超时1min总分扣5分,超时3min停止操作		
		得 分				

评分人：　　　　　　年　月　日　　　　　　　核分人：　　　　　　年　月　日

试题2：检修盘式制动器

准备通知单

一、试题名称

检修盘式制动器

二、准备要求

（1）设备准备

序号	名称	规格	数量	备注
1	捷达轿车		1辆	其他盘制动器轿车均可
2	探伤设备		1台	备用

（2）工具准备

序号	名称	规格	数量	备注
1	常用拆装工具		1套	
2	扭力扳手		1把	
3	塞尺、游标卡尺、百分表			

三、考场准备

1. 考核场地整洁规范，无干扰。
2. 安全防护齐全，且符合标准。
3. 根据考核情况确定工位。
4. 将待修制动器的车轮卸下，将前部支起或用举升器将车支起。

试 题 正 文

一、试题名称

检修盘式制动器

二、考核内容

1. 准备工作。
2. 操作过程。
3. 使用工具。
4. 安全及其他。

三、考核时限

1. 准备工作 5min。
2. 正式操作 30min。
3. 计时从正式操作开始，至操作完毕。
4. 超时 1min 从总分中扣 5 分，超时 3min 停止操作。

四、考核评分

1. 监考员负责考场事务。
2. 此题满分为 35 分。
3. 考评员应具有本工种的实际操作经验，评分公正准确。
4. 考评员可根据考生所在装置的实际情况，对评分标准作适当调整。
5. 各项配分依难易程度、精度高低和重要程度制定。
6. 评分方法：按单项扣分、得分。

五、评分记录表

试题名称				检修盘式制动器		
序号	考核内容	考核要点	配分	评分标准	得分	备注
1	准备工作	穿戴工作服	2	未穿戴整齐扣 1 分		
		工具、用具准备		工具选择不正确扣 1 分		
2	拆卸	拆卸制动钳、取出制动蹄	6	每出现一次操作错误扣 1~2 分		
3	制动盘的检修	对磨损、损伤进行观察、检测，鉴定技术状况，提出修理措施	10	检测方法不正确每项扣 2 分，检测结果与鉴定不正确每项扣 2 分，修理方法错误每项扣 2 分		
4	制动块的检修	对损伤进行观察、检测，鉴定技术状况，提出修理措施	8	检测方法不正确每项扣 2 分，检测结果与鉴定不正确每项扣 2 分，修理方法错误每项扣 2 分		
5	装配	装配盘式制动器	6	每出现一次操作错误扣 1~2 分		

续表

试题名称			检修盘式制动器				
序号	考核内容	考核要点	配分	评分标准		得分	备注
6	安全文明生产	符合国家安全、环保规程，操作现场整洁，文明作业	3	每违规一项扣1分，扣完为止			
7	其他	在规定时间内完成操作		超时1min总分扣5分，超时3min停止操作			
		无人身、设备事故		因违规操作发生重大人身和设备事故，此题按0分计			
得　分							

评分人：　　　　　　　年　月　日　　　　　　　核分人：　　　　　　　年　月　日

试题3：诊断排除整体式交流发电机充电电流不稳故障

准备通知单

一、试题名称

诊断排除整体式交流发电机充电电流不稳故障

二、准备要求

（1）设备准备

序号	名称	规格	数量	备注
1	轿车	国内常见车型	1辆	发电机为整体式

（2）工具准备

序号	名称	规格	数量	备注
1	常用维修工具		1套	
2	试灯		1只	
3	万用表		1个	
4	工作服		1套	

三、考场准备

1．考核场地整洁规范，无干扰。

2．安全防护齐全，且符合标准。

3．根据考核情况确定工位。

试题正文

一、试题名称

诊断排除整体式交流发电机充电电流不稳故障

二、考核内容

1．准备工作。

第三章 中级汽车维修工鉴定指南

2．操作过程。
3．使用工具。
4．安全及其他。

三、考核时限

1．准备工作 5min。
2．正式操作 20min。
3．计时从正式操作开始，至操作完毕。
4．超时 1min 从总分中扣 5 分，超时 3min 停止操作。

四、考核评分

1．监考员负责考场事务。
2．此题满分为 35 分。
3．考评员应具有本工种的实际操作经验，评分公正准确。
4．考评员可根据考生所在装置的实际情况，对评分标准作适当调整。
5．各项配分依难易程度、精度高低和重要程度制定。
6．评分方法：按单项扣分、得分。

五、评分记录表

试题名称			诊断排除整体式发电机充电电流不稳故障			
序号	考核内容	考核要点	配分	评分标准	得分	备注
1	准备工作	穿戴劳保用品	1	未穿戴整齐扣 1 分		
		工具、用具准备	1	工具选择不正确扣 1 分		
2	操作程序	观察故障现象	5	描述故障现象不准确或错误扣 3～5 分		
3		故障诊断	15	检查方法不正确扣 5 分		
				检查程序不正确扣 5 分		
				检测结果错误扣 2 分		
				不能说明故障原因扣 3 分		
4		故障排除及检验	10	不能排除故障扣 8 分，没有检验扣 2 分		
5	使用工具	正确使用工具	2	工具使用不正确每次扣 1 分，扣完为止		
		正确维护工具	1	工具乱摆乱放扣 1 分		
6	安全及其他	按国家法规或企业规定		违规一次总分扣 5 分，严重违规停止操作		
		在规定时间内完成操作		超时 1min 总分扣 5 分，超时 3min 停止操作		
得 分						

评分人：　　　年　月　日　　　　　核分人：　　　年　月　日

模拟试卷（二）

试题 1：转向轮侧滑量检测与调整

准备通知单

一、试题名称

转向轮侧滑量检测与调整

二、准备要求

（1）设备准备

序 号	名 称	规 格	数 量	备 注
1	捷达轿车		1辆	其他车辆均可
2	侧滑试验台		1台	

（2）工具准备

序 号	名 称	规 格	数 量	备 注
1	常用拆装工具		1套	
2	管子钳		1把	

三、考场准备

1．考核场地整洁规范，无干扰。

2．安全防护齐全，且符合标准。

3．根据考核情况确定工位。

试 题 正 文

一、试题名称

转向轮侧滑量检测与调整

二、考核内容

1．准备工作。

2．操作过程。

3．使用工具。

4．安全及其他。

三、考核时限

1．准备工作 5min。

2．正式操作 30min。

3．计时从正式操作开始，至操作完毕。

4．超时 1min 从总分中扣 5 分，超时 3min 停止操作。

四、考核评分

1．监考员负责考场事务。

2．此题满分为 30 分。

3. 考评员应具有本工种的实际操作经验，评分公正准确。

4. 考评员可根据考生所在装置的实际情况，对评分标准作适当调整。

5. 各项配分依难易程度、精度高低和重要程度制定。

6. 评分方法：按单项扣分、得分。

五、评分记录表

试题名称	转向轮侧滑量检测与调整					
序号	考核内容	考核要点	配分	评分标准	得分	备注
1	准备工作	穿戴工作服	2	未穿戴整齐扣1分		
		工具、用具准备		工具选择不正确扣1分		
2	检测前的准备工作	轮胎气压检查、轮胎表面清洁工作，检查轮毂轴承、转向系球头是否松旷等	7	未检查、清洁扣4分		
		检查侧滑试验台，校准零点，清理清洁试验台及其周围		未检查、校准、清理扣4分		
3	检测	汽车以 3～5km/h 的速度垂直侧滑板驶向侧滑试验台，使前轮（或后轮）平稳通过滑动板	8	方法错误扣3～5分		
		从指示装置上观察侧滑方向并读取、打印最大侧滑量，对结果作出判断		判断错误扣4分		
5	调整与复检	调整左、右横拉杆长度（齿轮齿条式）或用管子钳扳手扭转横拉杆，改变其长度，然后复检直至合格	10	调整方法错误扣5分		
				不复检扣5分		
6	安全文明生产	符合国家安全、环保规程，操作现场整洁，文明作业	3	每违规一项扣1分，扣完为止		
7	其他	在规定时间内完成操作		超时1min总分扣5分，超时3min停止操作		
		无人身、设备事故		因违规操作发生重大人身和设备事故，此题按0分计		
得 分						

评分人：　　　　　　　　年　月　日　　　　核分人：　　　　　　　　年　月　日

试题2：水温表及其控制电路检修

准备通知单

一、试题名称

水温表及其控制电路检修

二、准备要求

（1）设备准备

序　号	名　称	规　格	数　量	备　注
1	轿车	国内常见车型	1辆	

(2) 工具准备

序 号	名 称	规 格	数 量	备 注
1	常用维修工具		1套	
2	数字式万用表		1个	
3	标准水温表		1个	
4	工作服		1套	

三、考场准备

1．考核场地整洁规范，无干扰。

2．安全防护齐全，且符合标准。

3．根据考核情况确定工位。

试 题 正 文

一、试题名称

水温表及其控制电路检修

二、考核内容

1．准备工作。

2．操作过程。

3．使用工具。

4．安全及其他。

三、考核时限

1．准备工作 5min。

2．正式操作 20min。

3．计时从正式操作开始，至操作完毕。

4．超时 1min 从总分中扣 5 分，超时 3min 停止操作。

四、考核评分

1．监考员负责考场事务。

2．此题满分为 35 分。

3．考评员应具有本工种的实际操作经验，评分公正准确。

4．考评员可根据考生所在装置的实际情况，对评分标准作适当调整。

5．各项配分依难易程度、精度高低和重要程度制定。

6．评分方法：按单项扣分、得分。

五、评分记录表

试题名称			水温表及其控制电路检修				
序号	考核内容	考核要点	配分	评分标准		得分	备注
1	准备工作	穿戴劳保用品	1	未穿戴整齐扣1分			
		工具、用具准备	1	工具选择不正确扣1分			

续表

试题名称			水温表及其控制电路检修			
序号	考核内容	考核要点	配分	评分标准	得分	备注
2	操作程序	检查水温表	12	检查方法错误扣4分 检查结果错误扣4分 口述修复方法错误扣4分		
3		检修水温表控制电路	12	检查方法错误扣4分 检查结果错误扣4分 口述修复方法错误扣4分		
4		根据检查结果口述水温表及其控制电路的技术状况	7	口述不正确或不全面扣4~7分		
5	使用工具	正确使用工具	1	工具使用不正确扣1分		
		正确维护工具	1	工具乱摆乱放扣1分		
6	安全及其他	按国家法规或企业规定		违规一次总扣5分，严重违规停止操作		
		在规定时间内完成操作		超时1min总扣5分，超时3min停止操作		
得　分						

评分人：　　　　　年　月　日　　　　核分人：　　　　　年　月　日

试题3：诊断排除油路引起的发动机怠速不稳故障

准备通知单

一、试题名称

诊断排除油路引起的发动机怠速不稳故障

二、准备要求

（1）设备准备

序号	名称	规格	数量	备注
1	卡罗拉汽车		1辆	相关车型均可

（2）工具准备

序号	名称	规格	数量	备注
1	常用维修工具		1套	
2	数字式万用表		1个	
3	棉纱		若干	
4	工作服		1套	

三、考场准备

1. 考核场地整洁规范，无干扰。

2. 安全防护齐全，且符合标准。
3. 根据考核情况确定工位。

试 题 正 文

一、试题名称

诊断排除油路引起的发动机怠速不稳故障

二、考核内容

1. 准备工作。
2. 操作过程。
3. 使用工具。
4. 安全及其他。

三、考核时限

1. 准备工作 5min。
2. 正式操作 20min。
3. 计时从正式操作开始，至操作完毕。
4. 超时 1min 从总分中扣 5 分，超时 3min 停止操作。

四、考核评分

1. 监考员负责考场事务。
2. 此题满分为 35 分。
3. 考评员应具有本工种的实际操作经验，评分公正准确。
4. 考评员可根据考生所在装置的实际情况，对评分标准作适当调整。
5. 各项配分依难易程度、精度高低和重要程度制定。
6. 评分方法：按单项扣分、得分。

五、评分记录表

试题名称			诊断排除油路引起的发动机怠速不稳故障				
序号	考核内容	考核要点	配 分	评分标准		得 分	备 注
1	准备工作	穿戴劳保用品	1	未穿戴整齐扣 1 分			
		工具、用具准备	1	工具选择不正确扣 1 分			
2	操作程序	根据发动机故障现象，查找发动机无法启动的原因	15	检查方法错误扣 5 分			
				检查程序错误扣 5 分			
				检查结果错误扣 5 分			
3		确定故障部位（口述）	3	确定错误扣 3 分			
4		故障排除	10	不能排除扣 10 分			
				不能完全排除酌情扣分			
5		验证排除效果	3	没验证扣 3 分			
				验证方法不当酌情扣分			
6	使用工具	正确使用工具	1	工具使用不正确扣 1 分			
		正确维护工具	1	工具乱摆乱放扣 1 分			

续表

试题名称		诊断排除油路引起的发动机怠速不稳故障				
序号	考核内容	考核要点	配分	评分标准	得分	备注
7	安全及其他	按国家法规或企业规定		违规一次总分扣5分,严重违规停止操作		
		在规定时间内完成操作		超时1min总分扣5分,超时3min停止操作		
得 分						

评分人：　　　　　　年　月　日　　　　　　　　核分人：　　　　　　年　月　日

第五节 参考答案

一、理论知识试题参考答案

（一）判断题参考答案

1. √ 2. × 3. √ 4. × 5. × 6. × 7. × 8. √ 9. √
10. × 11. × 12. √ 13. × 14. √ 15. √ 16. × 17. √ 18. √
19. × 20. × 21. √ 22. × 23. × 24. √ 25. √ 26. √ 27. ×
28. √ 29. √ 30. √ 31. √ 32. √ 33. √ 34. √ 35. × 36. ×
37. × 38. √ 39. × 40. × 41. √ 42. √ 43. √ 44. √ 45. √
46. √ 47. √ 48. √ 49. √ 50. √ 51. √ 52. √ 53. √ 54. √
55. × 56. √ 57. √ 58. √ 59. √ 60. √ 61. √ 62. √ 63. √
64. √ 65. √ 66. √ 67. √ 68. √ 69. √ 70. √ 71. √ 72. √
73. × 74. √ 75. √ 76. √ 77. √ 78. √ 79. √ 80. √ 81. ×
82. √ 83. √ 84. √ 85. √ 86. √ 87. √ 88. √ 89. √ 90. √
91. × 92. √ 93. × 94. √ 95. √ 96. √ 97. √ 98. √ 99. ×
100. √ 101. √ 102. √ 103. √ 104. √ 105. √ 106. × 107. √ 108. √
109. √ 110. √ 111. × 112. √ 113. √ 114. √ 115. √ 116. × 117. ×
118. × 119. √ 120. √ 121. × 122. √ 123. √ 124. √ 125. × 126. √

（二）单项选择题参考答案

1. A 2. D 3. B 4. A 5. B 6. D 7. B 8. D 9. D
10. C 11. D 12. A 13. C 14. D 15. A 16. A 17. B 18. B
19. C 20. B 21. C 22. A 23. A 24. C 25. C 26. C 27. B
28. B 29. C 30. C 31. C 32. D 33. A 34. A 35. B 36. D
37. A 38. A 39. B 40. A 41. C 42. D 43. C 44. D 45. A
46. C 47. B 48. C 49. D 50. B 51. A 52. A 53. A 54. A
55. D 56. B 57. D 58. D 59. A 60. A 61. A 62. A 63. C

64. A 65. D 66. C 67. C 68. A 69. A 70. B 71. B 72. A
73. D 74. C 75. B 76. D 77. D 78. D 79. A 80. A 81. D
82. A 83. B 84. C 85. D 86. D 87. C 88. C 89. B 90. A
91. D 92. A 93. D 94. B 95. A 96. C 97. C 98. D 99. C
100. B 101. B 102. D 103. C 104. B 105. B 106. B 107. A 108. A
109. A 110. A 111. A 112. C 113. D 114. C 115. A 116. C 117. D
118. B 119. A 120. D 121. D 122. D 123. A 124. A 125. A 126. A
127. D 128. D 129. D 130. A 131. B 132. B 133. B 134. C 135. C
136. D 137. A 138. A 139. D 140. A 141. B 142. B 143. B 144. D
145. B 146. A 147. B 148. B 149. C 150. A 151. B 152. D 153. D
154. C 155. C 156. B 157. B 158. B 159. B 160. B 161. B 162. A
163. A 164. A 165. B 166. C 167. B 168. B 169. D 170. B 171. C
172. B 173. B 174. A 175. C

二、理论知识模拟试卷参考答案

模拟试卷（一）

（一）判断题参考答案

1. × 2. × 3. √ 4. × 5. √ 6. × 7. × 8. × 9. ×
10. × 11. √ 12. √ 13. × 14. × 15. √ 16. × 17. √ 18. √
19. √ 20. √

（二）单项选择题参考答案

1. B 2. B 3. C 4. C 5. C 6. D 7. D 8. D 9. B
10. D 11. A 12. A 13. D 14. A 15. D 16. A 17. B 18. C
19. D 20. C 21. A 22. C 23. B 24. D 25. D 26. C 27. C
28. B 29. B 30. C 31. B 32. C 33. D 34. C 35. B 36. D
37. A 38. A 39. B 40. C 41. B 42. A 43. A 44. B 45. D
46. B 47. B 48. C 49. B 50. A 51. C 52. B 53. B 54. C
55. B 56. B 57. D 58. D 59. C 60. C 61. C 62. C 63. A
64. D 65. D 66. D 67. C 68. D 69. A 70. A 71. C 72. B
73. A 74. A 75. C 76. B 77. B 78. B 79. A 80. C

模拟试卷（二）

（一）判断题参考答案

1. √ 2. × 3. √ 4. √ 5. √ 6. × 7. × 8. √ 9. ×
10. √ 11. √ 12. √ 13. √ 14. √ 15. √ 16. √ 17. × 18. ×
19. × 20. √

（二）单项选择题参考答案

1. A 2. D 3. D 4. C 5. C 6. A 7. A 8. A 9. D

10. B	11. B	12. B	13. C	14. B	15. D	16. D	17. A	18. B
19. C	20. D	21. C	22. A	23. A	24. A	25. C	26. C	27. A
28. A	29. C	30. D	31. B	32. B	33. B	34. D	35. D	36. B
37. D	38. A	39. C	40. B	41. D	42. D	43. B	44. C	45. A
46. D	47. D	48. A	49. B	50. B	51. B	52. D	53. A	54. B
55. B	56. C	57. C	58. B	59. D	60. C	61. C	62. C	63. D
64. A	65. D	66. B	67. A	68. A	69. A	70. A	71. D	72. B
73. B	74. B	75. B	76. B	77. A	78. C	79. C	80. D	

第四章 高级汽车维修工鉴定指南

第一节 学习要点

一、对高级汽车维修工的工作要求

《汽车维修工国家职业标准》规定了对高级汽车维修工的工作要求。本标准对初级、中级、高级的技能要求依次递进，高级别涵盖低级别的要求（见下表）。

职业功能	工作内容	技能要求	相关知识
一、发动机大修	（一）编制零部件修理工艺卡	1. 能够检测曲轴磨损与变形程度，确定修理项目，编制曲轴修理工艺卡 2. 能够检测凸轮轴磨损与变形程度，确定修理项目，编制凸轮轴修理工艺卡 3. 能够检测汽缸体的磨损、变形和损伤程度，确定修理项目，编制汽缸体修理工艺卡 4. 能够检测汽缸盖的蚀损、变形和损伤程度，确定修理项目，编制汽缸盖修理工艺卡	1. 淬火、正火、回火及时效处理 2. 金属表面处理 3. 表面粗糙度概念 4. 齿轮、曲轴及凸轮轴热处理工艺规范 5. 曲轴耗损规律及其修理方法 6. 汽缸体耗损规律及其修理方法 7. 汽缸盖耗损规律及其修理方法 8. 工艺、工序和工艺卡编写方法
	（二）发动机总成大修	1. 能够检测、评定发动机技术状况，确定发动机修理内容 2. 能够进行缸盖和配气机构的大修 3. 能够进行曲柄连杆机构的大修 4. 能够进行汽油机燃油和点火系统的大修 5. 能够检测、拆装、维修柴油机燃料供给系统 6. 能够用喷油泵试验台对柴油发动机喷油泵进行检测、调整喷油提前角 7. 能够进行发动机总成的装配与调整	1. 真空表、汽缸压力表、发动机综合分析仪、示波器、废气分析仪、机油压力表等仪器的操作要点及注意事项 2. 汽缸盖和配气机构修理工艺 3. 汽缸体和曲轴连杆机构修理工艺 4. 润滑和冷却系统修理工艺 5. 汽油机燃油进气系统修理工艺 6. 柴油机燃料供给系统维修工艺 7. 喷油泵试验台的功能与使用方法 8. 发动机主要零部件修理技术要求 9. 发动机总成的装配、调整与磨合工艺

第四章　高级汽车维修工鉴定指南

续表

职业功能	工作内容	技能要求	相关知识
一、发动机大修	（三）过程检验与竣工验收	1. 发动机修理工艺过程检验 2. 发动机排放测试与调整 3. 发动机总成竣工验收	1. 发动机大修过程检验要求与竣工检验 2. 汽缸体修理技术要求 3. 曲轴修理技术要求 4. 凸轮轴修理技术要求
二、诊断排除发动机故障	（一）诊断排除发动机故障	1. 能够诊断排除发动机不能启动或启动困难故障 2. 能够诊断排除发动机排放超标故障 3. 能够诊断排除发动机油耗超标故障 4. 能够诊断排除发动机动力不足故障 5. 能够诊断排除发动机过热故障 6. 能够诊断排除电控发动机怠速不稳故障 7. 能够诊断排除电控发动机加速不良故障 8. 能够诊断排除发动机异响	1. 电控发动机检测诊断的程序与注意事项 2. 发动机机油消耗超标故障现象、原因与处理方法 3. 发动机异响故障现象、原因与处理方法
三、汽车底盘大修	（一）编制零部件修理工艺卡	1. 能够检测变速器壳体的磨损、变形和损伤程度，确定修理项目，编制变速器壳体修理工艺卡 2. 能够检测变速器输出轴的磨损与变形程度，确定修理项目，编制变速器输出轴修理工艺卡 3. 能够检测差速器壳的磨损、变形和损伤程度，确定修理项目，编制差速器壳修理工艺卡	1. 变速器壳体的磨损、变形规律及修理工艺 2. 变速器输出轴的磨损与变形规律及修理工艺 3. 差速器壳的磨损、变形和损伤及修理工艺 4. GB 5372《汽车变速器修理技术条件》 5. GB 8825《汽车驱动桥修理技术条件》
	（二）底盘总成大修	1. 能够进行手动变速器总成的大修 2. 能够进行驱动桥的大修 3. 能够进行转向系统的大修 4. 能够进行悬架系统的大修 5. 能够进行液压制动系统的大修 6. 能够进行气压制动系统的大修	1. 汽车修理类别及汽车大修送修标志 2. 汽车修理作业组织形式 3. 汽车大修工艺过程 4. 汽车总装的一般顺序 5. 手动变速器总成大修工艺 6. 驱动桥大修工艺 7. 机械转向器及转向操纵机构修理技术条件 8. 非独立悬架转向桥大修工艺 9. 液压制动传动装置修理技术标准 10. 气压制动传动装置修理技术标准 11. 车轮动平衡检测原理
	（三）过程检验	1. 离合器修理工艺过程检验 2. 变速器与分动器修理工艺过程检验 3. 传动轴及万向节修理工艺过程检验 4. 驱动桥修理工艺过程检验 5. 汽车制动系统修理工艺过程检验 6. 前桥及转向系统修理工艺过程检验 7. 悬架及车轮修理工艺过程检验	1. 修理工艺过程中的零件检验分类 2. 离合器修理技术要求 3. 变速器壳体修理技术要求 4. 差速器修理技术要求 5. 传动轴与万向节修理技术要求 6. 前桥修理技术要求 7. 悬架与车轮修理技术要求 8. 制动鼓修理技术要求 9. 盘式制动器修理技术要求

续表

职业功能	工作内容	技能要求	相关知识
三、汽车底盘大修	（四）竣工验收	1. 手动变速器总成竣工验收 2. 转向桥总成竣工验收 3. 驱动桥总成竣工验收 4. 车身竣工验收 5. 汽车制动性能检测 6. 汽车滑行性能检测	1. 汽车大修竣工检验 2. GB3798《汽车大修竣工出厂技术条件》 3. GB/T 15746.1—1995《汽车修理质量检查评定标准　整车大修》 4. GB/T 15746.3—1995《汽车修理质量检查评定标准　车身大修》 5. GB7258《机动车安全运行技术条件》（检测要求）
四、诊断排除底盘故障	诊断排除底盘故障	1. 能够诊断排除自动变速器故障灯报警故障 2. 能够诊断排除万向传动装置异响故障 3. 能够诊断排除离合器异响故障 4. 能够诊断排除变速器异响故障 5. 能够诊断排除轮胎异常磨损故障 6. 能够诊断排除前轮摆振故障 7. 能够诊断排除汽车制动跑偏故障 8. 能够诊断排除制动防抱死装置（ABS）失效故障	1. 自动变速器故障诊断程序 2. 万向传动装置异响故障现象及原因 3. 离合器异响故障现象及原因 4. 手动变速器异响故障现象及原因 5. 轮胎异常磨损故障现象及原因 6. 前轮摆振故障现象及原因 7. 汽车制动跑偏故障现象及原因 8. 制动防抱死装置（ABS）失效故障现象及原因
五、汽车电器设备修理	（一）充电系统修理	1. 能够测试蓄电池的技术状况，确定是否更换 2. 能够进行发电机的性能测试与修理 3. 能够测试、调整、维修发电机调节器	1. 发电机调节器控制电路知识 2. 电器设备综合试验台的功能
五、汽车电器设备修理	（二）启动系统修理	1. 能够对启动机进行性能试验与修理 2. 能够检修启动机控制电路	1. 启动机基本电路 2. 启动机控制电路的类型及特点
五、汽车电器设备修理	（三）空调系统修理	1. 能够测试空调系统的性能 2. 能够检测手动空调系统 3. 能够检测空调压缩机	1. 汽车空调系统的分类、组成与工作原理 2. 空调系统的性能与诊断参数 3. 暖风系统的检测方法
六、诊断排除汽车电器设备故障	诊断排除电器设备故障	1. 能够诊断排除灯光系统故障 2. 能够诊断排除手动空调系统故障	1. 汽车灯光系统故障现象、原因与处理方法 2. 手动空调系统故障现象、原因与处理方法

二、鉴定要素细目表

（1）高级汽车维修工理论知识鉴定要素细目表

第四章 高级汽车维修工鉴定指南

鉴定范围						鉴定点		
一级		二级		三级		代码	名称	重要程度
名称 代码 重要程度 比例	鉴定比重(%)	名称 代码 重要程度 比例	鉴定比重(%)	名称 代码 重要程度 比例	鉴定比重(%)			
基本要求 A (40:14:0)	15	职业道德 A (1:2:0)	5	职业道德 A (1:2:0)	5	001	职业道德的基本概念与作用	Y
^	^	^	^	^	^	002	职业道德的基本特征与基本规范	Y
^	^	^	^	^	^	003	汽车维修职业守则	X
^	^	基础知识 B (39:12:0)	10	工量具及设备 A (2:1:0)	1	001	汽车修理常用量具	X
^	^	^	^	^	^	002	汽车修理常用工具	X
^	^	^	^	^	^	003	汽车修理常用设备	Y
^	^	^	^	钳工 B (2:0:0)		001	钳工工具及选用	X
^	^	^	^	^	^	002	钳工基本操作	X
^	^	^	^	汽车常用材料 C (4:1:0)	1	001	汽车常用金属材料牌号性能与应用	X
^	^	^	^	^	^	002	汽车常用非金属材料牌号性能与应用	Y
^	^	^	^	^	^	003	燃料及润滑材料牌号、性能及应用	X
^	^	^	^	^	^	004	汽车常用工作液及应用	X
^	^	^	^	^	^	005	轴承与螺纹	X
^	^	^	^	机械识图 D (3:0:0)	1	001	视图基础知识	X
^	^	^	^	^	^	002	表面粗糙度的概念及标注	X
^	^	^	^	^	^	003	公差配合基础知识	X
^	^	^	^	液压传动 E (1:2:0)	1	001	液压传动工作原理与基本组成	Y
^	^	^	^	^	^	002	液压传动基本回路	Y
^	^	^	^	^	^	003	液压传动在汽车上的应用	X
^	^	^	^	电工电子 F (2:2:0)	1	001	电路基础知识	X
^	^	^	^	^	^	002	电磁感应	Y
^	^	^	^	^	^	003	正弦交流电基础知识	Y
^	^	^	^	^	^	004	常见电子元件与电子电路	X
^	^	^	^	汽车概述 G (1:1:0)		001	汽车的分类与型号	Y
^	^	^	^	^	^	002	汽车的组成与技术参数	X
^	^	^	^	汽车发动机 H (6:2:0)	2	001	发动机的总体构造	Y
^	^	^	^	^	^	002	四冲程发动机工作过程	X
^	^	^	^	^	^	003	曲柄连杆机构的功用与组成	X
^	^	^	^	^	^	004	配气机构的功用与组成	X
^	^	^	^	^	^	005	汽油机燃料系统的功用与组成	X
^	^	^	^	^	^	006	柴油机燃料系统的功用与组成	X
^	^	^	^	^	^	007	冷却系统的功用与组成	Y
^	^	^	^	^	^	008	润滑系统的功用与组成	X

续表

鉴定范围						鉴定点		
一级		二级		三级		代码	名称	重要程度
名称代码重要程度比例	鉴定比重(%)	名称代码重要程度比例	鉴定比重(%)	名称代码重要程度比例	鉴定比重(%)			
基本要求 A (40:14:0)	15	基础知识 B (39:12:0)	10	汽车底盘 I (5:2:0)	2	001	离合器的功用与组成	X
						002	变速器的功用与组成	Y
						003	万向传动装置与驱动桥的功用与组成	X
						004	行驶系统的功用与组成	X
						005	转向系统的功用与组成	X
						006	制动系统的功用与组成	X
						007	汽车车身结构与作用	Y
				汽车电气设备 J (4:1:0)	1	001	铅蓄电池的功用、组成及工作特性	X
						002	交流发电机及调压器的功用与组成	X
						003	启动机的功用与组成	X
						004	点火系统的功用与组成	X
						005	常用汽车电器辅助装置的功用	Y
				汽车电子控制装置 K (3:0:0)	1	001	汽车常用传感器基础知识	X
						002	车用电控单元基础知识	X
						003	汽车常用执行元件基础知识	X
				安全生产与环境保护 L (2:0:0)	1	001	汽车维修作业安全操作规程	X
						002	汽车排放污染及其防治	X
				质量管理与法律法规 M (4:0:0)	1	001	质量管理基础知识	X
						002	汽车维修质量的评价与控制	X
						003	劳动法与劳动合同法常识	X
						004	产品质量法与消费者权益保护法常识	X
相关知识 B (66:6:0)	85	发动机大修 A (17:5:0)	15	编制零部件修理工艺卡 A (7:1:0)	15	001	淬火、正火、回火及时效处理	X
						002	金属表面处理	X
						003	表面粗糙度概念	Y
						004	齿轮、曲轴及凸轮轴热处理规范	X
						005	曲轴耗损规律及其修理方法	X
						006	汽缸体耗损规律及其修理方法	X
						007	汽缸盖耗损规律及其修理方法	X
						008	汽车维修工艺和工艺卡编写方法	X

续表

鉴定范围					鉴定点		
一级		二级		三级			
名称代码重要程度比例	鉴定比重(%)	名称代码重要程度比例	鉴定比重(%)	名称代码重要程度比例	鉴定比重(%)	代码	名称	重要程度

一级		二级		三级		代码	名称	重要程度
相关知识 B (66:6:0)	85	发动机大修 A (17:5:0)	15	发动机总成大修 B (7:3:0)	15	001	常用检测仪器操作要点及注意事项	X
						002	汽缸盖和配气机构修理工艺	X
						003	汽缸体和曲柄连杆机构修理工艺	X
						004	润滑系统修理工艺	Y
						005	冷却系统修理工艺	Y
						006	汽油机燃油进气系统修理工艺	X
						007	柴油机燃料供给系统维修工艺	X
						008	喷油泵试验台的功能与使用方法	Y
						009	发动机主要零部件修理技术要求	X
						010	发动机装配与磨合工艺	X
				过程检验与竣工检验 C (3:1:0)		001	发动机大修过程检验要求与竣工检验	X
						002	汽缸体修理技术要求	X
						003	曲轴修理技术要求	X
						004	凸轮轴修理技术要求	Y
		诊断排除发动机故障 B (3:0:0)	16	诊断排除发动机故障 A (3:0:0)	16	001	发动机电控系统故障诊断程序与注意事项	X
						002	发动机机油消耗超标故障现象、原因及处理方法	X
						003	发动机异响故障现象、原因及处理方法	X
		底盘大修 C (27:0:0)	15	编制零部件修理工艺卡片 A (5:0:0)	15	001	变速器壳体磨损、变形规律及修理工艺	X
						002	变速器轴磨损与变形及修理工艺	X
						003	差速器壳磨损、变形和损伤及修理工艺	X
						004	GB 5372《汽车变速器修理技术条件》	X
						005	GB 8825《汽车驱动桥修理技术条件》	X
				底盘总成大修 B (11:0:0)		001	汽车修理的类别及汽车大修送修标志	X
						002	汽车修理作业组织形式	X
						003	汽车大修工艺过程	X
						004	汽车总装的一般顺序	X
						005	手动变速器总成大修工艺	X
						006	驱动桥大修工艺	X
						007	机械转向器及转向操纵机构修理技术标准	X
						008	非独立悬架转向桥的大修工艺	X
						009	液压制动传动装置修理技术标准	X
						010	气压制动传动装置修理技术标准	X
						011	车轮动平衡检测原理	X

续表

鉴定范围						鉴定点		
一级		二级		三级		代码	名称	重要程度
名称代码重要程度比例	鉴定比重(%)	名称代码重要程度比例	鉴定比重(%)	名称代码重要程度比例	鉴定比重(%)			
相关知识 B (66:6:0)	85	底盘大修 C (27:0:0)	15	过程检验 C (9:0:0)	15	001	修理工艺过程中的零件检验分类	X
^	^	^	^	^	^	002	离合器修理技术要求	X
^	^	^	^	^	^	003	变速器壳体修理技术要求	X
^	^	^	^	^	^	004	差速器修理技术要求	X
^	^	^	^	^	^	005	传动轴与万向节修理技术要求	X
^	^	^	^	^	^	006	前桥修理技术要求	X
^	^	^	^	^	^	007	悬架与车轮修理技术要求	X
^	^	^	^	^	^	008	制动鼓修理技术要求	X
^	^	^	^	^	^	009	盘式制动器修理技术要求	X
^	^	^	^	竣工验收 D (2:0:0)	^	001	汽车大修竣工检验	X
^	^	^	^	^	^	002	GB 3798《汽车大修竣工出厂技术条件》	X
^	^	诊断排除底盘故障 D (8:0:0)	14	诊断排除底盘故障 A (8:0:0)	14	001	自动变速器故障诊断程序	X
^	^	^	^	^	^	002	万传动装置异响故障现象及原因	X
^	^	^	^	^	^	003	离合器异响故障现象及原因	X
^	^	^	^	^	^	004	手动变速器异响故障现象及原因	X
^	^	^	^	^	^	005	轮胎异常磨损故障现象及原因	X
^	^	^	^	^	^	006	前轮摆振故障现象及原因	X
^	^	^	^	^	^	007	汽车制动跑偏故障现象及原因	X
^	^	^	^	^	^	008	制动防抱死装置（ABS）失效故障现象及原因	X
^	^	汽车电器设备修理 E (6:1:0)	15	充电系统修理 A (2:0:0)	15	001	发电机调节器控制电路知识	X
^	^	^	^	^	^	002	电器设备综合试验台的功能	X
^	^	^	^	启动系统修理 B (1:1:0)	^	001	启动机基本电路	Y
^	^	^	^	^	^	002	启动机控制电路的类型及特点	X
^	^	^	^	空调系统修理 C (3:0:0)	^	001	汽车空调系统的分类、组成与工作原理	X
^	^	^	^	^	^	002	空调系统的性能与诊断参数	X
^	^	^	^	^	^	003	暖风系统的检测方法	X

续表

鉴定范围						鉴定点		
一级		二级		三级					
名称代码重要程度比例	鉴定比重(%)	名称代码重要程度比例	鉴定比重(%)	名称代码重要程度比例	鉴定比重(%)	代码	名 称	重要程度
相关知识 B (66:6:0)	85	诊断排除汽车电器设备故障 F (5:0:0)	10	汽车灯光系统故障现象、原因与处理方法 A (4:0:0)	10	001	汽车灯光系统电路检修要点	X
^	^	^	^	^	^	002	前照灯的故障现象、原因与处理办法	X
^	^	^	^	^	^	003	转向灯电路的故障现象、原因与处理办法	X
^	^	^	^	^	^	004	制动灯不亮的故障现象、原因与处理办法	X
^	^	^	^	手动空调系统故障现象、原因与处理办法 B (1:0:0)	^	001	手动空调系统的故障现象、原因与处理办法	X

（2）高级汽车维修工操作技能鉴定要素细目表

鉴定范围一级			鉴定范围二级			选考方式	鉴定点			
代码重要程度比例	名称	鉴定比重(%)	代码重要程度比例	名称	鉴定比重(%)	^	代码	名 称	重要程度	试题量
A (13:0:0)	汽车修理	60	A (5:0:0)	发动机大修	20	任选一项	01	检测发动机零部件	X	3
^	^	^	^	^	^	^	02	编制修理工艺卡	X	4
^	^	^	^	^	^	^	03	配气机构大修	X	2
^	^	^	^	^	^	^	04	连杆活塞组装配	X	2
^	^	^	^	^	^	^	05	发动机总成装配	X	3
^	^	^	B (5:0:0)	汽车底盘大修	25	任选一项	01	变速器修理	X	3
^	^	^	^	^	^	^	02	驱动桥修理	X	2
^	^	^	^	^	^	^	03	转向系统修理	X	3
^	^	^	^	^	^	^	04	悬架系统修理	X	2
^	^	^	^	^	^	^	05	制动系统修理	X	4
^	^	^	C (3:0:0)	汽车电气设备修理	15	任选一项	01	充电系统修理	X	4
^	^	^	^	^	^	^	02	启动系统修理	X	4
^	^	^	^	^	^	^	03	空调系统修理	X	4
B (7:0:0)	汽车故障诊断排除	40	A (2:0:0)	发动机故障诊断排除	40	任选一项	01	发动机油电路故障诊断排除	X	7
^	^	^	^	^	^	^	02	发动机异响故障诊断	X	4

续表

鉴定范围一级			鉴定范围二级				鉴定点			
代码 重要程度比例	名称	鉴定比重(%)	代码 重要程度比例	名称	鉴定比重(%)	选考方式	代码	名称	重要程度	试题量
B (7:0:0)	汽车故障诊断排除	40	B (3:0:0)	汽车底盘故障诊断排除	40	任选一项	01	传动系统故障诊断	X	2
							02	行驶系统故障诊断	X	2
							03	制动系统故障诊断	X	2
			C (2:0:0)	电气设备故障诊断排除			01	诊断排除灯光系统故障	X	4
							02	诊断排除手动空调系统故障	X	4

第二节 理论知识试题

一、判断题

1. 职业道德是指从事一定职业的人们，在长期职业活动中形成的操作技能。（　）
2. 在职业活动中一贯地诚实守信会损害企业的利益。（　）
3. 尊师爱徒是集体主义原则在汽车维修职业道德中的具体体现。（　）
4. 百分表作为精密量具在测量时，能直接读出被测工件的实际尺寸大小。（　）
5. 开口扳手能显示扭矩的大小。（　）
6. 砂轮机用来磨削各种刀具，磨去工件或材料表面的毛刺、锐边等。（　）
7. 板牙是手工切削内螺纹的常用工具。（　）
8. 可调式铰刀可以调节刀具外径尺寸，因此，用少量铰刀就可以铰削多种尺寸的孔。（　）
9. 金属材料是否容易焊接的性能称为可焊性。（　）
10. 聚甲醛（POM）可广泛代用钢材用来制造小齿轮等零件。（　）
11. 汽油的辛烷值越高，其抗爆性能越好。（　）
12. 普通螺纹分为普通粗牙螺纹和普通细牙螺纹两种。（　）
13. 重合剖面的轮廓线用粗实线绘制。（　）
14. 互换性分为完全互换和不完全互换两类。（　）
15. 液压传动的工作介质是油液。（　）
16. 液压式动力转向装置按液流形式可分为常流式和常压式两种。（　）
17. 加在负载上的电压减小 1/2 时，则电流所做的功也将减小 1/2。（　）
18. 通电导体与磁场平行时，导体所受的电磁力最大。（　）
19. 交流电的有效值是根据其热效应来确定的。（　）
20. 二极管长期工作时，允许加到二极管两端的最高反向电压称为最高反向工作电压。（　）

第四章　高级汽车维修工鉴定指南

21．主参数代号位于汽车产品型号的第三部分，用两个阿拉伯数字表示。　（　）
22．最大总质量与整车装备质量之和称为最大装载质量。　（　）
23．活塞在上止点时，活塞顶上面的空间称为发动机工作容积。　（　）
24．四冲程柴油机的可燃混合气形成、着火方式等与汽油机相同。　（　）
25．曲柄连杆机构的功用是把燃烧气体作用在活塞环上的力转变为曲轴的转矩，并通过曲轴对外输出机械能。　（　）
26．采用液力挺柱的配气机构不需要预留气门间隙。　（　）
27．电控燃油喷射系统由空气供给系统、燃料供给系统和控制系统三个子系统组成。
　（　）
28．分开式燃烧室由主燃烧室和副燃烧室组成。　（　）
29．冷却系统的功用是使运转中的发动机保持在最低的温度范围内工作。　（　）
30．发动机润滑系统的功用是润滑、冷却、清洁和密封。　（　）
31．汽车离合器的功用之一是防止传动系统过载。　（　）
32．变速器的功用之一是可满足汽车倒车行驶的需要。　（　）
33．汽车万向传动装置一般由万向节、支撑轴组成。　（　）
34．汽车前桥一般是转向桥。　（　）
35．汽车转向器的功用是增大转向盘传到转向轮上的转向力矩，并改变力的传递方向。
　（　）
36．作为旋转元件的制动蹄，随同汽车车轮旋转。　（　）
37．承载式车身的特点是有车架。　（　）
38．发电机的端电压低于蓄电池电压时，由蓄电池向用电设备供电。　（　）
39．发电机风扇用于在发电机工作时，强制进行抽风冷却。　（　）
40．汽车发动机由启动机启动。　（　）
41．在汽车点火系统中，电容器可以防止触点烧蚀，且提高次级电流。　（　）
42．配置中央门锁的汽车，当驾驶室车门锁上后，所有车门自动锁上。　（　）
43．车用温度传感器用来检测发动机冷却液的温度、进气温度和排气温度。　（　）
44．电子控制单元是一种电子综合控制装置，包括硬件和软件两部分。　（　）
45．电磁继电器通电时，活动触点与固定常闭触点接通，与固定常开触点断开。　（　）
46．应把有油污的抹布存放在密闭容器里。　（　）
47．炭烟是柴油机排放的主要有害成分之一。　（　）
48．全面质量管理就是全员参加质量管理。　（　）
49．总成的清洁度是指按规定方法从被检总成的被检部位清洗下来的杂质总量。　（　）
50．权利和义务是互相矛盾的。　（　）
51．利用高温火焰将工件表面快速加热到淬火温度，随即喷水快速冷却的方法，称为火焰加热表面淬火。　（　）
52．在正常工作情况下，连杆轴颈的磨损比主轴颈的磨损要轻微些。　（　）
53．工艺规程只写明总的要求，并不具体写明每一工序如何操作。　（　）
54．润滑油压力不足或曲轴主轴颈与轴瓦之间间隙过小会导致烧瓦抱轴。　（　）

55．装有电控燃油喷射（EFI）系统的发动机，只要点火开关置于"ON"位置，汽油泵就会运转不停。（   ）

56．安装汽缸盖时，应将汽缸盖衬垫标有"OPEN TOP"字样的一面朝向汽缸体安装。（   ）

57．外协加工的零件维修厂家技术员要进行检验。（   ）

58．汽油机铝合金活塞与汽缸配合间隙大修标准为0.08～0.10mm。（   ）

59．电控汽车上所有故障都能以故障码的形式显示出来。（   ）

60．发动机机油消耗超标排气管一定冒蓝烟。（   ）

61．连杆弯曲变形会导致活塞敲缸。（   ）

62．造成差速器与主减速器从动圆锥（柱）齿轮接合面径向、端面圆跳动超差的主要原因是差速器壳轴颈磨损。（   ）

63．汽车总装后应检查、调整转向器啮合间隙。（   ）

64．差速器壳承孔与十字轴的配合通常为过渡配合。（   ）

65．前轴有裂纹损伤，只能更换。（   ）

66．零件检验后可将零件分为三类，其中，可用零件是指符合制造厂的设计制造标准的零件。（   ）

67．传动轴与万向节修理技术要求规定，长度超过1000mm的传动轴，中部径向圆跳动公差为1.0mm。（   ）

68．GB 3798《汽车大修竣工出厂技术条件》规定：汽车大修竣工后的主要结构参数应符合原设计规定，由于经修理而增加的自重，不得超过原设计自重的3%。（   ）

69．自动变速器失速转速低于标准值，说明发动机动力不足或液力变扭器有故障。（   ）

70．轮毂轴承松旷是导致汽车转向沉重故障的原因之一。（   ）

71．车轮胎面一侧磨损严重，通常是由前轮外倾不准或长期不换位造成的。（   ）

72．液压调节器电磁阀、主控制阀、压力开关、电动泵等出现短路、断路、搭铁电气故障，均可能会导致制动防抱死装置（ABS）失效。（   ）

73．电压调节器的作用是在发电机工作时，通过调节发电机的励磁电流来控制发电机的磁场强弱，从而使发电机的输出电压保持恒定。（   ）

74．在给发电机选用电压调节器时，必须要使调节器的电压等级与搭铁极性与发电机保持一致，否则将会导致发电机工作不正常。（   ）

75．发动机启动瞬间，由于阻力矩很大，启动机处于完全制动状态时，电枢电流达到最大值，产生最大的转矩值，称为制动转矩。这是汽车启动时采用直流串激式电动机的首要原因。（   ）

76．汽车用启动机一般采用交流串激式电动机，其磁极由固定在机壳上的铁芯和缠绕在上面的磁场绕组组成。（   ）

77．汽车空调是为了调节客厢内的空气温度、湿度，改善空气的流通条件和提高空气的洁净度。（   ）

78．汽车空调冷凝器和蒸发器一样，也是一种热交换器，它的作用恰好与蒸发器作用相

反，是将低温、低压的液态制冷剂蒸发，吸收车厢热量而制冷。　　　　　（　　）

79．将高低压压力表分别与压缩机的检修阀和高、低压管路上充、排，气阀相连，启动发动机，保持 2000r/min 的转速，打开空调系统，将温度设定至最低，风速调至最大，运转 15min 后，空调应有冷气吹出，同时观察窗内有无气泡产生。　　　　　（　　）

80．空调系统工作时，当车厢内温度为 24～30℃时，低压侧压力应为 105～310kPa；高压侧压力应为 1.4～1.5MPa。　　　　　（　　）

81．检查发动机暖风系统时，应检查进风口或进风格栅、电子扇等位置是否有杂物。若有，可以用压缩空气吹走灰尘，或在发动机冷却状态下，用水枪由里向外冲洗上述部位。
　　　　　（　　）

82．水暖式汽车空调取暖系统在发动机水温达到 90℃时才能正常工作。　（　　）

83．汽车所有照明设备都与电源串联，一般均采用单线制。　　　　　（　　）

84．打开前照灯，若车灯总开关的熔丝熔断，说明车灯总开关、变光开关或线路有搭铁短路故障。如果只在接通某一道光时熔丝才烧毁，则为该道光的线路有搭铁短路故障。
　　　　　（　　）

85．更换照明电中经常烧断熔丝时，应先查出烧毁原因后再更换同等数据的熔丝。
　　　　　（　　）

86．打开转向灯开关，发现转向灯亮而不闪，则故障原因可能是闪光器损坏。（　　）

87．打开汽车空调，发现空调制冷量不足，则其故障原因可能是压缩机不工作。（　　）

88．当制动灯不亮时，通过检查发现其灯泡正常，制动开关也正常，检查其灯座电压和搭铁也良好，则故障原因可能是制动灯开关损坏。　　　　　（　　）

二、单项选择题

1．职业道德是指从事一定职业的人，在工作和劳动过程中应遵循的、与职业活动紧密联系的（　　）的总和。
　　A．道德原则和规范　　　　　B．操作程序
　　C．劳动技能　　　　　　　　D．思维习惯

2．（　　）是社会道德要求在职业生活中的具体体现。
　　A．企业经营业绩　　　　　　B．企业发展战略
　　C．员工的技术水平　　　　　D．职业道德

3．下列选项中属于职业道德基本特征的是（　　）。
　　A．强制性　　　　　　　　　B．内容上的稳定性和连续性
　　C．随意性　　　　　　　　　D．自发性

4．规章制度与职业道德规范不同的是规章制度是企业制定的，而职业道德规范是通过（　　）形成的。
　　A．舆论　　　B．强制　　　C．会议　　　D．培训

5．千分尺是一种精密量具，其测量精度可达（　　）mm。
　　A．0.1　　　B．0.01　　　C．0.001　　　D．0.005

6．内径百分表在汽车修理中主要用来测量发动机汽缸的（　　）。

A. 平面度、内径和圆度 B. 同轴度和内径
C. 跳动量和圆度 D. 内径、圆度和圆柱度

7. 凡是有扭紧力矩要求的螺栓或螺母，均需用（　　）扳手拧紧。
   A. 开口 B. 扭力 C. 活动 D. 梅花
8. 汽缸压力表根据（　　）不同，分为汽油机汽缸压力表和柴油机汽缸压力表两种。
   A. 长度 B. 形状 C. 材料 D. 量程
9. 选用扳手时，应尽量少用（　　）。
   A. 梅花扳手 B. 扭力扳手 C. 套筒扳手 D. 活动扳手
10. 举升机一般分为汽车（　　）和汽车整车举升机两种。
    A. 部件举升机 B. 总成举升机 C. 局部举升机 D. 千斤顶
11. 在以下划线工具中，（　　）是基准工具。
    A. 划针 B. 样冲 C. 角尺 D. "V"型铁
12. 錾子一般用优质碳素工具钢制成，刃口部分经（　　）处理。
    A. 淬火+回火 B. 淬火+退火 C. 淬火+调质 D. 表面淬火
13. 锯弓是用来装夹锯条的，它有固定式和（　　）两种。
    A. 移动式 B. 可拆式 C. 可调式 D. 整体式
14. 锉刀可分为普通锉、特种锉和（　　）三类。
    A. 平锉 B. 方锉 C. 三角锉 D. 整形锉
15. 丝锥一般用合金工具钢或高速钢制成，并经（　　）。
    A. 淬火处理 B. 退火处理 C. 正火处理 D. 回火处理
16. 锯割时，一般应在工件的（　　）面上起锯。
    A. 最宽 B. 最窄 C. 任意 D. 水平
17. 攻不通螺孔时，由于丝锥不能切到底，所以钻孔深度要（　　）螺纹长度。
    A. 小于 B. 大于 C. 等于 D. 任意
18. 塑性是指金属材料在外力作用下，发生（　　）变形而不断裂的能力。
    A. 暂时性 B. 永久性 C. 弹性 D. 稳定性
19. 疲劳是指金属零件长期在（　　）作用下工作，突然发生断裂的现象。
    A. 静载荷 B. 动载荷 C. 交变载荷 D. 冲击载荷
20. 金属材料能够拉拔成线或能够碾轧成板的性能称为（　　）。
    A. 切削性 B. 延展性 C. 耐磨性 D. 渗透性
21. 与钢相比，铸铁工艺性能的突出特点是（　　）。
    A. 可焊性好 B. 淬透性好 C. 可铸性好 D. 可锻性好
22. 钢化玻璃用普通平板玻璃或磨光玻璃经（　　）制成。
    A. 加热与淬火 B. 冷却 C. 加钢铁 D. 回火
23. 在机油牌号中，在数字后面带"W"字母的表示（　　）。
    A. 低温系列 B. 普通系列 C. 四季通用 D. 多级油
24. 目前，常用的防冻液多属（　　），其中多加有防腐剂和染色剂，可以长期使用，所以称为长效防冻液。

A．酒精-水型　　　　B．甘油-水型　　　C．乙二醇-水型　　D．矿油型
25．径向滑动轴承主要承受（　　）载荷。
　　A．滑动　　　　　　B．推力　　　　　　C．径向　　　　　　D．轴向
26．凝点用来表示柴油的（　　）性能。
　　A．着火　　　　　　B．蒸发　　　　　　C．低温流动　　　　D．黏度
27．图样是技术性文件，它能表达（　　）的意图。
　　A．生产者　　　　　B．设计者　　　　　C．使用者　　　　　D．参观者
28．国家标准规定，在图框内的（　　）应留出标题栏。
　　A．左下角　　　　　B．右下角　　　　　C．中间位置　　　　D．任意位置
29．零件的主视图反映了零件的（　　）。
　　A．长度和宽度　　　B．宽度和高度　　　C．长度和高度　　　D．长度、宽度和高度
30．一般零件图应包括标题栏、一组视图、完整的尺寸和（　　）四项内容。
　　A．检验要求　　　　B．使用要求　　　　C．技术要求　　　　D．热处理要求
31．表面粗糙度符号尖端必须（　　）。
　　A．从材料内指向表面　　　　　　　　　B．从左指向右
　　C．从材料外指向表面　　　　　　　　　D．从右指向左
32．测量包括测量对象、计量单位、测量方法和（　　）四个要素。
　　A．测量结果　　　　B．测量器具　　　　C．测量误差　　　　D．测量精度
33．无论位置公差基准代号的方向如何，其字母必须（　　）填写。
　　A．水平　　　　　　B．垂直　　　　　　C．水平或垂直　　　D．任意
34．配合是指（　　）相同的、相互结合的孔和轴公差带之间的关系。
　　A．基本尺寸　　　　B．实际尺寸　　　　C．极限尺寸　　　　D．作用尺寸
35．液压传动利用（　　）来传递运动。
　　A．气体压力　　　　B．液体压力　　　　C．气体分子　　　　D．气体压强
36．液压传动系统一般由动力元件、（　　）、控制元件和辅助元件组成。
　　A．流量控制阀　　　B．方向控制阀　　　C．压力控制阀　　　D．执行元件
37．液压传动系统中，（　　）是动力元件。
　　A．液压泵　　　　　B．液压缸　　　　　C．液压控制阀　　　D．液压辅件
38．汽车采用的液力变矩器属于（　　）液压传动。
　　A．动力式　　　　　B．容积式　　　　　C．压力式　　　　　D．体积式
39．自卸车的举升系统属于（　　）液压传动。
　　A．动力式　　　　　B．容积式　　　　　C．压力式　　　　　D．体积式
40．两只电阻串联时阻值为10Ω，并联时阻值为1.6Ω，则两只电阻阻值分别为（　　）。
　　A．2Ω和8Ω　　　　B．3Ω和7Ω　　　　C．4Ω和6Ω　　　　D．5Ω和5Ω
41．1kWh 电可供一只"220V、25W"的灯泡正常发光时间是（　　）h。
　　A．20　　　　　　　B．25　　　　　　　C．40　　　　　　　D．45
42．一用电器测得其阻值是55Ω，使用时的电流为4A，则其供电线路的电压为（　　）V。
　　A．100　　　　　　 B．110　　　　　　 C．200　　　　　　 D．220

43．通电导体在磁场中受到的磁场力的方向可用（　　）来确定。
　　A．右手定则　　　　　　　　　B．右手螺旋定则
　　C．左手定则　　　　　　　　　D．欧姆定律
44．三相绕组的三个空间位置间隔（　　）。
　　A．30°　　　　B．60°　　　　C．90°　　　　D．120°
45．三极管的（　　）是用来表示三极管的电流放大能力的参数。
　　A．电流放大系数　　　　　　　B．穿透电流
　　C．最大允许电流　　　　　　　D．反向击穿电压
46．半导体二极管按（　　）划分，可分为锗二极管和硅二极管两种。
　　A．结构　　　　B．用途　　　　C．基片材料　　D．尺寸
47．解放 CA1092 型汽车中的 1 表示（　　）。
　　A．企业名称　　B．车辆类别代号　C．载荷　　　　D．自重
48．在国产汽车型号中，轿车的主参数代号为（　　）。
　　A．汽车长度　　B．汽车总质量　　C．发动机排量　D．载客人数
49．汽车通常由发动机、底盘、车身和（　　）四部分组成。
　　A．离合器　　　B．变速器　　　　C．车轮　　　　D．电气设备
50．底盘由传动系、行驶系、转向系和（　　）四部分组成。
　　A．燃油系　　　B．制动系　　　　C．电气系　　　D．冷却系
51．汽车满载时的最大爬坡能力称为（　　）。
　　A．最大爬坡度　B．最小爬坡度　　C．爬坡度　　　D．功率
52．车体前部突出点向前轮引的切线与地面的夹角，称为（　　）
　　A．离去角　　　B．接近角　　　　C．外倾角　　　D．后倾角
53．活塞在汽缸内作往复直线运动时，活塞顶距离曲轴回转中心（　　）的极限位置，称为上止点。
　　A．最远　　　　B．最近　　　　　C．中央　　　　D．水平
54．发动机各汽缸（　　）的总和称为发动机排量。
　　A．工作容积　　B．总容积　　　　C．燃烧室容积　D．活塞行程
55．曲柄连杆机构的功用是把（　　）作用在活塞顶上的力转变为曲轴的转矩，并通过曲轴对外输出机械能。
　　A．气体　　　　B．汽油　　　　　C．空气　　　　D．燃烧气体
56．电控燃油喷射系统由空气系统、燃料系统和（　　）三个子系统组成。
　　A．冷却系统　　B．控制系统　　　C．润滑系统　　D．油泵系统
57．发动机润滑系统的功用是（　　）。
　　A．润滑　　　　　　　　　　　　B．冷却
　　C．润滑、冷却　　　　　　　　　D．润滑、冷却、清洁、密封
58．汽车传动系统的功用是将发动机发出的动力传给（　　）。
　　A．万向传动装置　B．离合器　　　C．变速器　　　D．驱动车轮
59．自动变速器主要由液力变矩器、（　　）、液压泵、控制系统等几部分组成。

第四章　高级汽车维修工鉴定指南

　　　A．齿轮变速器　　B．同步器　　　　C．压盘　　　　　D．分离叉
60．从离合器踏板到分离叉之间的各杆件统称为（　　）。
　　　A．操纵机构　　　B．分离机构　　　C．压紧装置　　　D．从动部分
61．汽车主减速器的功用是（　　），在发动机纵置时还具有改变转矩方向的作用。
　　　A．降速增矩　　　B．降速降矩　　　C．增速增矩　　　D．增速降矩
62．汽车悬架是（　　）与车桥之间的弹性传力装置。
　　　A．车架　　　　　B．车轮　　　　　C．减震器　　　　D．车厢
63．转向系统的作用是实现汽车（　　）的改变和保持汽车稳定的行驶路线。
　　　A．速度　　　　　B．动力　　　　　C．行驶方向　　　D．加速度
64．固定在汽车车轮上的旋转元件是（　　）。
　　　A．制动盘　　　　B．制动块总成　　C．活塞　　　　　D．钳形支架
65．汽车发电机过载时，（　　）协助发电机向用电设备供电。
　　　A．启动机　　　　B．点火线圈　　　C．分电器　　　　D．蓄电池
66．汽车交流发电机的（　　）是用来将定子绕组产生的三相交流电变为直流电的。
　　　A．转子总成　　　B．电刷　　　　　C．整流器　　　　D．风扇
67．发动机启动后，启动机驱动齿轮与飞轮齿圈（　　）。
　　　A．接合　　　　　B．脱离　　　　　C．半接合　　　　D．半脱离
68．（　　）用来清除汽车风窗玻璃上的雨水、雪或尘土，以确保驾驶员能有良好的视线。
　　　A．电动刮水器　　B．电动机　　　　C．启动机　　　　D．电动窗
69．装有（　　）的汽车，驾驶员可通过遥控器或钥匙来控制所有车门及行李箱锁。
　　　A．中央门锁　　　B．电动窗　　　　C．电动机　　　　D．电动刮水器
70．翼板式空气流量传感器安装在发动机（　　）。
　　　A．空气滤清器之前　　　　　　　　B．空气滤清器和节气门之间
　　　C．节气门之后　　　　　　　　　　D．节气门之后、空气滤清器之前
71．负温度系数热敏电阻随温度升高阻值（　　）。
　　　A．上升　　　　　B．下降　　　　　C．不变　　　　　D．略为上升
72．执行器把从ECU传来的电信号转换为（　　）。
　　　A．机械运动　　　B．化学运动　　　C．分子运动　　　D．电子运动
73．步进电动机的转子用（　　）制成。
　　　A．通电线圈　　　B．合金钢　　　　C．合金铁　　　　D．永久磁铁
74．利用EGR系统，可减小汽车（　　）的排放。
　　　A．CO　　　　　　B．HC　　　　　　C．NO_X　　　　　D．炭烟
75．在配制电解液时，将（　　）中。
　　　A．水慢慢倒入硫酸　　　　　　　　B．硫酸慢慢倒入水
　　　C．硫酸慢慢倒入盐酸　　　　　　　D．盐酸慢慢倒入硫酸
76．空气滤清器的滤网堵塞，会加大汽车（　　）排放量。
　　　A．CO　　　　　　B．HC　　　　　　C．NO_X　　　　　D．CO和HC
77．当发动机汽缸压力低时，会导致（　　）的含量增加。

　　　　A．CO　　　　B．HC　　　　C．NO$_X$　　　　D．CO 和 HC
78．产品质量是指产品（　　）。
　　　　A．性能　　　　B．寿命　　　　C．可靠性　　　　D．好坏的优劣程度
79．全面质量管理的四个环节是（　　）。
　　　　A．PDCA　　　　B．DPCA　　　　C．CDPA　　　　D．ACDP
80．汽车大修后，其发动机的功率不得小于原车功率的（　　）。
　　　　A．90%　　　　B．80%　　　　C．70%　　　　D．60%
81．（　　）决定了相关总成、部件和汽车的工作平衡程度。
　　　　A．振动　　　　B．噪声　　　　C．总成清洁度　　　　D．动、静平衡程度
82．我国劳动法规定，禁止用人单位招聘未满（　　）周岁的未成年人。
　　　　A．16　　　　B．17　　　　C．18　　　　D．19
83．产品质量法是调整在生产、流通和消费过程中因产品质量所发生的（　　）的法律规范的总和。
　　　　A．人际关系　　　　　　　　B．经济关系
　　　　C．企业与个人关系　　　　　D．企业与企业关系
84．消费者权益是指消费者在有偿获得商品或（　　）时所应得到的正当权利。
　　　　A．货物　　　　B．生产资料　　　　C．接受服务　　　　D．生活资料
85．对侵犯消费者合法权益的行为，可采取民事的、行政的和（　　）的手段来保护消费者的合法权益。
　　　　A．强制　　　　B．道德　　　　C．法律　　　　D．刑事
86．（　　）是将工件加热到适当温度，根据材料和工件尺寸采用不同的保温时间，然后进行缓慢冷却，目的是使金属内部组织达到或接近平衡状态，获得良好的工艺性能和使用性能。
　　　　A．退火　　　　B．淬火　　　　C．正火　　　　D．回火
87．国家规定表面粗糙度的间距参数为（　　）个。
　　　　A．4　　　　B．3　　　　C．2　　　　D．1
88．在正常磨损下，汽缸最大磨损部位在（　　）。
　　　　A．前后部位　　　　　　　　B．汽缸套中部
　　　　C．汽缸套下止点附近　　　　D．活塞上止点第一道活塞环所对应的缸壁处
89．用汽缸压力表检测汽缸压缩压力时，每个汽缸需测试压力（　　）次。
　　　　A．1　　　　B．2~3　　　　C．4　　　　D．5
90．机油限压阀弹簧过软会导致机油（　　）。
　　　　A．压力过低　　　　B．压力过高　　　　C．消耗过多　　　　D．变质
91．采用垫片调整喷油器的喷油压力时，每只喷油器只能用（　　）只垫片。
　　　　A．1　　　　B．2　　　　C．3　　　　D．4
92．发动机热磨合的目的主要是（　　）。
　　　　A．提高发动机的可靠性　　　　B．改善各摩擦副表面的工作状况
　　　　C．对发动机进行测试　　　　　D．对发动机的工作进行检查调整

93．曲轴后端装变速器的第一轴轴承孔，内径磨损一般不大于（　　　）mm，径向圆跳动不大于0.06mm，否则，将使变速器齿轮出现噪声，加速变速器的磨损。
　　　A．0.12　　　　　B．0.18　　　　　C．0.22　　　　　D．0.25
94．发动机电控系统故障诊断中的基本检查主要包括（　　）的检查与调整。
　　　A．基本怠速和基本点火正时　　　　B．燃油压力和基本点火正时
　　　C．基本怠速和进气歧管真空度　　　D．燃油系统和点火系统
95．关于发动机机油消耗超标的原因，下列说法不正确的是（　　）。
　　　A．活塞、活塞环与缸壁磨损严重，造成配合间隙过大所致
　　　B．活塞环与活塞环槽磨损严重，导致窜机油
　　　C．气门油封损坏所致
　　　D．燃油压力过高所致
96．在下列各项中，关于发动机异响的描述与气门脚响对应的一项是（　　）。
　　　A．转速突然变化时在汽缸体下部发出低沉连续的"噔噔"声
　　　B．怠速时在汽缸体上部发出有节奏的"嗒嗒"声
　　　C．转速突然变化时在机油尺入口处有明显连续地"嗵嗵"声
　　　D．怠速时在汽缸体上部或机油尺入口处有较明显清晰的、有节奏的"吭吭"声
97．手动变速器齿轮传动中的径向分力是造成（　　）的主要原因。
　　　A．变速器壳体裂纹　　　　　　　　B．变速器壳体轴承孔偏磨
　　　C．变速器轴承滚道疲劳剥落　　　　D．变速器壳体螺纹孔的损坏
98．差速器壳与行星齿轮、半轴齿轮垫片的接触面会磨损出小的沟槽，修理方法是（　　）。
　　　A．用砂纸打磨，并更换行星齿轮及半轴齿轮垫片
　　　B．更换行星齿轮
　　　C．更换半轴齿轮
　　　D．更换行星齿轮及半轴齿轮垫片
99．GB 5372《汽车变速器修理技术条件》规定：变速器盖与壳体的接合平面长度大于250mm，其平面度公差为（　　）。
　　　A．0.10mm　　　B．0.15mm　　　C．0.20mm　　　D．0.25mm
100．判定载货汽车是否需要进行整车大修，以（　　）需要大修为主要依据。
　　　A．发动机附离合器总成　　　　　　B．车身总成
　　　C．驱动桥总成　　　　　　　　　　D．转向系统与制动系统中主要总成
101．生产效率高的汽车修理劳动组织形式是（　　）。
　　　A．就车修理法　　B．固定作业法　　C．专业分工法　　D．总成互换法
102．GB 8823《汽车前桥及转向系修理技术条件》的规定，转向器壳体及盖接合平面的平面度公差为（　　）。
　　　A．0.05mm　　　B．0.08mm　　　C．0.10mm　　　D．0.15mm
103．GB/T 18275.2—2000《汽车制动传动装置修理技术条件——液压制动》规定，主缸、轮缸的缸筒在活塞行程内表面粗糙度和活塞外圆柱面表面粗糙度应不大于（　　）。
　　　A．$Ra0.8\mu m$　　B．$Ra1.6\mu m$　　C．$Ra3.2\mu m$　　D．$Ra6.4\mu m$

104．零件分类检验方法归纳起来有三类，分别为（　　）。
　　A．比较法、测量法和探伤法　　B．检视法、经验法和探伤法
　　C．检视法、测量法和比较法　　D．检视法、测量法和探伤法

105．离合器压盘修磨加工后的压盘厚度一般应不小于标准厚度（　　）。
　　A．1mm　　B．1.5mm　　C．2mm　　D．2.5mm

106．修理技术要求悬架钢板弹簧卡子套管与钢板弹簧顶面的距离应为（　　）。
　　A．1～2mm　　B．1～3mm　　C．2～4mm　　D．3～4mm

107．根据制动鼓修理技术条件，直径大于320mm小于420mm的制动鼓，同轴上的左右制动鼓的直径差值不得大于（　　）。
　　A．0.2mm　　B．0.5mm　　C．0.8mm　　D．1.0mm

108．承修单位对大修竣工的汽车质量保证期自出厂之日起，不少于三个月或行驶里程不少于（　　）。
　　A．20000km　　B．10000km　　C．8000km　　D．5000km

109．自动变速器失速转速高于标准值，说明主油路油压过低或（　　）。
　　A．液力变扭器有故障　　B．发动机动力不足
　　C．换挡执行元件打滑　　D．主油路油压过高

110．起步和变换车速时，万向传动装置有明显的撞击声，低速比高速时明显，多为中间支撑（　　）。
　　A．轴承内圈过盈配合松旷
　　B．支撑架固定螺栓松动
　　C．轴承支架的橡胶垫环、紧固螺栓过紧
　　D．轴承支架的橡胶垫环、紧固螺栓过松

111．诊断前轮摆振故障时，轻轻地左右转动转向盘，在转向器垂臂不动的情况下，若转向盘转动量超过规定，则引起该现象的原因不可能是（　　）。
　　A．转向盘与转向轴之间松旷　　B．转向器内主、从动部分啮合松旷
　　C．横、直拉杆球头磨损松旷　　D．转向器主动部分轴承松旷

112．可能导致制动防抱死装置（ABS）失效故障的是（　　）。
　　A．制动器制动蹄回位弹簧过软　　B．制动器间隙偏大
　　C．主缸活塞回位弹簧过软　　　　D．制动液液面过低

113．电压调节器的作用是在发电机工作时，通过调节发电机的（　　）来控制发电机的磁场强弱，从而使发电机的输出电压保持恒定。
　　A．整流器　　B．励磁电流　　C．输出电压　　D．输出电流

114．当发电机电压高于蓄电池电压时，其励磁方式为（　　）。
　　A．串激式　　B．混合式　　C．自激式　　D．他激式

115．汽车万能电器试验台可以用来检测交流发电机的空载转速和发电机达到其额定转速时的（　　）。
　　A．输出电流　　B．充电电压　　C．输出功率　　D．充电电流

116．启动机电磁开关内部有两组线圈，其（　　）一端与电磁开关接线柱相连，另一端

搭铁。

　　A．保位线圈　　B．电枢绕组　　C．磁场绕组　　D．吸拉线圈

117．发动机启动过程中，当启动机主电路接通时，启动机通入启动电流，产生电磁转矩而使发动机启动。此时，（　　）线圈被短接，只依靠（　　）线圈产生的电磁力来保持啮合位置。

　　A．吸拉、保位　　B．保位、吸拉　　C．保位、保位　　D．吸拉、吸拉

118．现代轿车常用的小功率永磁式启动机或永磁式减速启动机，因启动阻力矩较小，启动电流不大，所以可以用（　　）直接控制。

　　A．点火开关　　B．启动继电器　　C．电磁开关　　D．电压调节器

119．汽车空调储液干燥器的作用是（　　）。

　　A．防止系统中的水分与制冷剂产生化学作用

　　B．防止膨胀阀处结冰和堵塞

　　C．随时向系统补充制冷剂

　　D．以上答案都对

120．将高低压压力表分别与压缩机的检修阀和高、低压管路上充、排气阀相连，启动发动机，保持2000r/min的转速，打开空调系统，将温度设定至最低，风速调至最大，运转15min后，空调应有冷气吹出，同时观察窗内应（　　）。

　　A．有气泡产生　　　　　　　　B．有霜状物

　　C．乳状混浊物产生　　　　　　D．无气泡产生

121．汽车空调使用时，其车厢内相对湿度要求控制在（　　）范围内，人体才感到舒适。

　　A．20%～30%　　B．50%～70%　　C．70%～80%　　D．30%～50%

122．水暖式暖风系统结构简单、耗能少，但因其供暖较小，且发动机水温较低或停车时不能采暖，所以在一些轿车上加装了（　　）来提高采暖性能。

　　A．燃烧加热装置　　　　　　　B．独立加热装置

　　C．尾气加热装置　　　　　　　D．电辅加热装置

123．水暖式汽车空调取暖系统能在发动机水温达到（　　）时才能正常工作。

　　A．40℃　　　　B．60℃　　　　C．80℃　　　　D．90℃

124．汽车灯光电路中所有用电设备都与电源（　　）。

　　A．串联　　　　B．并联　　　　C．串联或并联　　D．连接

125．汽车灯光系统中，对于用电量较大的前照灯，还增设了（　　），以保护前照灯开关不被烧坏。

　　A．电压调节器　　B．稳压器　　C．限流器　　　D．灯光继电器

126．汽车前照灯灯光继电器的作用不包括（　　）。

　　A．避免大电流经过灯光控制开关　　B．避免灯光控制开关损坏

　　C．便于电路检修　　　　　　　　　D．保护灯泡

127．打开前照灯开关，其远近光均不亮，则故障原因不可能是（　　）。

　　A．灯光继电器损坏控制　　　　B．电路中有断路

　　C．灯泡烧毁　　　　　　　　　D．蓄电池电量不足

128．打开前照灯开关时，发现前照灯虽亮但光线暗淡，则其故障原因可能是（   ）。
 A．蓄电池电压过高　　　　　　B．发电机输出电压过高
 C．前照灯灯座接触不良　　　　D．电压调节器断路

129．打开转向灯开关，发现转向灯亮而不闪，则故障原因可能是（   ）。
 A．转向灯灯泡烧毁　　　　　　B．闪光器损坏
 C．转向灯电路有断路　　　　　D．蓄电池电压过高

130．当制动灯不亮时，通过检查发现其灯泡正常，制动开关也正常，检查其灯座电压和搭铁也良好，则故障原因可能是（   ）。
 A．制动灯开关损坏　　　　　　B．线路中有断路
 C．线路中有短路　　　　　　　D．制动灯与灯座接触不良

131．打开汽车空调，发现空调完全不制冷，则其故障原因可能是（   ）。
 A．无制冷剂　　　　　　　　　B．制冷剂不足
 C．压缩机皮带过紧　　　　　　D．制冷剂量过多

三、多项选择题

1．下列各项中属于钢铁整体热处理基本工艺的是（   ）。
 A．渗炭　　　　B．正火　　　　C．淬火　　　　D．法兰

2．下列各项中属于曲轴热处理工序的是（   ）。
 A．正火　　　　　　　　　　　B．高温回火（风冷）
 C．高频淬火　　　　　　　　　D．退火

3．汽缸盖的主要耗损形式是（   ）。
 A．裂纹　　　　B．螺纹孔损坏　　C．腐蚀　　　　D．变形

4．测量汽缸盖下平面的平面度误差需要用到的测量仪具有（   ）。
 A．塞尺　　　　B．百分表　　　　C．直尺　　　　D．测量平台

5．汽车发动机冷却系统采用密封式冷却的优点是（   ）。
 A．冷却液能在沸点以上不汽化　　B．能防止冷却液过量消耗
 C．能减轻水垢沉积速度　　　　　D．能延长水泵使用寿命

6．下列各项中属于喷油泵试验台功能的是（   ）。
 A．测试不同转速下各缸供油量　　B．静态检查各缸供油时间
 C．检查调速器性能　　　　　　　D．进行喷油泵密封性试验

7．下列各项检验属于发动机大修过程检验的是（   ）。
 A．发动机解体清洗后零件或总成检验
 B．零件或总成修理后检验
 C．外购配件检验
 D．发动机装配时零件检验

8．关于凸轮轴修理技术要求，下列叙述错误的是（   ）。
 A．汽油机凸轮轴轴向间隙大修标准为 0.20～0.30mm

B．凸轮工作表面出现击伤、麻点、毛糙或不均匀磨损，应修复或更换

C．凸轮轴弯曲度一般不得大于 0.03mm，超过 0.10mm，必须冷压校正或更换

D．凸轮升程减小 8%以上应予修复或更换

9．关于电控燃油喷射系统检修，下列说法正确的是（　　）。

A．在没有连接和拧紧蓄电池电缆接头时，决不要启动发动机

B．不可在发动机运转时拆下蓄电池电缆

C．在点火开关接通时，决不要取下或插上计算机的线束插头

D．当蓄电池缺电时，可用快速充电机进行辅助启动

10．关于发动机机油消耗超标的原因，下列说法正确的是（　　）。

A．活塞、活塞环与缸壁磨损严重，造成配合间隙过大所致

B．活塞环与活塞环槽磨损严重，导致窜机油

C．气门油封损坏所致

D．气门杆与气门导管磨损严重，造成配合间隙过大所致

11．下列各项中属于曲轴主轴承异响原因的是（　　）。

A．发动机温度过高　　　　　B．主轴承盖螺栓松动

C．主轴承与轴颈配合间隙过大　D．主轴承走外圆

12．手动变速器轴常见的耗损有（　　）。

A．弯曲变形　　　　　　　　B．轴颈磨损

C．断裂　　　　　　　　　　D．花键齿磨损

13．以下对差速器壳所采取的修理工艺正确的是（　　）。

A．差速器壳轴颈磨损超限可用镀铬修复

B．差速器壳体裂纹用焊修法修理

C．差速器壳与主减速器从动圆锥齿轮接合面经向、端面圆跳动超差，采用冷压校正

D．差速器壳与半轴齿轮垫片的接触面有小的沟槽，可用砂纸打磨，并更换行星齿轮及半轴齿轮垫片

14．以下表述中符合 GB 8825《汽车驱动桥修理技术条件》的是（　　）。

A．桥壳钢板弹簧座定位孔磨损不得大于 2.50mm

B．桥壳钢板弹簧座厚度减少量不大于 2mm

C．桥壳油封轴颈的径向磨损不大于 0.15mm

D．半轴套管应进行探伤检查，有裂纹须焊修

15．属正常汽车修理类别的是（　　）。

A．汽车大修　　B．总成大修　　C．零件修理　　D．质量性返修

16．属于汽车总装后应做的检查、调整项目是（　　）。

A．制动器间隙　　　　　　　B．转向器啮合间隙

C．离合器踏板的自由行程　　D．驻车制动器间隙

17．检验万向传动装置十字轴的技术状况时，不能采取修复，只能更换的损伤是（　　）。

A．十字轴裂纹　　　　　　　B．万向节轴颈与十字轴轴承配合间隙超限

C．十字轴轴颈明显凹陷　　　D．万向节轴颈与十字轴轴承配合间隙超限

18．零件探伤常用的方法有（　　）。
　　A．磁力探伤　　　　　　　　B．荧光探伤与浸油敲击
　　C．水压试验　　　　　　　　D．超声波探伤
19．符合 GB/T 18343—2001《汽车盘式制动器修理技术条件》标准相应规定的选项是（　　）。
　　A．制动盘总厚度一般不得小于标准厚度 2.0mm，划痕沟槽深度不得大于 0.38mm
　　B．修理后的和换新的制动盘其端面平面度应不大于 0.20mm
　　C．装配后制动盘端面全跳动一般不应大于 0.15mm
　　D．制动盘不得有裂纹，其工作表面不得有锈斑、缩孔等现象
20．传动装置在汽车行驶中发出周期性的响声，速度越快响声越大，甚至伴随有车身振动，握转向盘的手感觉麻木，可能的故障原因有（　　）。
　　A．传动轴弯曲　　　　　　　B．中间支撑轴承内圈过盈配合松旷
　　C．传动轴管凹陷　　　　　　D．万向节十字轴轴承磨损松旷
21．不会引起转向盘自由行程过大的是（　　）。
　　A．转向器的啮合间隙过大
　　B．纵、横拉杆球头连接调整过紧
　　C．转向器主、从动部分的啮合调整得太紧
　　D．转向节止推轴承缺油或损坏
22．前轮胎面两侧胎肩磨损严重，故障原因不可能是（　　）。
　　A．轮胎气压过高　　　　　　B．轮胎气压过低
　　C．前轮旋转质量不平衡　　　D．前束过大、过小
23．为保证交流发电机工作正常，在选配其电压调节器时必须保证（　　）。
　　A．调节器与发电机的电压等级保持一致
　　B．调节器与发电机的搭铁极性相同
　　C．调节器与发电机的搭铁极性相反
　　D．调节器的调节电压应为 12V
24．发电机输出电压的大小取决于（　　）。
　　A．发电机转速　　　　　　　B．磁场强弱
　　C．励磁电流的大小　　　　　D．电压调节器的调节电压
25．汽车万能电器试验台可用来检测交流发电机的（　　）。
　　A．空载特性　　B．负载特性　　C．全制动特性　　D．输出电压特性
26．实践工作中，我们一般通过进行启动机的（　　）试验来检测启动机是否正常。
　　A．空转　　　　B．全制动　　　C．负载　　　　　D．功率
27．汽车空调是为了调节客厅内的空气温度、湿度，改善空气的流通条件和提高空气的洁净度。其主要由（　　）几个部分组成。
　　A．制冷系统　　B．暖风系统　　C．通风系统　　　D．空气净化系统
28．冷凝器又称散热器，一般安装在车头或汽车的侧面、车底。其作用是将从蒸发器吸来的热量和压缩机做功转换的热量排放出去。一般有（　　）几种形式。

A. 管带式 B. 管翅式
C. 冷凝器水箱一体式 D. 分体式
29. 汽车空调系统的性能评价指标主要包括（　　）。
A. 温度指标 B. 湿度指标
C. 空气清新度指标 D. 除霜功能
30. 水暖式暖风系统为目前汽车上常用的一种暖风系统，由（　　）等几部分组成。
A. 加热系统 B. 鼓风系统
C. 电辅加热系统 D. 制冷压缩系统
31. 导致发动机水暖式空调不供暖或供暖不足的原因可能是（　　）。
A. 加热器损坏 B. 加热器开关没有打开
C. 节温器损坏 D. 发动机水温过低
32. 打开汽车空调，发现其制冷量不足，则其故障原因可能是（　　）。
A. 制冷剂不足 B. 压缩机不工作
C. 压缩机皮带打滑 D. 蒸发器被灰尘等异物堵住
33. 汽车灯光电路主要有各种（　　）等组成。
A. 照明灯具 B. 灯光开关 C. 灯光继电器 D. 熔断器
34. 打开前照灯控制开关，发现其远光与近光均匀亮，则其故障原因可能是（　　）。
A. 灯光继电器损坏 B. 灯光控制开关损坏
C. 灯光控制电路中有断路 D. 灯泡烧毁
35. 打开转向灯开关时，若有一侧灯光不亮，则故障原因可能是（　　）。
A. 该侧灯具灯泡烧毁 B. 蓄电池电压过低
C. 该侧灯具线路中有断路 D. 该侧灯具灯座接触不良

第三节　操作技能试题

试题1：曲轴轴颈磨损检测并确定其修理尺寸

准备通知单

一、试题名称

曲轴轴颈磨损检测并确定其修理尺寸

二、准备要求

（1）设备准备

序　号	名　称	规　格	数　量	备　注
1	测量平台		1个	
2	待测曲轴		1根	

（2）工具准备

序号	名称	规格	数量	备注
1	V形架		1对	
2	千分尺		1把	
3	棉纱		若干	
4	工作服		1套	

三、考场准备

1．考核场地整洁规范，无干扰。

2．安全防护齐全，且符合标准。

3．根据考核情况确定工位。

试题正文

一、试题名称

曲轴轴颈磨损检测并确定其修理尺寸

二、考核内容

1．准备工作。

2．操作过程。

3．使用工具。

4．安全及其他。

三、考核时限

1．准备工作5min。

2．正式操作30min。

3．计时从正式操作开始，至操作完毕。

4．超时1min从总分中扣5分，超时3min停止操作。

四、考核评分

1．监考员负责考场事务。

2．满分为20分。

3．考评员应具有本工种的实际操作经验，评分公正准确。

4．考评员可根据考生所在装置的实际情况，对评分标准作适当调整。

5．各项配分依难易程度、精度高低和重要程度制定。

6．评分方法：按单项扣分、得分。

五、评分记录表

试题名称		曲轴轴颈磨损检测并确定其修理尺寸				
序号	考核内容	考核要点	配分	评分标准	得分	备注
1	准备工作	穿戴劳保用品	1	未穿戴整齐扣1分		
		工具、用具准备	1	工具选择不正确扣1分		
2	操作程序	摆放好曲轴	2	未清洁轴颈扣1分		
				摆放不正确扣1分		

续表

试题名称		曲轴轴颈磨损检测并确定其修理尺寸				
序号	考核内容	考核要点	配分	评分标准	得分	备注
3	操作程序	校正千分尺	2	未校扣2分		
4		选择测量部位	2	测量部位选择不正确扣2分		
5		测量	6	操作不当扣4分		
				测量结果不正确扣2分		
6		计算	2	计算方法错扣2分		
7		确定修理尺寸	1	确定修理尺寸错误扣2分		
8		整理现场	1	未整理现场扣1分		
9	使用工具	正确使用工具	1	工具使用不正确扣1分		
		正确维护工具	1	工具乱摆乱放扣1分		
10	安全及其他	按国家法规或企业规定		违规一次总分扣5分，严重违规停止操作		
		在规定时间内完成操作		超时1min总分扣5分，超时3min停止操作		
得 分						

评分人：　　　　年　月　日　　　　　　　　　核分人：　　　　年　月　日

试题2：活塞连杆组的安装

准备通知单

一、试题名称

活塞连杆组的安装

二、准备要求

（1）设备准备

序号	名称	规格	数量	备注
1	已安装好曲轴的发动机缸体		1台	

（2）工具准备

序号	名称	规格	数量	备注
1	常用维修工具		1套	
2	扭力扳手		1把	
3	装有机油的机油壶		1把	
4	活塞环压缩钳		1把	
5	木锤		1个	
6	棉纱		若干	
7	工作服		1套	

三、考场准备

1. 考核场地整洁规范，无干扰。
2. 安全防护齐全，且符合标准。
3. 根据考核情况确定工位。

试 题 正 文

一、试题名称

活塞连杆组的安装

二、考核内容

1. 准备工作。
2. 操作过程。
3. 使用工具。
4. 安全及其他。

三、考核时限

1. 准备工作 5min。
2. 正式操作 30min。
3. 计时从正式操作开始，至操作完毕。
4. 超时 1min 从总分中扣 5 分，超时 3min 停止操作。

四、考核评分

1. 监考员负责考场事务。
2. 满分为 20 分。
3. 考评员应具有本工种的实际操作经验，评分公正准确。
4. 考评员可根据考生所在装置的实际情况，对评分标准作适当调整。
5. 各项配分依难易程度、精度高低和重要程度制定。
6. 评分方法：按单项扣分、得分。

五、评分记录表

试题名称		活塞连杆组的安装				
序号	考核内容	考核要点	配分	评分标准	得分	备注
1	准备工作	穿戴劳保用品	1	未穿戴整齐扣 1 分		
		工具、用具准备	1	工具选择不正确扣 1 分		
2	操作程序	清洁汽缸套内表面及连杆轴颈表面	2	此项未做扣 2 分		
3		给汽缸套内表面及连杆轴颈表面涂抹机油	2	此项未做扣 2 分		
4		给活塞、活塞环、活塞销和连杆轴承涂抹机油并布置好环口位置	6	未涂抹机油扣 2 分		
				环口布置不正确扣 4 分		
5		用活塞环压缩器将活塞连杆组按编号装入汽缸套中	3	操作不当扣 3 分		

第四章 高级汽车维修工鉴定指南

续表

试题名称		活塞连杆组的安装				
序号	考核内容	考核要点	配分	评分标准	得分	备注
6		用扭力扳手按规定扭矩拧紧连杆轴承盖螺栓	2	操作不当扣2分		
7		整理现场	1	未整理现场扣1分		
8	使用工具	正确使用工具	1	工具使用不正确扣1分		
		正确维护工具	1	工具乱摆乱放扣1分		
9	安全及其他	按国家法规或企业规定		违规一次总扣5分，严重违规停止操作		
		在规定时间内完成操作		超时1min总分扣5分，超时3min停止操作		
得 分						

评分人：　　　　年　月　日　　　　　　　　核分人：　　　　年　月　日

试题3：盘式制动器的检修

准备通知单

一、试题名称

盘式制动器的检修

二、准备要求

（1）设备准备

序号	名称	规格	数量	备注
1	盘式（或前盘式）制动器轿车	辆	1	
2	修理操作作业台	台	1	

（2）工具准备

序号	名称	规格	数量	备注
1	常用拆装工具	套	1	
2	钢尺	把		
3	磁力百分表座、百分表	套		
4	千斤顶或移动液压举升器	台	1	
5	支架、三角木			
6	容器、制动液	瓶	1	

三、考场准备

1．考核场地整洁规范，无干扰。

2．安全防护齐全，且符合标准。

3．根据考核情况确定工位。

试 题 正 文

一、试题名称

盘式制动器的检修

二、考核内容

1. 准备工作。
2. 操作过程。
3. 使用工具。
4. 安全及其他。

三、考核时限

1. 准备工作 5min。
2. 正式操作 40min。
3. 计时从正式操作开始,至操作完毕。
4. 超时 1min 从总分中扣 5 分,超时 3min 停止操作。

四、考核评分

1. 监考员负责考场事务。
2. 此题满分为 25 分。
3. 考评员应具有本工种的实际操作经验,评分公正准确。
4. 评分方法:按单项扣分、得分,单项配分扣完该单项得 0 分。

五、评分记录表

试题名称		盘式制动器的检修				
序号	考核内容	考核要点	配分	评分标准	得分	备注
1	准备工作	穿戴工作服	2	未穿戴整齐扣 1 分		
		工具、用具准备		未检查、准备好工具扣 1 分		
2	拆卸分解	拆卸步骤、方法与工具使用 拆卸一般步骤:拆卸车轮→拆卸制动钳体→从支架上拆下制动摩擦衬块、消音垫板、摩擦衬片支撑板等	6	工具使用不当或拆卸步骤、方法错误,每次扣 1 分 未按序放置组件扣 2 分		
3	零件检测鉴定修理	测量摩擦衬块厚度	9	方法错误每次扣 1 分,鉴定错误每次扣 1 分,漏检扣 3 分		
		检测制动盘磨损(修理方法用口头问答形式)		方法错误每次扣 1 分,鉴定错误每次扣 1 分,漏检一项扣 2 分		
		测量制动盘端面圆跳动		方法错误每次扣 1 分,鉴定错误每次扣 1 分,漏检扣 3 分		

续表

试题名称		盘式制动器的检修				
序号	考核内容	考核要点	配分	评分标准	得分	备注
4	装配	按拆卸相反顺序进行装配；检查添加制动液、检查有无泄漏	6	方法错误每次扣1分，工艺程序错误每次扣1分		
5	安全文明生产	符合国家安全、环保规程，操作现场整洁，文明作业	2	每违规一项扣1分		
6	其他	在规定时间内完成操作		超时1min总分扣5分，超时3min停止操作		
		无人身、设备事故		因违规操作发生重大人身和设备事故，此题按0分计		
得 分						

评分人：　　　　　年　月　日　　　　核分人：　　　　　年　月　日

试题4：齿轮齿条式动力转向器总成的检修

准备通知单

一、试题名称

齿轮齿条式动力转向器总成的检修

二、准备要求

（1）设备准备

序号	名称	规格	数量	备注
1	齿轮齿条式动力转向器总成		台	1
2	修理操作作业台		台	1

（2）工具准备

序号	名称	规格	数量	备注
1	常用拆装工具		套	1
2	磁性百分表座、百分表		套	1
3	平板		块	1
4	手动真空泵		台	1
5	维修专用工具		套	1
6	清洗剂、毛刷、洗盆、棉抹布、动力转向器机油			

三、考场准备

1. 考核场地整洁规范，无干扰。

2. 安全防护齐全，且符合标准。
3. 根据考核情况确定工位。

试 题 正 文

一、试题名称

齿轮齿条式动力转向器总成的检修

二、考核内容

1．准备工作。

2．操作过程。

3．使用工具。

4．安全及其他。

三、考核时限

1．准备工作 5min。

2．正式操作 40min。

3．计时从正式操作开始，至操作完毕。

4．超时 1min 从总分中扣 5 分，超时 3min 停止操作。

四、考核评分

1．监考员负责考场事务。

2．此题满分为 25 分。

3．考评员应具有本工种的实际操作经验，评分公正准确。

4．评分方法：按单项扣分、得分，单项配分扣完该单项得 0 分。

五、评分记录表

试题名称		齿轮齿条式动力转向器总成的检修				
序号	考核内容	考核要点	配分	评分标准	得分	备注
1	准备工作	穿戴工作服	2	未穿戴整齐扣 1 分		
		工具、用具准备		未检查、准备好工具扣 1 分		
2	拆卸分解	拆卸步骤、方法与工具使用 拆卸一般步骤：拆控制阀与动力缸油管→拆横拉杆端头→拆齿条端头→拆齿条导承等→拆控制阀→拆挡块、齿条→零件清洗	6	工具使用不当、未作装配标记或拆卸步骤、方法错误，每次扣 1 分		
				未按序放置组件扣 2 分		
3	主要零件检测鉴定	检查齿条弯曲变形与磨损	9	方法错误每次扣 1 分，鉴定错误每次扣 1 分，漏检一项扣 2 分		
		检查控制阀壳体与动力缸壳体，更换衬环、油封及 O 形密封圈		方法错误每次扣 1 分，鉴定错误每次扣 1 分，漏检一项扣 2 分		
		检查控制阀、齿轮		方法错误每次扣 1 分，鉴定错误每次扣 1 分，漏检一项扣 2 分		

续表

试题名称		齿轮齿条式动力转向器总成的检修				
序号	考核内容	考核要点	配分	评分标准	得分	备注
4	装配与调试	基本按拆卸相反顺序进行装配；动力缸密封性检验；控制阀转动力矩检查调整	6	方法错误每次扣1分，工艺程序错误每次扣1分		
5	安全文明生产	符合国家安全、环保规程，操作现场整洁，文明作业	2	每违规一项扣1分		
6	其他	在规定时间内完成操作		超时1min总分扣5分，超时3min停止操作		
		无人身、设备事故		因违规操作发生重大人身和设备事故，此题按0分计		
得　分						

评分人：　　　　　　　年　月　日　　　　　　　核分人：　　　　　　　年　月　日

试题5：蓄电池检测

准备通知单

一、试题名称

蓄电池检测

二、准备要求

（1）设备准备

序号	名称	规格	数量	备注
1	轿车	国内常见车型	1辆	技术状况良好
2	蓄电池	国内常见品牌	1个	免维护或少维护蓄电池

（2）工具准备

序号	名称	规格	数量	备注
1	常用工具		1套	
2	毛刷		1把	
3	毛巾		1条	
4	蒸馏水		1桶	
5	万用表	汽车专用万用表	1个	
6	高率放电仪	12V	1个	
7	吸式密度计		1个	
8	快速充电机		1个	
9	12V试灯		1只	
10	凡士林		1支	
11	热水和碱液		若干	
12	工作服		1套	

三、考场准备

1. 考核场地整洁规范，无干扰。
2. 安全防护齐全，且符合标准。
3. 根据考核情况确定工位。

试 题 正 文

一、试题名称

蓄电池检测

二、考核内容

1. 准备工作。
2. 操作过程。
3. 使用工具。
4. 安全及其他。

三、考核时限

1. 准备工作5min。
2. 正式操作30min。
3. 计时从正式操作开始，至操作完毕。
4. 超时1min从总分中扣5分，超时3min停止操作。

四、考核评分

1. 监考员负责考场事务。
2. 此题满分为15分。
3. 考评员应具有本工种的实际操作经验，评分公正准确。
4. 考评员可根据考生所在装置的实际情况，对评分标准作适当调整。
5. 各项配分依难易程度、精度高低和重要程度制定。
6. 评分方法：按单项扣分、得分。

五、评分记录表

试题名称			蓄电池检测			
序号	考核内容	考核要点	配分	评分标准	得分	备注
1	准备工作	穿戴劳保用品	0.5	未穿戴整齐扣0.5分		
		工具、用具准备	0.5	工具选择不正确扣0.5分		
2	蓄电池外表清洁	清洗蓄电池外表脏污	1	清洗不正确扣1分		
		检查蓄电池桩头是否松动或锈蚀	1	没有检查扣1分		
3	操作程序	检查蓄电池技术状况	蓄电池静止电动势的检测	1	没有检查扣1分，检查方法或结果不对扣1分，调整不对扣1分		
			检查调整液面高度和电解液密度	1	没有检查扣1分，检查方法或结果不对扣1分，调整不对扣1分		
			检查蓄电池放电程度	1	没有检查扣2分，检查方法和结果不对扣2分		

续表

试题名称			蓄电池检测				
序号	考核内容		考核要点	配分	评分标准	得分	备注
4	操作程序	充电	正确对蓄电池进行充电	3	充电方法不对扣1分,电压和电流选择错误扣2分		
			根据充电结果判断蓄电池技术状况	2	判断结果不正确扣2分,判断结果不全面扣1分		
5		漏电检查	正确连接万用表或试灯	1	连接不正确扣1分		
			确定蓄电池是否漏电	1	检查结果错扣1分		
6	使用工具		正确使用工具	1	工具使用不正确扣1分		
			正确维护工具	1	工具乱摆乱放扣1分		
7	安全及其他		按国家法规或企业规定		违规一次总分扣5分,重违规停止操作		
			在规定时间内完成操作		超时1min总分扣5分,超时3min停止操作		
得 分							

评分人:　　　　年　月　日　　　　　　　核分人:　　　　　　年　月　日

试题6：汽车空调系统检漏及修复

准备通知单

一、试题名称

汽车空调系统检漏及修复

二、准备要求

（1）设备准备

序号	名称	规格	数量	备注
1	轿车（配置手动空调）	国内常见车型	1辆	技术状况良好
2	冷却液回收机		1台	

（2）工具准备

序号	名称	规格	数量	备注
1	常用工具		1套	
2	检漏仪		1个	
3	制冷剂		若干	
4	三角垫木		1个	
5	歧管高低压压力表		1套	
6	真空泵		1张	
7	备换部件		若干	
8	工作服		1套	

三、考场准备

1. 考核场地整洁规范，无干扰。
2. 安全防护齐全，且符合标准。
3. 根据考核情况确定工位。

试 题 正 文

一、试题名称

汽车空调系统检漏及修复

二、考核内容

1. 准备工作。
2. 操作过程。
3. 使用工具。
4. 安全及其他。

三、考核时限

1. 准备工作 5min。
2. 正式操作 30min。
3. 计时从正式操作开始，至操作完毕。
4. 超时 1min 从总分中扣 5 分，超时 3min 停止操作。

四、考核评分

1. 监考员负责考场事务。
2. 此题满分为 15 分。
3. 考评员应具有本工种的实际操作经验，评分公正准确。
4. 考评员可根据考生所在装置的实际情况，对评分标准作适当调整。
5. 各项配分依难易程度、精度高低和重要程度制定。
6. 评分方法：按单项扣分、得分。

五、评分记录表

试题名称			汽车空调系统检漏及修复			
序号	考核内容	考核要点	配分	评分标准	得分	备注
1	准备工作	穿戴劳保用品	0.5	未穿戴整齐扣 0.5 分		
		工具、用具准备	0.5	工具选择不正确扣 0.5 分		
2	操作程序	检测准备				
		将汽车可靠停稳，并塞好三角木	1	检测方法或结论不正确扣 1 分		
		启动发动机，转速维护在 1500～2000r/min	0.5	启动发动机方法错误扣 0.5 分		
		关闭门窗，将空调开至最冷，冷气窗口全开，风量调至最大	0.5	每一错误操作扣 0.5 分		
3		空调系统的检漏与修复				
		空调系统检漏，找出泄露点	3	检查方法和结果不对每次扣 1 分，扣完为止		
		制冷剂回收	2	操作方法和程序不对每次扣 1 分，扣完为止		

续表

试题名称			汽车空调系统检漏及修复			
序号	考核内容	考核要点	配分	评分标准	得分	备注
3	操作程序	空调系统的检漏与修复	泄露点修复（可口述修复方法）	2	操作错误每次扣1分，扣完为止	
			制冷剂充注	2	操作方法和程序不对每次扣1分，扣完为止	
			检测制冷效果	2	没有检测扣2分，检查方法不对和结果不对扣2分	
4	使用工具	正确使用工具	0.5	工具使用不正确扣0.5分		
		正确维护工具	0.5	工具乱摆乱放扣0.5分		
5	安全及其他	按国家法规或企业规定		违规一次总分扣5分，重违规停止操作		
		在规定时间内完成操作		超时1min总分扣5分，超时3min停止操作		
		得 分				

评分人：　　　　　　　年　月　日　　　　　　核分人：　　　　　　　年　月　日

试题7：诊断排除电控发动机加速不良故障

准备通知单

一、试题名称

诊断排除电控发动机加速不良故障

二、准备要求

（1）设备准备

序号	名称	规格	数量	备注
1	卡罗拉汽车		1辆	相关车型均可
2	喷油器试验台		1台	

（2）工具准备

序号	名称	规格	数量	备注
1	常用维修工具		1套	
2	数字万表		1个	
3	解码器		1个	
4	真空表		1只	
5	点火正时灯		1只	
6	燃油压力表		1个	
7	棉纱		若干	
8	工作服		1套	

三、考场准备

1. 考核场地整洁规范，无干扰。
2. 安全防护齐全，且符合标准。
3. 根据考核情况确定工位。

试 题 正 文

一、试题名称

诊断排除电控发动机加速不良故障

二、考核内容

1. 准备工作。
2. 操作过程。
3. 使用工具。
4. 安全及其他。

三、考核时限

1. 准备工作 5min。
2. 正式操作 30min。
3. 计时从正式操作开始，至操作完毕。
4. 超时 1min 从总分中扣 5 分，超时 3min 停止操作。

四、考核评分

1. 监考员负责考场事务。
2. 此题满分为 40 分。
3. 考评员应具有本工种的实际操作经验，评分公正准确。
4. 考评员可根据考生所在装置的实际情况，对评分标准作适当调整。
5. 各项配分依难易程度、精度高低和重要程度制定。
6. 评分方法：按单项扣分、得分。

五、评分记录表

试题名称		诊断排除电控发动机加速不良故障				
序号	考核内容	考核要点	配 分	评 分 标 准	得 分	备 注
1	准备工作	穿戴劳保用品	1	未穿戴整齐扣 1 分		
		工具、用具准备	1	工具选择不正确扣 1 分		
2	操作程序	根据发动机故障现象，查找发动机加速不良的原因	17	检查方法错误扣 7 分		
				检查程序错误扣 7 分		
				检查结果错误扣 3 分		
3		确定故障部位（口述）	3	确定错误扣 3 分		
4		故障排除	14	不能排除扣 14 分		
				不能完全排除酌情扣分		
5		验证排除效果	2	没验证扣 2 分		
				验证方法不当酌情扣分		

续表

试题名称		诊断排除电控发动机加速不良故障				
序号	考核内容	考核要点	配分	评分标准	得分	备注
6	使用工具	正确使用工具	1	工具使用不正确扣1分		
		正确维护工具	1	工具乱摆乱放扣1分		
7	安全及其他	按国家法规或企业规定		违规一次总分扣5分，严重违规停止操作		
		在规定时间内完成操作		超时1min总分扣5分，超时3min停止操作		
		得 分				

评分人：　　　　　　年　月　日　　　　　　核分人：　　　　　　年　月　日

试题8：诊断曲轴主轴承异响故障

准备通知单

一、试题名称

诊断曲轴主轴承异响故障

二、准备要求

（1）设备准备

序 号	名 称	规 格	数 量	备 注
1	能运转的发动机		1台	

（2）工具准备

序 号	名 称	规 格	数 量	备 注
1	常用维修工具		1套	
2	棉纱		若干	
3	工作服		1套	

三、考场准备

1．考核场地整洁规范，无干扰。
2．安全防护齐全，且符合标准。
3．根据考核情况确定工位。

试 题 正 文

一、试题名称

诊断曲轴主轴承异响故障

二、考核内容

1．准备工作。
2．操作过程。

3. 使用工具。

4. 安全及其他。

三、考核时限

1. 准备工作 5min。

2. 正式操作 30min。

3. 计时从正式操作开始，至操作完毕。

4. 超时 1min 从总分中扣 5 分，超时 3min 停止操作。

四、考核评分

1. 监考员负责考场事务。

2. 此题满分为 40 分。

3. 考评员应具有本工种的实际操作经验，评分公正准确。

4. 考评员可根据考生所在装置的实际情况，对评分标准作适当调整。

5. 各项配分依难易程度、精度高低和重要程度制定。

6. 评分方法：按单项扣分、得分。

五、评分记录表

试 题 名 称			诊断曲轴主轴承异响故障			
序 号	考核内容	考核要点	配分	评分标准	得分	备注
1	准备工作	穿戴工作服	3	未穿戴整齐扣 1 分		
		工具、用具准备		工具选择不正确扣 2 分		
2	故障现象	口述故障现象	4	对现象口述错误计 0 分，不完整酌情扣分		
3	故障原因	口述曲轴主轴承异响故障原因	4	对原因口述错误计 0 分，不完整酌情扣分		
4	故障诊断	验证故障是否真实存在	10	没有验证扣 10 分，方法错扣 5 分		
		诊断故障，确定故障所在	15	诊断思路、程序错误扣 15 分		
5	安全文明生产	符合国家安全、环保规程，操作现场整洁，文明作业	4	每违规一项扣 1 分，扣完为止		
6	其他	在规定时间内完成操作		超时 1min 总分扣 5 分，超时 3min 此题计 0 分		
		无人身、设备事故		因违规操作发生重大人身和设备事故，此题按 0 分计		
得 分						

评分人：　　　年　月　日　　　　　核分人：　　　年　月　日

试题9：诊断排除转向盘自由行程过大故障

准备通知单

一、试题名称

诊断排除转向盘自由行程过大故障

二、准备要求

（1）设备准备

序号	名称	规格	数量	备注
1	解放 CA1092 型汽车或捷达轿车	辆	1	视情况考虑使用其他车型（设置相应故障）
2	举升器	台	1	
3	千斤顶	只	2	

（2）工具准备

序号	名称	规格	数量	备注
1	常用拆装工具	套	1	

三、考场准备

1．考核场地整洁规范，无干扰。

2．安全防护齐全，且符合标准。

3．根据考核情况确定工位。

试 题 正 文

一、试题名称

诊断排除转向盘自由行程过大故障

二、考核内容

1．准备工作。

2．操作过程。

3．使用工具。

4．安全及其他。

三、考核时限

1．准备工作 5min。

2．正式操作 30min。

3．计时从正式操作开始，至操作完毕。

4．超时 1min 从总分中扣 5 分，超时 3min 停止操作。

四、考核评分

1．监考员负责考场事务。

2．此题满分为 40 分。

3．考评员应具有本工种的实际操作经验，评分公正准确。

4. 评分方法：按单项扣分、得分，单项配分扣完该单项得0分。

五、评分记录表

试题名称		诊断排除转向盘自由行程过大故障				
序号	考核内容	考核要点	配分	评分标准	得分	备注
1	准备工作	穿戴工作服	3	未穿戴整齐扣1分		
		工具、用具准备		工具选择不正确扣1分		
2	故障现象	口述故障现象	5	口述错误扣5分，不完整酌情扣分		
3	故障原因	口述故障原因	9	口述错误计0分，不完整、部分正确酌情扣分		
4	故障诊断排除	验证故障是否真实存在	20	方法错误扣3分，没有验证扣5分		诊断排除故障的某些环节可采取口述方式
		诊断故障，确定故障所在		诊断思路、方法错误每次扣3分		
		排除故障		排除方法错误扣5分，未能排除故障扣8分		
		验证排除效果		没有验证扣3分		
5	安全文明生产	符合国家安全、环保规程，操作现场整洁，文明作业	3	每违规一项扣1分，配分扣完为止		
6	其他	在规定时间内完成操作		超时1min总分扣5分，超时3min此题计0分		
		无人身、设备事故		因违规操作发生重大人身和设备事故，此题按0分计		
		得 分				

评分人：　　　　　年　月　日　　　　　　　核分人：　　　　　年　月　日

试题10：诊断排除制动防抱死装置（ABS）失效故障

准备通知单

一、试题名称

诊断排除制动防抱死装置（ABS）失效故障

二、准备要求

（1）设备准备

序号	名称	规格	数量	备注
1	奇瑞A3轿车	辆	1	其他配备ABS的轿车均可；鉴定站准备ABS电路图等汽车维修资料
2	举升器	台	1	

（2）工具准备

序 号	名 称	规 格	数 量	备 注
1	常用拆装工具	套	1	
2	X-431 Infinite 汽车故障诊断电脑	台	1	博世（金德）KT 300 智能诊断仪或其他汽车故障通用专用诊断仪均可
3	万用表	块	1	
4	LED 试灯	只	1	

三、考场准备

1．考核场地整洁规范，无干扰。

2．安全防护齐全，且符合标准。

3．根据考核情况确定工位。

试 题 正 文

一、试题名称

诊断排除制动防抱死装置（ABS）失效故障

二、考核内容

1．准备工作。

2．操作过程。

3．使用工具。

4．安全及其他。

三、考核时限

1．准备工作 5min。

2．正式操作 30min。

3．计时从正式操作开始，至操作完毕。

4．超时 1min 从总分中扣 5 分，超时 3min 停止操作。

四、考核评分

1．监考员负责考场事务。

2．此题满分为 40 分。

3．考评员应具有本工种的实际操作经验，评分公正准确。

4．评分方法：按单项扣分、得分，单项配分扣完该单项得 0 分。

5．由考评员（鉴定站技术人员协助）从外部电路设置 ABS 工作失效故障。

五、评分记录表

试 题 名 称		诊断排除制动防抱死装置（ABS）失效故障				
序 号	考核内容	考核要点	配 分	评分标准	得 分	备 注
1	准备工作	穿戴工作服	3	未穿戴整齐扣 1 分		
		工具、用具准备		未检查、准备好工具扣 2 分		
2	验证 ABS 报警灯报警	检查 ABS 报警灯工作是否正常；初步检查	8	未检查报警灯工作情况扣 3 分，未做初步检查扣 5 分，仅检查部分项目酌情扣分		

续表

试题名称		诊断排除制动防抱死装置（ABS）失效故障				
序号	考核内容	考核要点	配分	评分标准	得分	备注
3	读取故障码	用诊断仪读取故障码	8	操作方法、程序错误每次扣3分，不能正确调出故障码计0分		
4	故障诊断排除	用万用表等进行快速检测，找出故障原因，排除故障	18	操作方法错误每次扣3分，诊断思路、程序错误扣5分，未能排除故障扣6分，不能查出故障点本项计0分		
		清除故障码，验证故障是否排除（如试车由考务工作安排专门人员驾驶）		没有清码扣3分，未验证扣3分		
5	安全文明生产	符合国家安全、环保规程，操作现场整洁，文明作业	3	每违规一项扣1分		
6	其他	在规定时间内完成操作		超时1min总分扣5分，超时3min此题计0分		
		无人身、设备事故		因违规操作发生重大人身和设备事故，此题按0分计		
得 分						

评分人：　　　　　年　月　日　　　　　核分人：　　　　　年　月　日

试题11：诊断排除汽车前照灯系统故障

准备通知单

一、试题名称

诊断排除汽车前照灯系统故障

二、准备要求

（1）设备准备

序号	名称	规格	数量	备注
1	轿车（配置手动空调）	国内常见车型	1辆	技术状况良好

（2）工具准备

序号	名称	规格	数量	备注
1	常用工具		1套	
2	万用表	汽车专用	1个	
3	三角垫木		1个	
4	备换灯泡、导线		若干	
5	12V试灯		1个	
6	照明系统电路图		1张	
7	工作服		1套	

三、考场准备

1. 考核场地整洁规范，无干扰。
2. 安全防护齐全，且符合标准。
3. 根据考核情况确定工位。

试 题 正 文

一、试题名称

诊断排除汽车前照灯系统故障

二、考核内容

1. 准备工作。
2. 操作过程。
3. 使用工具。
4. 安全及其他。

三、考核时限

1. 准备工作 5min。
2. 正式操作 30min。
3. 计时从正式操作开始，至操作完毕。
4. 超时 1min 从总分中扣 5 分，超时 3min 停止操作。

四、考核评分

1. 监考员负责考场事务。
2. 此题满分为 40 分。
3. 考评员应具有本工种的实际操作经验，评分公正准确。
4. 考评员可根据考生所在装置的实际情况，对评分标准作适当调整。
5. 各项配分依难易程度、精度高低和重要程度制定。
6. 评分方法：按单项扣分、得分。

五、评分记录表

试题名称		诊断排除汽车前照灯系统故障				
序号	考核内容	考核要点	配分	评分标准	得分	备注
1	准备工作	穿戴劳保用品	1	未穿戴整齐扣 1 分		
		工具、用具准备	1	工具选择不正确扣 1 分		
2	操作程序	观察故障现象：打开前照灯开关，观察故障现象并加以说明	2	故障现象确认不准确扣 2 分		
		根据故障现象，分析可能故障原因	8	故障原因分析错误扣 8 分；分析不全面，每少一项扣 2 分，扣完为止		
3		故障诊断与排除：进行故障诊断，明确故障部位	12	检查诊断方法错误扣 4 分；检查诊断程序错误每一步扣 1 分；诊断结果错误、不能明确障部位扣 8 分		

续表

试题名称		诊断排除汽车前照灯系统故障				
序号	考核内容	考核要点	配分	评分标准	得分	备注
3	操作程序	故障诊断与排除	运用正确地方法排除故障	10	不能排除故障扣10分		
					每自制一处故障扣5分，扣完为止		
4		检验	验证排除效果	4	不进行验证或方法错误扣4分		
5	使用工具	正确使用工具		1	工具使用不正确扣1分		
		正确维护工具		1	工具乱摆乱放扣1分		
6	安全及其他	按国家法规或企业规定			违规一次总分扣5分，重违规停止操作		
		在规定时间内完成操作			超时1min总分扣5分，超时3min停止操作		
得　分						

评分人：　　　　　年　月　日　　　　　　核分人：　　　　　年　月　日

试题12：诊断排除汽车空调系统不制冷故障

准备通知单

一、试题名称

诊断排除汽车空调系统不制冷故障

二、准备要求

（1）设备准备

序号	名称	规格	数量	备注
1	轿车（配置手动空调）	国内常见车型	1辆	技术状况良好

（2）工具准备

序号	名称	规格	数量	备注
1	常用工具		1套	
2	万用表	汽车专用	1个	
3	三角垫木		1个	
4	汽车空调系统维修工具		1套	
5	12V试灯		1个	
6	制冷剂		若干	
7	空调系统电路图		1张	
8	工作服		1套	

三、考场准备

1. 考核场地整洁规范，无干扰。

2. 安全防护齐全，且符合标准。
3. 根据考核情况确定工位。

试 题 正 文

一、试题名称

诊断排除汽车空调系统不制冷故障

二、考核内容

1. 准备工作。
2. 操作过程。
3. 使用工具。
4. 安全及其他。

三、考核时限

1. 准备工作 5min。
2. 正式操作 30min。
3. 计时从正式操作开始，至操作完毕。
4. 超时 1min 从总分中扣 5 分，超时 3min 停止操作。

四、考核评分

1. 监考员负责考场事务。
2. 此题满分为 40 分。
3. 考评员应具有本工种的实际操作经验，评分公正准确。
4. 考评员可根据考生所在装置的实际情况，对评分标准作适当调整。
5. 各项配分依难易程度、精度高低和重要程度制定。
6. 评分方法：按单项扣分、得分。

五、评分记录表

试题名称			诊断排除汽车空调系统不制冷故障			
序号	考核内容	考核要点		配分	评分标准	得分	备注
1	准备工作	穿戴劳保用品	1	未穿戴整齐扣1分		
		工具、用具准备	1	工具选择不正确扣1分		
2	操作程序	观察故障现象	启动发动机，打开汽车空调，观察故障现象并加以说明	2	故障现象确认不准确扣2分		
			根据故障现象，分析可能故障原因	8	故障原因分析错扣8分；分析不全面，每少一项扣2分，扣完为止		
3		故障诊断与排除	进行故障诊断，明确故障部位	12	检查诊断方法错扣4分		
					检查诊断程序错误每一步扣1分		
					诊断结果错误，不能明确故障部位扣8分		

续表

试题名称			诊断排除汽车空调系统不制冷故障			
序号	考核内容	考核要点	配分	评分标准	得分	备注
3	操作程序	故障诊断与排除	运用正确方法排除故障	10	不能排除故障扣10分		
					每自制一处故障扣5分,扣完为止		
4		检验	验证排除效果	4	不进行验证或方法错误扣4分		
5	使用工具	正确使用工具		1	工具使用不正确扣1分		
		正确维护工具		1	工具乱摆乱放扣1分		
6	安全及其他	按国家法规或企业规定			违规一次总分扣5分,重违规停止操作		
		在规定时间内完成操作			超时1min总分扣5分,超时3min停止操作		
得 分							

评分人:　　　　　年　月　日　　　　　核分人:　　　　　年　月　日

第四节　模拟试卷

一、理论知识模拟试卷

模拟试卷(一)

(一) 判断题

1. 职业道德是指从事一定职业的人们,在长期职业活动中形成的操作技能。(　)
2. 尊师爱徒是集体主义原则在汽车维修职业道德中的具体体现。(　)
3. 爱岗敬业作为职业道德的内在要求,指的是员工要热爱自己喜欢的工作岗位。(　)
4. 百分表作为精密量具在测量时,能直接读出被测工件的实际尺寸大小。(　)
5. 錾削时,应及时擦净锤柄上的汗水、油污,避免锤子从手中滑脱。(　)
6. 金属材料是否容易焊接的性能称为可焊性。(　)
7. 重合剖面的轮廓线用粗实线绘制。(　)
8. 方向阀分为单向阀和换向阀两种。(　)
9. 加在负载上的电压减小1/2时,则电流所做的功也将减小1/2。(　)
10. 正常工作情况下,连杆轴颈的磨损比主轴颈的磨损要轻微些。(　)
11. 装有电控燃油喷射(EFI)系统的发动机,只要点火开关置于"ON"位置,汽油泵就会运转不停。(　)
12. 安装汽缸盖时,应将汽缸盖衬垫标有"OPEN TOP"字样的一面朝向汽缸体安装。

第四章　高级汽车维修工鉴定指南

13．发动机机油消耗超标排气管一定冒蓝烟。　　　　　　　　　　　　　（　　）
14．传动轴与万向节修理技术要求规定：长度超过1000mm的传动轴，中部径向圆跳动公差为1.0mm。　　　　　　　　　　　　　　　　　　　　　　　　　　　（　　）
15．自动变速器失速转速低于标准值，说明发动机动力不足或液力变矩器有故障。
　　　　　　　　　　　　　　　　　　　　　　　　　　　　　　　　　　（　　）
16．轮毂轴承松旷是导致汽车转向沉重故障的原因之一。　　　　　　　　（　　）
17．液压调节器电磁阀、主控制阀、压力开关、电动泵等出现短路、断路、搭铁电气故障，均可能会导致制动防抱死装置（ABS）失效。　　　　　　　　　　　　（　　）
18．汽车空调冷凝器和蒸发器一样，也是一种热交换器，它的作用恰好与蒸发器作用相反，是将低温、低压的液态制冷剂蒸发，吸收车厢热量而制冷。　　　　　　（　　）
19．将高低压压力表分别与压缩机的检修阀和高、低压管路上充、排、气阀相连，启动发动机，保持 2000r/min 的转速，打开空调系统，将温度设定至最低，风速调至最大，运转15min后，空调应有冷气吹出，同时观察窗内应有无气泡产生。　　　　　　（　　）
20．更换照明电中经常烧断熔丝时，应先查出烧毁原因再更换同等数据的熔丝。
　　　　　　　　　　　　　　　　　　　　　　　　　　　　　　　　　　（　　）

（二）**单项选择题**

1．下列选项中属于职业道德作用的是（　　）。
　　A．决定经济效益　　　　　　　　　B．促进决策科学化
　　C．促进行业发展，维护行业信誉　　D．增强员工独立工作意识
2．规章制度与职业道德规范不同的是规章制度是企业制订的，而职业道德规范是通过（　　）形成的。
　　A．舆论　　　　B．强制　　　　C．会议　　　　D．培训
3．东风EQ1092型汽车中的2表示（　　）。
　　A．第2代载货汽车　　　　　　　　B．第3代载货汽车
　　C．2t　　　　　　　　　　　　　　D．乘员数
4．柴油机的混合气形成装置是（　　）。
　　A．燃烧室　　　B．喷油泵　　　C．进气歧管　　D．输油泵
5．在汽车点火系统中，电容器与断电器触点（　　）。
　　A．串联　　　　B．并联　　　　C．电容值相等　　D．电容值不等
6．对侵犯消费者合法权益的行为，可采取民事的、行政的和（　　）的手段来保护消费者的合法权益。
　　A．强制　　　　B．道德　　　　C．法律　　　　D．刑事
7．对电控汽车进行故障诊断时，应遵循（　　）的过程规律。
　　A．询问—查阅—直观检查—基本检查—调取故障码检测—试验
　　B．询问—查阅—直观检查—调取故障码检测—基本检查—试验
　　C．询问—查阅—直观检查—试验—调取故障码检测—基本检查

D．直观检查—查阅—询问—基本检查—调取故障码检测—试验

8．对发动机电控系统进行故障诊断时一般要进行基本检查，基本检查主要包括（　　）的检查与调整。

  A．基本怠速和基本点火正时　　　　B．燃油压力和基本点火正时

  C．基本怠速和进气歧管真空度　　　D．燃油系统和点火系统

9．诊断发动机电控系统故障时，若进行基本检查，则必须使发动机冷却液温度达到（　　）℃以上。

  A．60　　　　　B．70　　　　　C．80　　　　　D．90

10．关于发动机机油消耗超标的原因，下列说法不正确的是（　　）。

  A．活塞、活塞环与缸壁磨损严重，造成配合间隙过大所致

  B．气门油封损坏所致

  C．活塞环与活塞环槽磨损严重，导致窜机油

  D．燃油压力过高所致

11．下列各项中不属于机油消耗超标故障现象的是（　　）。

  A．排气管冒白烟　　　　　　　　　B．发动机外表有机油泄漏

  C．排气管冒蓝烟　　　　　　　　　C．冷却系统加水口有机油

12．关于发动机机油消耗超标的原因，下列说法不正确的是（　　）。

  A．气门室罩盖密封圈损坏　　　　　B．燃油压力过低

  C．油底壳密封圈损坏　　　　　　　D．汽缸垫损坏

13．下列各项中，关于发动机异响的描述与气门脚响对应的一项是（　　）。

  A．转速突然变化时在汽缸体下部发出低沉连续的"噔噔"声

  B．怠速时在汽缸体上部发出有节奏的"嗒嗒"声

  C．转速突然变化时在机油尺入口处有明显连续地"铛铛"声

  D．怠速时在汽缸体上部或机油尺入口处有较明显清晰的、有节奏的"吭吭"声

14．下列各项中，关于发动机异响的描述与曲轴主轴承异响对应的一项是（　　）。

  A．转速突然变化时在汽缸体下部发出低沉连续的"噔噔"声

  B．怠速时在汽缸体上部发出有节奏的"嗒嗒"声

  C．转速突然变化时在机油尺入口处有明显连续的"铛铛"声

  D．怠速时在汽缸体上部或机油尺入口处有较明显清晰的、有节奏的"吭吭"声

15．下列各项中不属于活塞敲缸原因的是（　　）。

  A．活塞裙部与汽缸壁间隙过大　　　B．活塞销与连杆衬套装配过紧

  C．连杆弯曲变形　　　　　　　　　D．活塞销与连杆衬套装配过松

16．自动变速器失速转速低于标准值，说明发动机动力不足或（　　）。

  A．液力变矩器有故障　　　　　　　B．换挡执行元件打滑

  C．主油路油压过低　　　　　　　　D．主油路油压过高

17．万向传动装置在汽车行驶中发出周期性的响声；速度越快响声越大，甚至伴随有车身振动，握转向盘的手感觉麻木，可判定原因为（　　）。

  A．中间支撑轴承内圈过盈配合松旷

B．传动轴万向节叉等速排列破坏

C．轴承磨损松旷或缺油

D．传动轴故障导致动平衡破坏或传动轴未进行过动平衡试验和校准

18．在离合器接合时发出金属刮研声，甚至可以看出火花冒出，则故障由（　　）引起。

  A．从动盘摩擦片松动   B．从动盘花键孔与轴配合松旷

  C．从动片铆钉露头   D．变速器输入轴轴承磨损严重

19．变速器在车速急剧变化时，响声加大，而车速相对稳定，响声减弱消失，说明（　　）。

  A．变速器齿隙过小   B．变速器齿隙过大

  C．第二轴前轴承损坏   D．变速器壳体变形

20．察看发现前轮胎面中部磨损严重，其故障原因为（　　）。

  A．前束过大   B．前轮外倾角过大

  C．轮胎气压过高   D．轮胎气压过低

21．诊断前轮摆振故障时，轻轻地左右转动转向盘，在转向器垂臂不动的情况下，若转向盘转动量超过规定，则不太可能的故障原因是（　　）。

  A．转向器主动部分轴承松旷 B．横、直拉杆球头磨损松旷

  C．转向器内主从动部分啮合部位松旷 D．转向盘与转向轴之间松旷

22．若汽车制动时单向跑偏，检查轮胎拖印一致，以下不可能是故障原因的选项是（　　）。

  A．转向横、直拉杆球头松动 B．车架或前轴变形

  C．汽车前束失调   D．某一侧钢板弹簧折断或弹力不足

23．不是制动防抱死装置（ABS）失效故障原因的选项是（　　）。

  A．车轮速度传感器损坏   B．蓄电池电压过低

  C．制动器间隙偏大   D．ABS计算机导线插头接触不良

24．不会导致离合器异响的选项是（　　）。

  A．分离杠杆与分离轴承内端之间没有间隙

  B．离合器压紧弹簧弹力减小

  C．从动片减振弹簧疲劳或折断

  D．从动盘铆钉松动或外露

25．打开前照灯开关，其远近光均不亮，则故障原因不可能是（　　）。

  A．灯光继电器损坏   B．控制电路中有断路

  C．灯泡烧毁   D．蓄电池电量不足

26．打开转向灯开关，发现转向灯亮而不闪，则故障原因可能是（　　）。

  A．转向灯灯泡烧毁   B．闪光器损坏

  C．转向灯电路有断路   D．蓄电池电压过高

27．当制动灯不亮时，通过检查发现其灯泡正常，制动开关也正常，检查其灯座电压和搭铁也良好，则故障原因可能是（　　）。

  A．制动灯开关损坏   B．线路中有断路

  C．线路中有短路   D．制动灯与灯座接触不良

28．打开汽车空调，发现空调完全不制冷，则其故障原因可能是（　　）。

A. 无制冷剂 B. 制冷剂不足
C. 压缩机皮带过紧 D. 制冷剂量过多

29. 打开转向灯开关，发现其一侧转向灯闪烁频率异常，则故障原因可能是（　　）。
    A. 前后转向灯中有一个烧毁 B. 闪光器损坏
    C. 蓄电池电压过低 D. 转向灯开关损坏

30. 当踩下制动踏板时，发现有一侧制动灯不亮，则其故障原因可能是（　　）。
    A. 制动灯开关损坏 B. 线路中有断路
    C. 不亮一侧灯泡烧毁 D. 短路

31. （　　）是将工件加热到适当温度，根据材料和工件尺寸采用不同的保温时间，然后进行缓慢冷却，目的是使金属内部组织达到或接近平衡状态，获得良好的工艺性能和使用性能。
    A. 退火 B. 淬火 C. 正火 D. 回火

32. 国家规定表面粗糙度的间距参数为（　　）个。
    A. 4 B. 3 C. 2 D. 1

33. 若曲轴有轻微的扭曲，则可直接在曲轴磨床上结合连杆轴颈磨削予以（　　）校正。
    A. 压力 B. 表面加热 C. 修磨 D. 敲击

34. 汽缸盖裂纹多发生在（　　）。
    A. 进气门座附近 B. 排气门座附近
    C. 进气门座与排气门座之间的过梁处 D. 气门导管座孔上部

35. 利用 HMS990 发动机综合检测仪检测发动机时，启动发动机进行测试前，要将变速杆置于（　　）位置。
    A. 一挡 B. 倒挡 C. 最高挡 D. 空挡

36. 连杆弯曲的允许量在 100mm 长度上为（　　）mm。
    A. 0.02 B. 0.05 C. 0.08 D. 0.1

37. 发动机水泵轴弯曲大于（　　）mm 时，应冷压校直。
    A. 0.05 B. 0.15 C. 0.25 D. 0.35

38. YC 6105 QC 发动机的 A 型喷油泵各缸喷油间隔角误差为±（　　）°。
    A. 0.5 B. 0.8 C. 1 D. 1.2

39. 对大修的发动机进行有负荷热磨合时，只要求进行一般磨合，磨合时间不少于（　　）h。
    A. 1 B. 2 C. 3 D. 4

40. 曲轴后凸缘端面圆跳动不大于（　　）mm。
    A. 0.02 B. 0.04 C. 0.06 D. 0.08

41. 手动变速器齿轮传动中的径向分力是造成（　　）的主动原因。
    A. 变速器壳体裂纹 B. 变速器壳体轴承孔偏磨
    C. 变速器轴承滚道疲劳剥落 D. 变速器壳体螺纹孔的损坏

42. 差速器壳裂纹可用检视法或敲击法等方法检查，产生裂纹的处理方法是（　　）。
    A. 焊修法 B. 环氧树脂胶黏法 C. 更换壳体 D. 螺钉填补法

第四章　高级汽车维修工鉴定指南

43．GB 8825《汽车驱动桥修理技术条件》规定：桥壳与制动底板接合平面及圆柱面对桥壳轴线的端面圆跳动及径向圆跳动公差均为（　　）。
　　A．0.10mm　　B．0.15mm　　C．0.20mm　　D．0.25mm

44．生产效率高的汽车修理劳动组织形式是（　　）。
　　A．就车修理法　　B．固定作业法　　C．专业分工法　　D．总成互换法

45．一般载货汽车总装时，以下总成总装顺序正确的为（　　）。
　　A．前、后桥→制动器→发动机附离合器总成→变速器总成
　　B．前、后桥→发动机附离合器总成→制动器→变速器总成
　　C．制动器→前、后桥→发动机附离合器总成→变速器总成
　　D．前、后桥→制动器→变速器总成→发动机附离合器总成

46．差速器主要零件的检修不包括（　　）。
　　A．与差速器壳相连的圆锥齿轮的检修　　B．差速器壳的检修
　　C．差速器十字轴的检修　　D．差速器半轴齿轮和行星齿轮的检修

47．以下对非独立悬架转向桥检修方法表述不正确的是（　　）。
　　A．前轴弯曲变形可进行校正　　B．前轴扭曲变形可进行校正
　　C．前轴有裂纹可进行焊修　　D．转向节有裂纹只能更换

48．GB/T 18275.1—2000《汽车制动传动装置修理技术条件——气压制动》规定：空气压缩机汽缸镗磨后的表面粗糙度应不大于（　　）。
　　A．$Ra0.8\mu m$　　B．$Ra1.6\mu m$　　C．$Ra3.2\mu m$　　D．$Ra6.4\mu m$

49．零件检验时，报废零件是指不符合（　　）且无法修理或无修理价值的零件。
　　A．设计标准　　B．制造标准
　　C．修理技术标准　　D．制造厂的设计制造标准

50．汽车大修竣工后道路试验里程应不少于（　　）km。
　　A．5　　B．10　　C．20　　D．30

51．电压调节器的作用是在发电机工作时，通过调节发电机的（　　）来控制发电机的磁场强弱，从而使发电机的输出电压保持恒定。
　　A．整流器　　B．励磁电流　　C．输出电压　　D．输出电流

52．汽车万能电器试验台可以用来检测蓄电池的（　　）是否符合要求。
　　A．电压　　B．内阻　　C．电解液密度　　D．液面高度

53．启动机电磁开关内部有两组线圈，其（　　）一端与电磁开关接线柱相连，另一端搭铁。
　　A．保位线圈　　B．电枢绕组　　C．磁场绕组　　D．吸拉线圈

54．当接通点火开关至启动挡时，电流从蓄电池正极经启动机电源接线柱到电流表，再从电流表经点火开关、启动继电器线圈回到蓄电池负极。于是继电器铁芯产生较强的电磁吸力，使继电器触点闭合，接通（　　）控制电路。
　　A．启动机电机　　B．启动机电磁开关　　C．启动继电器　　D．启动机电枢绕组

55．空调压缩机称为制冷循环系统的心脏。它将气态制冷剂压缩成高温、高压状态而输出到（　　），同时吸入蒸发器中低温、低压的气体制冷剂。

A．冷凝器　　　　B．膨胀阀　　　　C．储液干燥器　　D．孔管积累器

56．将高低压压力表分别与压缩机的检修阀和高、低压管路上充、排，气阀相连，启动发动机，保持 2000r/min 的转速，打开空调系统，将温度设定至最低，风速调至最大，运转15min 后，空调应有冷气吹出，同时观察窗内应（　　）。
A．有气泡产生　　　　　　　　　　B．有霜状物
C．乳状混浊物产生　　　　　　　　D．无气泡产生

57．水暖式暖风系统结构简单，耗能少，但因其供暖较小，且发动机水温较低或停车时不能采暖，所以在一些轿车上加装了（　　）来提高采暖性能。
A．燃烧加热装置　　　　　　　　　B．独立加热装置
C．尾气加热装置　　　　　　　　　D．电辅加热装置

58．汽车灯光电路中所有用电设备都与电源（　　）。
A．串联　　　　B．并联　　　　C．串联或并联　　D．连接

59．现代轿车常用的小功率永磁式启动机或永磁式减速启动机，因启动阻力矩较小，启动电流不大，所以可以用（　　）直接控制。
A．点火开关　　B．启动继电器　　C．电磁开关　　　D．电压调节器

60．在测量车内相对湿度时，应将干湿球温度计置于（　　），测得干湿球温度值，再利用湿空气曲线图求出蒸发器出气口的相对湿度。
A．蒸发器进口处　B．压缩机进口处　C．冷凝器出口处　D．蒸发器出口处

（三）多项选择题

1．汽车发动机冷却系统采用密封式冷却的优点是（　　）。
A．冷却液能在沸点以上不汽化　　　B．能防止冷却液过量消耗
C．能减轻水垢沉积速度　　　　　　D．能延长水泵使用寿命

2．下列各项检验属于发动机大修过程检验的是（　　）。
A．发动机解体清洗后零件或总成检验　B．零件或总成修理后检验
C．外购配件检验　　　　　　　　　　D．发动机装配时零件检验

3．关于电控燃油喷射系统检修，下列说法正确的是（　　）。
A．在没有连接和拧紧蓄电池电缆接头时，决不要启动发动机
B．不可在发动机运转时拆下蓄电池电缆
C．在点火开关接通时，决不要取下或插上计算机的线束插头
D．当蓄电池缺电时，可用快速充电机进行辅助启动

4．关于发动机机油消耗超标的原因，下列说法正确的是（　　）。
A．活塞、活塞环与缸壁磨损严重，造成配合间隙过大所致
B．活塞环与活塞环槽磨损严重，导致窜机油
C．气门油封损坏所致
D．气门杆与气门导管磨损严重，造成配合间隙过大所致

5．手动变速器轴常见的耗损有（　　）。
A．弯曲变形　　B．轴颈磨损　　C．断裂　　　　　D．花键齿磨损

6. 属于汽车总装后应做的检查、调整项目是（　　）。
    A. 制动器间隙　　　　　　　　　　B. 转向器啮合间隙
    C. 离合器踏板的自由行程　　　　　D. 驻车制动器间隙
7. 传动装置在汽车行驶中发出周期性的响声，速度越快响声越大，甚至伴随有车身振动，握转向盘的手感觉麻木，可能的故障原因有（　　）。
    A. 传动轴弯曲　　　　　　　　　　B. 中间支撑轴承内圈过盈配合松旷
    C. 传动轴管凹陷　　　　　　　　　D. 万向节十字轴轴承磨损松旷
8. 汽车空调是为了调节客厢内的空气温度、湿度，改善空气的流通条件和提高空气的洁净度。其主要由（　　）几个部分组成。
    A. 制冷系统　　B. 暖风系统　　C. 通风系统　　D. 空气净化系统
9. 导致发动机水暖式空调不供暖或供暖不足的原因可能是（　　）。
    A. 加热器损坏　　　　　　　　　　B. 加热器开关没有打开
    C. 节温器损坏　　　　　　　　　　D. 发动机水温过低
10. 打开前照灯控制开关，发现其远光与近光均匀亮，则其故障原因可能是（　　）。
    A. 灯光继电器损坏　　　　　　　　B. 灯光控制开关损坏
    C. 灯光控制电路中有断路　　　　　D. 灯泡烧毁

模拟试卷（二）

（一）判断题

1. 职业道德对企业起到增强竞争力的作用。　　　　　　　　　　　　　　　　（　　）
2. 职业道德活动中做到表情冷漠、严肃待客是符合职业道德规范要求的。　　（　　）
3. 尽量满足用户的需要是汽车维修从业者应有的职业道德素养。　　　　　　（　　）
4. 拆装火花塞应用梅花扳手。　　　　　　　　　　　　　　　　　　　　　（　　）
5. 滚动轴承内径代号数字为04～99时，代号数字乘5，即为轴承内径（单位mm）。
　　　　　　　　　　　　　　　　　　　　　　　　　　　　　　　　　　　（　　）
6. 穿过线圈的磁通越大，产生的感应电动势就越大。　　　　　　　　　　　（　　）
7. 汽车离合器的功用之一是防止传动系统过载。　　　　　　　　　　　　　（　　）
8. 改进内燃机结构和燃油供给系统，可以减少汽车排放污染。　　　　　　　（　　）
9. 全面质量管理就是全员参加质量管理。　　　　　　　　　　　　　　　　（　　）
10. 电控汽车上所有故障都能以故障码的形式显示出来。　　　　　　　　　（　　）
11. 发动机机油消耗超标排气管一定冒蓝烟。　　　　　　　　　　　　　　（　　）
12. 连杆弯曲变形会导致活塞敲缸。　　　　　　　　　　　　　　　　　　（　　）
13. 发动机配气相位不正确会导致烧机油。　　　　　　　　　　　　　　　（　　）
14. 发动机电控系统故障排除后，要进行故障码的清除工作。　　　　　　　（　　）
15. 活塞敲缸时会发出明显的"喳喳"声。　　　　　　　　　　　　　　　　（　　）
16. 自动变速器失速转速低于标准值，说明发动机动力不足或液力变扭器有故障。
　　　　　　　　　　　　　　　　　　　　　　　　　　　　　　　　　　　（　　）

17. 万向传动装置在汽车行驶中发出周期性的响声；速度越快响声越大，甚至伴随有车身振动，握转向盘的手感觉麻木，可判定原因为传动轴故障导致动平衡破坏或传动轴未进行过动平衡试验和校准。　　　　　　　　　　　　　　　　　　　　　　　　（　　）

18. 在离合器处于刚接合或刚分离时察听，发出"咯哒"的碰声，则故障由摩擦片松动引起。　　　　　　　　　　　　　　　　　　　　　　　　　　　　　　（　　）

19. 变速器直接挡工作无异响，其他挡位均有异响，说明第二轴后轴承损坏。（　　）

20. 汽车两侧车轮制动间隙不相等将导致汽车制动跑偏，左侧制动器间隙比右侧大，制动时将向左跑偏。　　　　　　　　　　　　　　　　　　　　　　　　　　（　　）

（二）单项选择题

1. 职业道德是指从事一定职业的人，在工作和劳动过程中应遵循的、与职业活动紧密联系的（　　）的总和。
　　A．道德原则和规范　　B．操作程序　　C．劳动技能　　D．思维习惯

2. 在服务过程中，为用户提供（　　），是汽车维修职业守则的首要内容。
　　A．快速服务　　B．优质服务　　C．维修服务　　D．技术服务

3. 可锻性是指金属材料在冷状态或热状态下，承受锤锻或压力发生（　　）变形的能力。
　　A．弹性　　B．屈服　　C．均匀　　D．塑性

4. 表面粗糙度符号应标注在（　　）、尺寸线、尺寸界线或其延长线上。
　　A．虚线　　B．可见轮廓线　　C．点画线　　D．双点画线

5. 电控燃油喷射系统中燃料子系统的功能是（　　）向汽缸供给燃烧时所需要的汽油。
　　A．定量　　B．准确　　C．有效地　　D．及时

6. 发生劳动争议后，可以申请仲裁。对仲裁不服的，可以向（　　）起诉。
　　A．劳动主管部门　　B．仲裁委员会　　C．人民法院　　D．人民检察院

7. 对电控汽车进行故障诊断时，应遵循（　　）的过程规律。
　　A．询问—查阅—直观检查—基本检查—调取故障码检测—试验
　　B．询问—查阅—直观检查—调取故障码检测—基本检查—试验
　　C．询问—查阅—直观检查—试验—调取故障码检测—基本检查
　　D．直观检查—查阅—询问—基本检查—调取故障码检测—试验

8. 诊断发动机电控系统故障时，若进行基本检查，必须使发动机冷却液温度达到（　　）℃以上。
　　A．60　　B．70　　C．80　　D．90

9. 关于发动机机油消耗超标的原因，下列说法不正确的是（　　）。
　　A．活塞、活塞环与缸壁磨损严重，造成配合间隙过大所致
　　B．气门油封损坏所致
　　C．活塞环与活塞环槽磨损严重，导致窜机油
　　D．燃油压力过高所致

10. 关于发动机机油消耗超标的原因，下列说法不正确的是（　　）。
　　A．气门室罩盖密封圈损坏　　　　B．燃油压力过低

C．油底壳密封圈损坏　　　　　　D．汽缸垫损坏
11．下列各项中，关于发动机异响的描述与气门脚响对应的一项是（　　）。
　　A．转速突然变化时在汽缸体下部发出低沉连续的"噔噔"声
　　B．怠速时在汽缸体上部发出有节奏的"嗒嗒"声
　　C．转速突然变化时在机油尺入口处有明显连续的"铛铛"声
　　D．怠速时在汽缸体上部或机油尺入口处有较明显清晰的、有节奏的"吭吭"声
12．下列各项中不属于活塞敲缸原因的是（　　）。
　　A．活塞裙部与汽缸壁间隙过大　　B．活塞销与连杆衬套装配过紧
　　C．连杆弯曲变形　　　　　　　　D．活塞销与连杆衬套装配过松
13．对发动机电控系统进行故障诊断时一般要进行基本检查，基本检查主要包括（　　）的检查与调整。
　　A．基本怠速和基本点火正时　　　B．燃油压力和基本点火正时
　　C．基本怠速和进气歧管真空度　　D．燃油系统和点火系统
14．下列各项中不属于机油消耗超标故障现象的是（　　）。
　　A．排气管冒白烟　　　　　　　　B．发动机外表有机油泄漏
　　C．排气管冒蓝烟　　　　　　　　D．冷却系统加水口有机油
15．下列各项中，关于发动机异响的描述与曲轴主轴承异响对应的一项是（　　）。
　　A．转速突然变化时在汽缸体下部发出低沉连续的"噔噔"声
　　B．怠速时在汽缸体上部发出有节奏的"嗒嗒"声
　　C．转速突然变化时在机油尺入口处有明显连续的"铛铛"声
　　D．怠速时在汽缸体上部或机油尺入口处有较明显清晰的、有节奏的"吭吭"声
16．自动变速器失速转速高于标准值，说明换挡执行元件打滑或（　　）。
　　A．液力变矩器有故障　　　　　　B．主油路油压过低
　　C．发动机动力不足　　　　　　　D．主油路油压过高
17．起步和变换车速时，万向传动装置有明显的撞击声，低速比高速时明显，多半为中间支撑（　　）。
　　A．轴承内圈过盈配合松旷　　　　B．支撑架固定螺栓松动
　　C．轴承支架的橡胶垫环、紧固螺栓过紧　D．轴承支架的橡胶垫环、紧固螺栓过松
18．在离合器接合时发出金属刮研声，甚至可以看出火花冒出，则故障由（　　）引起。
　　A．从动盘摩擦片松动　　　　　　B．从动盘花键孔与轴配合松旷
　　C．从动片铆钉露头　　　　　　　D．变速器输入轴轴承磨损严重
19．不会导致离合器异响的选项是（　　）。
　　A．分离杠杆与分离轴承内端之间没有间隙
　　B．离合器压紧弹簧弹力减小
　　C．从动片减振弹簧疲劳或折断
　　D．从动盘铆钉松动或外露
20．高速行驶时，变速器有明显声响，突然加速时，响声很清晰，多为（　　）。
　　A．变速器齿隙过小　　　　　　　B．常啮合齿轮磨损成梯形或轮齿损坏

C．中间轴、第二轴弯曲　　　　　　　D．滑动齿轮花键配合松旷

21．察看发现如果前轮胎面呈现羽片状磨损，则为（　　）所致。
A．前束过大、过小　　　　　　　　B．轮胎气压过高、过低
C．转向传动机构松旷　　　　　　　D．前轮旋转质量不平衡

22．诊断前轮摆振故障时，用手沿汽车横向反复推拉轮胎顶部，并支起前桥用撬杠撬动前轮下部，能感觉到轮胎有摆动及上、下方向能移动，不太可能的故障原因是（　　）。
A．转向节衬套与主销配合松旷
B．轮毂轴承明显松旷
C．转向节与前梁拳形部位沿主销轴线方向配合松旷
D．横直拉杆球节配合松旷

23．不会导致汽车制动向右跑偏的选项是（　　）。
A．左侧制动器间隙比右侧大
B．左侧制动器制支蹄回位弹簧过软或折断
C．左侧轮胎气压比右侧高
D．左侧制动管凹瘪、阻塞

24．不是制动防抱死装置（ABS）失效故障原因的选项是（　　）。
A．车轮速度传感器损坏　　　　　　B．蓄电池电压过低
C．制动器间隙偏大　　　　　　　　D．ABS 计算机导线插头接触不良

25．打开前照灯开关时，发现前照灯虽亮但光线暗淡，则其故障原因可能是（　　）。
A．蓄电池电压过高　　　　　　　　B．发电机输出电压过高
C．前照灯灯座接触不良　　　　　　D．电压调节器断路

26．转向灯系统中有一个灯泡烧毁时，将会产生（　　）故障现象。
A．转向灯将会有一侧闪烁频率变慢　B．转向灯不亮
C．转向灯有一侧闪烁频率加快　　　D．转向灯不闪

27．当制动灯开关被短接时，将会使制动灯（　　）。
A．断路　　　　B．闪烁　　　　C．不亮　　　　D．常亮

28．打开汽车空调，发现空调系统有异响，则其故障原因可能是（　　）。
A．无制冷剂　　　　　　　　　　　B．压缩机不工作
C．制冷剂量不足　　　　　　　　　D．V 带磨损或松动

29．感应加热表面淬火宜于（　　）生产。
A．大批量　　　　B．小批量　　　　C．单件　　　　D．试制

30．通过对曲轴轴颈表面进行（　　）可提高曲轴轴颈表面的硬度和耐磨性。
A．正火　　　　B．低温回火　　　　C．高频淬火　　　　D．高温回火

31．在正常磨损下，汽缸沿轴线方向磨损呈（　　）。
A．上大下小的不规则锥形　　　　　B．上小下大的不规则锥形
C．上下大中间小的不规则喇叭形　　D．上下小中间大的不规则腰鼓形

32．工艺卡片依据（　　）编写。
A．工序　　　　B．工艺规程　　　　C．工艺过程　　　　D．工艺

33．用水压试验法检查汽缸盖裂纹时，水压应保持在（　　）MPa。
   A．0.05～0.1   B．0.1～0.2   C．0.2～0.4   D．0.8～1.0
34．齿轮式机油泵齿顶与泵壳之间的间隙最大不超过（　　）mm。
   A．0.05   B．0.15   C．0.25   D．0.35
35．低阻值喷油器适应的驱动方式是（　　）。
   A．电压控制方式驱动电路   B．电流控制方式驱动电路
   C．电容控制方式驱动电路   D．电感控制方式驱动电路
36．每单击一次喷油泵试验台油泵按钮，按钮的颜色就变化一次。当为（　　）显示时表示油泵启动，当为浅色显示时表示油泵停止。
   A．绿色   B．红色   C．黄色   D．紫色
37．发动机冷磨合时间不得少于（　　）h。
   A．0.5   B．1   C．1.5   D．2
38．发动机大修竣工检收时其最大功率和最大扭矩不低于原厂规定的（　　）%。
   A．80   B．85   C．90   D．95
39．汽缸镗磨后圆度、圆柱度不允许超过（　　）mm。
   A．0.0025   B．0.005   C．0.0075   D．0.01
40．轴长度为250～500mm的变速器轴，其中部的径向圆跳动技术要求为中部的径向圆跳动公差为（　　）mm。
   A．0.03   B．0.06   C．0.08   D．0.10
41．差速器壳与行星齿轮、半轴齿轮垫片的接触面若磨损出小的沟槽，则修理方法是（　　）。
   A．更换行星齿轮
   B．用砂纸打磨，并更换行星齿轮及半轴齿轮垫片
   C．更换半轴齿轮
   D．更换行星齿轮与半轴齿轮
42．GB 8825《汽车驱动桥修理技术条件》规定：桥壳钢板弹簧座厚度减少量不大于（　　）mm。
   A．1   B．2   C．1.5   D．2.5
43．生产效率高的汽车修理作业方式是（　　）。
   A．流水作业法   B．专业分工法   C．综合作业法   D．总成互换法
44．一般载货汽车总装时，下列总成总装顺序正确的为（　　）。
   A．驾驶室→油箱→转向器   B．驾驶室→转向器→油箱
   C．转向器→驾驶室→油箱   D．转向器→油箱→驾驶室
45．差速器主要零件的检修不包括（　　）。
   A．与差速器壳相连的圆锥齿轮的检修   B．差速器壳的检修
   C．差速器半轴齿轮和行星齿轮的检修   D．差速器十字轴的检修
46．根据GB 8823《汽车前桥及转向系修理技术条件》的规定，转向器蜗杆轴两轴承承孔轴线的同轴度公差为（　　）mm。
   A．0.02   B．0.04   C．0.06   D．0.08

47．GB/T 18275.2—2000《汽车制动传动装置修理技术条件—液压制动》对真空助力器真空密封性标准为真空增压器真空度达到 66.7kPa 后，切断真空源，15s 内真空度的下降量不得大于（　　）kPa。
　　A．6.7　　　　B．9.8　　　　C．13.2　　　　D．3.3

48．GB/T 18275.1—2000《汽车制动传动装置修理技术条件—气压制动》规定：空气压缩机汽缸镗磨后的表面粗糙度应不大于（　　）μm。
　　A．Ra0.8　　B．Ra1.6　　C．Ra3.2　　D．Ra6.4

49．盘式制动器制动钳体缸筒锈蚀、损伤的修理或处理方法是（　　）。
　　A．更换　　　B．细砂纸打磨　　C．油石修磨　　D．抛光

50．承修单位对大修竣工的汽车质量保证期自出厂之日起，不少于（　　）个月或行驶里程不少于 10000km。
　　A．1　　　　B．2　　　　C．3　　　　D．4

51．在给发电机选用电压调节器时，必须要使调节器的搭铁极性与发电机搭铁极性（　　），否则将会导致发电机工作不正常。
　　A．保持一致　　B．相反　　C．搭铁　　D．不同

52．汽车万能电器试验可以用来检测（　　）。
　　A．点火提前角　B．点火性能　C．点火能量　D．点火线圈电阻

53．启动机电磁开关中的（　　）一端与电磁开关接线柱相连，另一端则通过连接片与启动机主接线柱相连。
　　A．保位线圈　　B．电枢绕组　　C．磁场绕组　　D．吸拉线圈

54．为了避免启动时的误操作（如在发动机启动后不慎将点火开关打到启动挡等）给启动机带来损坏，部分汽车（如 CA1092 等）采用了带（　　）的控制电路。
　　A．启动继电器　　　　　　　B．复合继电器
　　C．专用启动开关　　　　　　D．无启动继电器

55．汽车空调储液干燥器的作用是（　　）。
　　A．防止膨胀阀处结冰和堵塞
　　B．防止系统中的水分与制冷剂产生化学作用
　　C．随时向系统补充制冷剂
　　D．以上答案都对

56．将高低压压力表分别与压缩机的检修阀和高、低压管路上充、排，气阀相连，启动发动机，保持 2000r/min 的转速，打开空调系统，将温度设定至最低，风速调至最大，运转 15min 后，空调应有冷气吹出，同时观察窗内应（　　）。
　　A．有气泡产生　　　　　　B．有霜状物
　　C．乳状混浊物产生　　　　D．无气泡产生

57．水暖式暖风系统利用发动机（　　）的热量来采暖。
　　A．尾气　　　B．冷却水　　C．燃料燃烧　　D．空气

58．汽车灯光系统中，对于用电量较大的前照灯，还增设了（　　），以保护前照灯开关不被烧坏。

A．电压调节器　　B．稳压器　　　　C．限流器　　　　D．灯光继电器

59．当接通点火开关至启动挡时，电流从蓄电池正极经启动机电源接线柱到电流表，再从电流表经点火开关、启动继电器线圈回到蓄电池负极。于是继电器铁芯产生较强的电磁吸力，使继电器触点闭合，接通（　　）控制电路。

　　A．启动机电机　　　　　　　　B．启动机电磁开关
　　C．启动继电器　　　　　　　　D．启动机电枢绕组

60．当发电机电压高于蓄电池电压时，其励磁方式为（　　）。

　　A．串激式　　　B．混合式　　　C．自激式　　　D．他激式

（三）多项选择题

1．下列各项中属于金属热处理工艺的是（　　）。
　　A．整体热处理　　B．表面热处理　　C．局部热处理　　D．化学热处理

2．关于凸轮轴修理技术要求，下列叙述错误的是（　　）。
　　A．汽油机凸轮轴轴向间隙大修标准为 0.20～0.30mm
　　B．凸轮工作表面出现击伤、麻点、毛糙或不均匀磨损，应修复或更换
　　C．凸轮轴弯曲度一般不得大于 0.03mm，若超过 0.10mm，必须冷压校正或更换
　　D．凸轮升程减小 8% 以上应予以修复或更换

3．下列各项中属于曲轴主轴承异响原因的是（　　）。
　　A．发动机温度过高　　　　　　B．主轴承盖螺栓松动
　　C．主轴承与轴颈配合间隙过大　　D．主轴承走外圆

4．零件探伤常用的方法有（　　）。
　　A．磁力探伤　　　　　　　　　B．荧光探伤与浸油敲击
　　C．水压试验　　　　　　　　　D．超声波探伤

5．下列各项中属于电控汽油发动机喷油器驱动方式的是（　　）。
　　A．电压控制方式　B．串联控制方式　C．并联控制方式　D．电流控制方式

6．不会引起转向盘自由行程过大的是（　　）。
　　A．转向器的啮合间隙过大
　　B．纵、横拉杆球头连接调整过紧
　　C．转向器主、从动部分的啮合调整得太紧
　　D．转向节止推轴承缺油或损坏

7．前轮胎面两侧胎肩磨损严重，故障原因不可能是（　　）。
　　A．轮胎气压过高　　　　　　　B．轮胎气压过低
　　C．前轮旋转质量不平衡　　　　D．前束过大、过小

8．发电机输出电压的大小取决于（　　）。
　　A．发电机转速　　　　　　　　B．磁场强弱
　　C．励磁电流的大小　　　　　　D．电压调节器的调节电压

9．汽车空调系统的性能评价指标主要包括（　　）。
　　A．温度指标　　　　　　　　　B．湿度指标

C．空气清新度指标　　　　　　　D．除霜功能
10．打开转向灯开关时，若有一侧灯光不亮，则故障原因可能是（　　）。
A．该侧灯具灯泡烧毁　　　　　　B．蓄电池电压过低
C．该侧灯具线路中有断路　　　　D．该侧灯具灯座接触不良

二、操作技能模拟试卷

模拟试卷（一）

试题1：编制汽缸盖变形修复工艺卡

准备通知单

一、试题名称

编制汽缸盖变形修复工艺卡

二、准备要求

（1）设备准备

序号	名　　称	规　　格	数　　量	备　　注
1	汽缸盖		1个	

（2）工具准备

序号	名　　称	规　　格	数　　量	备　　注
1	稿纸		若干	
2	空白工艺卡片		2张	
3	棉纱		若干	
4	工作服		1套	

三、考场准备

1．考核场地整洁规范，无干扰。

2．安全防护齐全，且符合标准。

3．根据考核情况确定工位。

试题正文

一、试题名称

编制汽缸盖变形修复工艺卡

二、考核内容

1．准备工作。

2．操作过程。

3．使用工具。

4．安全及其他。

三、考核时限

1. 准备工作 5min。
2. 正式操作 30min。
3. 计时从正式操作开始,至操作完毕。
4. 超时 1min 从总分中扣 5 分,超时 3min 停止操作。

四、考核评分

1. 监考员负责考场事务。
2. 满分为 20 分。
3. 考评员应具有本工种的实际操作经验,评分公正准确。
4. 考评员可根据考生所在装置的实际情况,对评分标准作适当调整。
5. 各项配分依难易程度、精度高低和重要程度制定。
6. 评分方法:按单项扣分、得分。

五、评分记录表

试题名称		编制汽缸盖变形修复工艺卡				
序号	考核内容	考核要点	配分	评分标准	得分	备注
1	准备工作	穿戴劳保用品	1	未穿戴整齐扣1分		
		工具、用具准备	1	工具选择不正确扣1分		
2	编制程序	确定工序,选定合理的工艺规程	5	工序错误扣3分		
				工艺规程每错一项扣1分		
3		明确技术要求,掌握技术要求包括的内容	5	技术要求每错一项扣3分		
4		选择工艺卡片类型	1	选择错误扣1分		
5		编制汽缸盖变形修理工艺卡片,用条文、图表将工艺过程编制成文件	4	编制每错一项扣1分		
6		整理现场	1	未整理现场扣1分		
7	使用工具	正确使用工具	1	工具使用不正确扣1分		
		正确维护工具	1	工具乱摆乱放扣1分		
8	安全及其他	按国家法规或企业规定		违规一次总分扣5分,严重违规停止操作		
		在规定时间内完成操作		超时1min总分扣5分,超时3min停止操作		
得 分						

评分人:　　　　年　月　日　　　　　　核分人:　　　　年　月　日

试题 2:三轴式手动变速器输入、输出轴总成的拆装与检测

准备通知单

一、试题名称

三轴式手动变速器输入、输出轴总成的拆装与检测

二、准备要求

（1）设备准备

序 号	名 称	规 格	数 量	备 注
1	CA1091 或 EQ1092 型汽车变速器总成	台	1	其他三轴式手动变速器总成均可
2	修理操作作业台	台	1	

（2）工具准备

序 号	名 称	规 格	数 量	备 注
1	常用拆装工具	套	1	
2	检验平板	块	1	尺寸不小于 600mm×600mm
3	V 形铁	对	1	
4	百分表及表座	套	1	
5	游标卡尺	把	1	
6	润滑油壶	把	1	
7	轴承拉器	把	1	
8	清洗剂、毛刷、洗盆、棉抹布			

三、考场准备

1．考核场地整洁规范，无干扰。
2．安全防护齐全，且符合标准。
3．根据考核情况确定工位。

试 题 正 文

一、试题名称
三轴式手动变速器输入、输出轴总成的拆装与检测

二、考核内容
1．准备工作。
2．操作过程。
3．使用工具。
4．安全及其他。

三、考核时限
1．准备工作 5min。
2．正式操作 40min。
3．计时从正式操作开始，至操作完毕。
4．超时 1min 从总分中扣 5 分，超时 3min 停止操作。

四、考核评分
1．监考员负责考场事务。
2．此题满分为 25 分。
3．考评员应具有本工种的实际操作经验，评分公正准确。

4. 评分方法：按单项扣分、得分，单项配分扣完该单项得0分。

五、评分记录表

试题名称		三轴式手动变速器输入、输出轴总成的拆装与检测				
序号	考核内容	考核要点	配分	评分标准	得分	备注
1	准备工作	穿戴工作服	2	未穿戴整齐扣1分		
		工具、用具准备		未检查、准备好工具扣1分		
2	拆卸	拆下变速器盖总成→拆下驻车制动器总成→拆下变速器第一轴总成并分解→拆下第二轴总成并分解→零件清洗	6	工具使用不当或拆卸步骤、方法错误，每次扣1分		
				未按序放置组件扣2分		
3	主要零件检测鉴定	变速器轴磨损、变形的检测	9	方法错误每次扣1分，鉴定错误每次扣1分，漏检一项扣2分		
		齿轮、轴承磨损、损伤的检验		方法错误每次扣1分，鉴定错误每次扣1分，漏检一项扣2分		
		同步器磨损、损伤的检验		方法错误每次扣1分，鉴定错误每次扣1分，漏检一项扣2分		
4	装配	第二轴总成的组装→第一轴总成的组装→第二、一轴总成的总装→装配驻车制动器→装配变速器盖	6	方法错误每次扣1分，工艺程序错误每次扣1分		
5	安全文明生产	符合国家安全、环保规程，操作现场整洁，文明作业	2	每违规一项扣1分		
6	其他	在规定时间内完成操作		超时1min总分扣5分，超时3min停止操作		
		无人身、设备事故		因违规操作发生重大人身和设备事故，此题按0分计		
得 分						

评分人： 　　　年　月　日　　　　　　核分人： 　　　年　月　日

试题3：带启动继电器的启动电路检修

准备通知单

一、试题名称

带启动继电器的启动电路检修

二、准备要求

（1）设备准备

序号	名称	规格	数量	备注
1	汽车	国内常见车型	1辆	启动电路由继电器控制

(2) 工具准备

序 号	名 称	规 格	数 量	备 注
1	常用工具		1套	
2	万用表	汽车专用万用表	1个	
3	12V试灯		1个	
4	备用导线		若干	
5	备用启动继电器		1个	
6	启动电路图		1张	与检修车型配套
7	工作服		1套	

三、考场准备

1．考核场地整洁规范，无干扰。

2．安全防护齐全，且符合标准。

3．根据考核情况确定工位。

试 题 正 文

一、试题名称

带启动继电器的启动电路检修

二、考核内容

1．准备工作。

2．操作过程。

3．使用工具。

4．安全及其他。

三、考核时限

1．准备工作5min。

2．正式操作30min。

3．计时从正式操作开始，至操作完毕。

4．超时1min从总分中扣5分，超时3min停止操作。

四、考核评分

1．监考员负责考场事务。

2．此题满分为15分。

3．考评员应具有本工种的实际操作经验，评分公正准确。

4．考评员可根据考生所在装置的实际情况，对评分标准作适当调整。

5．各项配分依难易程度、精度高低和重要程度制定。

6．评分方法：按单项扣分、得分。

五、评分记录表

试题名称	带启动继电器的启动电路检修				
序号	考核内容	考核要点	配分	评分标准	得分	备注
1	准备工作	穿戴劳保用品	0.5	未穿戴整齐扣1分		
		工具、用具准备	0.5	工具选择不正确扣1分		
2	操作程序	阅读启动电路图，在车上找出各启动电路部件和线束的位置	2	电路图阅读错误扣1分；不能在实车上找出启动系统部件，每次扣0.5分，扣完为止		
3		检查启动继电器的工作情况	3	检查方法错误扣1分，检查结果错误扣1分		
4		检查启动控制电路各部分的通断情况	3	检查方法错误扣1分，检查结果错误每次扣1分，扣完为止		
5		进行启动电路的压降测试，检测启动电路各段电路上的电压降	4	检测方法不对扣2分，检测结果不对扣2分		
6	使用工具	正确使用工具	1	工具使用不正确扣1分		
		正确维护工具	1	工具乱摆乱放扣1分		
7	安全及其他	按国家法规或企业规定		违规一次总分扣5分，重违规停止操作		
		在规定时间内完成操作		超时1min总分扣5分，超时3min停止操作		
		得 分				

评分人：　　　　　年　月　日　　　　　核分人：　　　　　年　月　日

试题4：诊断排除发动机油耗超标故障

准备通知单

一、试题名称
诊断排除发动机油耗超标故障

二、准备要求
（1）设备准备

序号	名称	规格	数量	备注
1	卡罗拉汽车		1辆	相关车型均可

（2）工具准备

序号	名称	规格	数量	备注
1	常用维修工具		1套	
2	数字万用表		1个	
3	汽缸压力表		1个	
4	燃油压力表		1个	

续表

序号	名称	规格	数量	备注
5	棉纱		若干	
6	工作服		1套	

三、考场准备

1．考核场地整洁规范，无干扰。
2．安全防护齐全，且符合标准。
3．根据考核情况确定工位。

试 题 正 文

一、试题名称

诊断排除发动机油耗超标故障

二、考核内容

1．准备工作。
2．操作过程。
3．使用工具。
4．安全及其他。

三、考核时限

1．准备工作 5min。
2．正式操作 30min。
3．计时从正式操作开始，至操作完毕。
4．超时 1min 从总分中扣 5 分，超时 3min 停止操作。

四、考核评分

1．监考员负责考场事务。
2．此题满分为 40 分。
3．考评员应具有本工种的实际操作经验，评分公正准确。
4．考评员可根据考生所在装置的实际情况，对评分标准作适当调整。
5．各项配分依难易程度、精度高低和重要程度制定。
6．评分方法：按单项扣分、得分。

五、评分记录表

试题名称	诊断排除发动机油耗超标故障						
序号	考核内容	考核要点	配分	评分标准	得分	备注	
1	准备工作	穿戴劳保用品	1	未穿戴整齐扣1分			
		工具、用具准备	1	工具选择不正确扣1分			
2	操作程序	根据发动机故障现象，查找发动机油耗超标的原因	17	检查方法错误扣7分 检查程序错误扣7分 检查结果错误扣3分			

续表

试题名称			诊断排除发动机油耗超标故障			
序号	考核内容	考核要点	配分	评分标准	得分	备注
3	操作程序	确定故障部位（口述）	3	确定错误扣3分		
4		故障排除	14	不能排除扣14分		
				不能完全排除酌情扣分		
5		验证排除效果	2	没验证扣2分		
				验证方法不当酌情扣分		
6	使用工具	正确使用工具	1	工具使用不正确扣1分		
		正确维护工具	1	工具乱摆乱放扣1分		
7	安全及其他	按国家法规或企业规定		违规一次总分扣5分，严重违规停止操作		
		在规定时间内完成操作		超时1min总分扣5分，超时3min停止操作		
		得 分				

评分人：　　　　　年　月　日　　　　　核分人：　　　　　年　月　日

模拟试卷（二）

试题1：曲轴轴颈磨损检测并确定其修理尺寸

准备通知单

一、试题名称

曲轴轴颈磨损检测并确定其修理尺寸

二、准备要求

（1）设备准备

序号	名称	规格	数量	备注
1	测量平台		1个	
2	待测曲轴		1根	

（2）工具准备

序号	名称	规格	数量	备注
1	V形架		1对	
2	千分尺		1把	
3	棉纱		若干	
4	工作服		1套	

三、考场准备

1. 考核场地整洁规范，无干扰。

2．安全防护齐全，且符合标准。
3．根据考核情况确定工位。

试 题 正 文

一、试题名称

曲轴轴颈磨损检测并确定其修理尺寸

二、考核内容

1．准备工作。

2．操作过程。

3．使用工具。

4．安全及其他。

三、考核时限

1．准备工作 5min。

2．正式操作 30min。

3．计时从正式操作开始，至操作完毕。

4．超时 1min 从总分中扣 5 分，超时 3min 停止操作。

四、考核评分

1．监考员负责考场事务。

2．满分为 20 分。

3．考评员应具有本工种的实际操作经验，评分公正准确。

4．考评员可根据考生所在装置的实际情况，对评分标准作适当调整。

5．各项配分依难易程度、精度高低和重要程度制定。

6．评分方法：按单项扣分、得分。

五、评分记录表

试题名称		曲轴轴颈磨损检测并确定其修理尺寸				
序号	考核内容	考核要点	配分	评分标准	得分	备注
1	准备工作	穿戴劳保用品	1	未穿戴整齐扣 1 分		
		工具、用具准备	1	工具选择不正确扣 1 分		
2	操作程序	摆放好曲轴	2	未清洁轴颈扣 1 分		
				摆放不正确扣 1 分		
3		校正千分尺	2	未校正扣 2 分		
4		选择测量部位	2	测量部位选择不正确扣 2 分		
5		测量	6	操作不当扣 4 分		
				测量结果不正确扣 2 分		
6		计算	2	计算方法错误扣 2 分		
7		确定修理尺寸	1	确定修理尺寸错误扣 2 分		
8		整理现场	1	未整理现场扣 1 分		
9	使用工具	正确使用工具	1	工具使用不正确扣 1 分		
		正确维护工具	1	工具乱摆乱放扣 1 分		

续表

试题名称		曲轴轴颈磨损检测并确定其修理尺寸				
序号	考核内容	考核要点	配分	评分标准	得分	备注
10	安全及其他	按国家法规或企业规定		违规一次总分扣5分，严重违规停止操作		
		在规定时间内完成操作		超时1min总分扣5分，超时3min停止操作		
得 分						

评分人：　　　　年　月　日　　　　　　核分人：　　　　年　月　日

试题2：液压制动总泵的检修

准备通知单

一、试题名称

液压制动总泵的检修

二、准备要求

（1）设备准备

序号	名称	规格	数量	备注
1	液压制动总泵总成	台	1	
2	修理操作作业台	台	1	
3	空气压缩机	台	1	或者压缩空气气源

（2）工具准备

序号	名称	规格	数量	备注
1	常用拆装工具	套	1	
2	游标卡尺	把	1	
3	制动液	瓶	1	

三、考场准备

1．考核场地整洁规范，无干扰。

2．安全防护齐全，且符合标准。

3．根据考核情况确定工位。

试 题 正 文

一、试题名称

液压制动总泵的检修

二、考核内容

1．准备工作。

2．操作过程。

3. 使用工具。

4. 安全及其他。

三、考核时限

1. 准备工作 5min。

2. 正式操作 40min。

3. 计时从正式操作开始,至操作完毕。

4. 超时 1min 从总分中扣 5 分,超时 3min 停止操作。

四、考核评分

1. 监考员负责考场事务。

2. 此题满分为 25 分。

3. 考评员应具有本工种的实际操作经验,评分公正准确。

4. 评分方法:按单项扣分、得分,单项配分扣完该单项得 0 分。

五、评分记录表

试题名称			液压制动总泵的检修			
序号	考核内容	考核要点	配分	评分标准	得分	备注
1	准备工作	穿戴工作服	2	未穿戴整齐扣1分		
		工具、用具准备		未检查、准备好工具扣1分		
2	拆卸分解	拆卸步骤、方法与工具使用 拆卸一般步骤:从车上拆下液压制动总泵总成→拆下总泵护罩→拆下储液罐→拆下定位螺钉→拆出弹性挡圈→拉出活塞及弹簧	6	工具使用不当或拆卸步骤、方法错误,每次扣1分 未按序放置组件扣2分		
3	零件检修	检查泵筒磨损、裂纹与锈蚀,用压缩空气吹通补偿孔与回油孔	9	方法错误每次扣1分,结果错误每次扣1分,漏检一项扣2分		
		检测泵筒与活塞配合间隙		方法错误每次扣1分,结果错误每次扣1分,漏检扣3分		
		检查更换皮碗		方法错误每次扣1分,结果错误每次扣1分,漏检扣3分		
4	装配与系统排气	按拆卸相反顺序进行装配;添加制动液、制动系统排空气	6	方法错误每次扣1分,工艺程序错误每次扣1分		
5	安全文明生产	符合国家安全、环保规程,操作现场整洁,文明作业	2	每违规一项扣1分		
6	其他	在规定时间内完成操作		超时1min总分扣5分,超时3min停止操作		
		无人身、设备事故		因违规操作发生重大人身和设备事故,此题按0分计		
得 分						

评分人:　　　　　年　月　日　　　　　　　　核分人:　　　　　年　月　日

试题 3：带复合继电器的启动电路检修

准备通知单

一、试题名称

带复合继电器的启动电路检修

二、准备要求

（1）设备准备

序号	名　称	规　格	数量	备　注
1	汽车	国内常见车型	1辆	启动电路由复合继电器控制

（2）工具准备

序号	名　称	规　格	数量	备　注
1	常用工具		1套	
2	万用表	汽车专用万用表	1个	
3	12V试灯		1个	
4	备用导线		若干	
5	备用启动继电器		1个	
6	启动电路图		1张	与检修车型配套
7	工作服		1套	

三、考场准备

1．考核场地整洁规范，无干扰。

2．安全防护齐全，且符合标准。

3．根据考核情况确定工位。

试 题 正 文

一、试题名称

带复合继电器的启动电路检修

二、考核内容

1．准备工作。

2．操作过程。

3．使用工具。

4．安全及其他。

三、考核时限

1．准备工作 5min。

2．正式操作 30min。

3．计时从正式操作开始，至操作完毕。

4．超时 1min 从总分中扣 5 分，超时 3min 停止操作。

四、考核评分

1. 监考员负责考场事务。
2. 此题满分为 15 分。
3. 考评员应具有本工种的实际操作经验,评分公正准确。
4. 考评员可根据考生所在装置的实际情况,对评分标准作适当调整。
5. 各项配分依难易程度、精度高低和重要程度制定。
6. 评分方法:按单项扣分、得分。

五、评分记录表

试题名称			带复合继电器的启动电路检修			
序号	考核内容	考核要点	配分	评分标准	得分	备注
1	准备工作	穿戴劳保用品	0.5	未穿戴整齐扣1分		
		工具、用具准备	0.5	工具选择不正确扣1分		
2	操作程序	阅读启动电路图,在车上找出各启动电路部件和线束的位置,并说明其启动电路特点	3	电路图阅读错误扣1分;不能在实车上找出启动系统部件,每次扣0.5分,扣完为止。说明电路特点不全面扣0.5分		
3		检查启动继电器的工作情况	3	检查方法错扣1分,检查结果错扣1分		
4		检查启动控制电路各部分的通断情况	3	检查方法错扣1分,检查结果错每次扣1分,扣完为止		
5		进行启动电路的压降测试,检测启动电路各段电路上的电压降	3	检测方法不对扣2分,检测结果不对扣2分		
6	使用工具	正确使用工具	1	工具使用不正确扣1分		
		正确维护工具	1	工具乱摆乱放扣1分		
7	安全及其他	按国家法规或企业规定		违规一次总分扣5分,重违规停止操作		
		在规定时间内完成操作		超时1min总分扣5分,超时3min停止操作		
得分						

评分人:　　　　年　月　日　　　　　　核分人:　　　　年　月　日

试题 4:自动变速器故障自诊断

准备通知单

一、试题名称

自动变速器故障自诊断

二、准备要求

（1）设备准备

序 号	名 称	规 格	数 量	备 注
1	丰田 COROLLA 轿车	辆	1	其他带动自变速器轿车均可；准备相应汽车维修资料
2	举升器	台	1	

（2）工具准备

序 号	名 称	规 格	数 量	备 注
1	常用拆装工具	套	1	
2	X-431 汽车故障诊断电脑	台	1	博世（金德）KT300 智能诊断仪或其他汽车故障通用专用诊断仪均可
3	万用表	块	1	
4	LED 试灯	只	1	
5	专用跨接线	根	1	

三、考场准备

1. 考核场地整洁规范，无干扰。
2. 安全防护齐全，且符合标准。
3. 根据考核情况确定工位。
4. 将汽车用举升器举起，使轮胎离开地面约 200mm。

试 题 正 文

一、试题名称

自动变速器故障自诊断

二、考核内容

1. 准备工作。
2. 操作过程。
3. 使用工具。
4. 安全及其他。

三、考核时限

1. 准备工作 5min。
2. 正式操作 30min。
3. 超时 1min 从总分中扣 5 分，超时 3min 停止操作。

四、考核评分

1. 监考员负责考场事务。
2. 此题满分为 40 分。
3. 考评员应具有本工种的实际操作经验，评分公正准确。
4. 评分方法：按单项扣分、得分，单项配分扣完该单项得 0 分。

5．由考评员（鉴定站协助）从外部电路设置自动变速器报警灯报警故障。

五、评分记录表

试题名称			自动变速器故障自诊断			
序号	考核内容	考核要点	配分	评分标准	得分	备注
1	准备工作	穿戴工作服	3	未穿戴整齐扣1分		
		工具、用具准备		未检查、准备好工具扣2分		
2	验证报警灯报警	检查自动变速故障报警灯工作是否正常；直观检查	8	未检查报警灯工作情况扣3分，未做直观检查扣3分，方法错误每次扣2分		
3	读取故障码	用诊断仪读取故障码（人工跨接读取也可）	8	操作方法、程序错误每次扣3分，不能正确调出故障码计0分		
4	故障诊断排除	用万用表等进行快速检测，找出故障原因，排除故障	10	操作方法错误每次扣3分，诊断思路、程序错误扣5分，不能查出故障点计0分		
		清除故障码，验证故障是否排除	8	未能排除故障扣4分，没有清码扣4分，未验证扣2分		
5	安全文明生产	符合国家安全、环保规程，操作现场整洁，文明作业	3	每违规一项扣1分		
6	其他	在规定时间内完成操作		超时1min总分扣5分，超时3min此题计0分		
		无人身、设备事故		因违规操作发生重大人身和设备事故，此题按0分计		
			得分			

评分人： 　　　　年　月　日　　　　　　核分人： 　　　　年　月　日

第五节 参考答案

一、理论知识试题参考答案

（一）判断题参考答案

1．× 2．× 3．√ 4．× 5．× 6．√ 7．× 8．√ 9．√
10．× 11．√ 12．√ 13．× 14．√ 15．√ 16．√ 17．× 18．×
19．√ 20．√ 21．√ 22．× 23．× 24．× 25．× 26．√ 27．√

28. √ 29. × 30. √ 31. √ 32. √ 33. × 34. √ 35. √ 36. ×
37. × 38. √ 39. √ 40. √ 41. × 42. √ 43. √ 44. √ 45. ×
46. √ 47. √ 48. × 49. √ 50. × 51. √ 52. × 53. √ 54. √
55. × 56. × 57. √ 58. √ 59. √ 60. × 61. √ 62. √ 63. ×
64. √ 65. × 66. √ 67. √ 68. √ 69. √ 70. × 71. √ 72. √
73. √ 74. √ 75. √ 76. × 77. √ 78. √ 79. √ 80. √ 81. √
82. × 83. √ 84. √ 85. √ 86. √ 87. × 88. ×

(二) 单项选择题参考答案

1. A   2. D   3. B   4. A   5. B   6. D   7. B   8. D   9. D
10. C 11. D 12. A 13. C 14. D 15. A 16. A 17. B 18. B
19. C 20. B 21. C 22. A 23. A 24. C 25. C 26. C 27. B
28. B 29. C 30. C 31. C 32. D 33. A 34. A 35. B 36. D
37. A 38. A 39. B 40. A 41. C 42. D 43. C 44. D 45. A
46. C 47. B 48. C 49. D 50. B 51. A 52. B 53. A 54. A
55. D 56. B 57. D 58. D 59. A 60. A 61. A 62. A 63. C
64. A 65. D 66. C 67. C 68. A 69. A 70. B 71. B 72. A
73. D 74. C 75. B 76. D 77. D 78. D 79. A 80. A 81. D
82. A 83. B 84. C 85. D 86. A 87. C 88. D 89. B 90. A
91. A 92. D 93. B 94. A 95. D 96. B 97. B 98. A 99. C
100. A 101. C 102. C 103. A 104. D 105. C 106. B 107. B 108. B
109. C 110. A 111. C 112. D 113. A 114. C 115. A 116. D 117. A
118. A 119. D 120. D 121. B 122. D 123. C 124. B 125. D 126. D
127. D 128. C 129. B 130. D 131. A

(三) 多项选择题参考答案

1. BC   2. ABC   3. AD   4. ACD   5. ABC   6. ABCD
7. ABCD   8. AD   9. ABC   10. ABCD   11. BCD   12. ABD
13. AD   14. BC   15. ABC   16. ACD   17. AC   18. ABCD
19. ACD   20. AC   21. BCD   22. ACD   23. AB   24. ABCD
25. ABD   26. ABD   27. ABCD   28. ABC   29. ABCD   30. ABC
31. ABCD   32. ACD   33. ABCD   34. ABCD   35. ACD

二、理论知识模拟试卷参考答案

模拟试卷（一）

(一) 判断题参考答案

1. × 2. √ 3. × 4. × 5. √ 6. √ 7. × 8. √ 9. ×
10. × 11. × 12. × 13. × 14. √ 15. √ 16. × 17. √ 18. √
19. √ 20. √

(二) 单项选择题参考答案

1．C　2．A　3．B　4．A　5．B　6．D　7．A　8．A　9．C
10．D　11．A　12．B　13．B　14．A　15．D　16．A　17．D　18．C
19．B　20．C　21．B　22．A　23．C　24．B　25．D　26．C　27．D
28．A　29．A　30．C　31．A　32．C　33．C　34．C　35．D　36．B
37．A　38．A　39．C　40．C　41．B　42．C　43．A　44．C　45．A
46．A　47．C　48．A　49．C　50．D　51．A　52．A　53．D　54．B
55．A　56．D　57．D　58．B　59．A　60．A

(三) 多项选择题参考答案

1．ABC　2．ABCD　3．ABC　4．ABCD　5．ABD　6．ACD
7．AC　8．ABCD　9．ABCD　10．ABCD

模拟试卷（二）

(一) 判断题参考答案

1．√　2．×　3．√　4．×　5．√　6．×　7．√　8．√　9．×
10．×　11．×　12．√　13．×　14．√　15．×　16．√　17．√　18．√
19．×　20．×

(二) 单项选择题参考答案

1．A　2．B　3．D　4．B　5．A　6．C　7．A　8．C　9．D
10．B　11．B　12．D　13．A　14．A　15．A　16．B　17．A　18．C
19．B　20．D　21．A　22．D　23．B　24．C　25．C　26．C　27．D
28．D　29．A　30．C　31．A　32．B　33．C　34．D　35．B　36．B
37．D　38．C　39．C　40．B　41．B　42．B　43．A　44．B　45．A
46．A　47．D　48．A　49．A　50．C　51．A　52．D　53．A　54．B
55．D　56．D　57．B　58．D　59．B　60．C

(三) 多项选择题参考答案

1．ABCD　2．AD　3．BCD　4．ABCD　5．AD　6．BCD
7．ACD　8．ABCD　9．ABCD　10．ACD

反侵权盗版声明

电子工业出版社依法对本作品享有专有出版权。任何未经权利人书面许可，复制、销售或通过信息网络传播本作品的行为；歪曲、篡改、剽窃本作品的行为，均违反《中华人民共和国著作权法》，其行为人应承担相应的民事责任和行政责任，构成犯罪的，将被依法追究刑事责任。

为了维护市场秩序，保护权利人的合法权益，我社将依法查处和打击侵权盗版的单位和个人。欢迎社会各界人士积极举报侵权盗版行为，本社将奖励举报有功人员，并保证举报人的信息不被泄露。

举报电话：（010）88254396；（010）88258888
传　　真：（010）88254397
E-mail： dbqq@phei.com.cn
通信地址：北京市万寿路173信箱
　　　　　电子工业出版社总编办公室
邮　　编：100036